모두의
인문학

모두의 인문학

초판 1쇄 인쇄 2020년 3월 16일
초판 1쇄 발행 2020년 3월 23일

—

지은이 김언종 · 손병석 · 이형대 · 김진규 · 박상수 · 심경호 · 오형엽 · 김재혁 · 최용철 · 조규형
펴낸이 이방원
편 집 정우경 · 김명희 · 안효희 · 윤원진 · 송원빈 · 최선희
디자인 양혜진 · 손경화 · 박혜옥
영 업 최성수 **기획 · 마케팅** 정조연 **업무지원** 김경미

—

펴낸곳 세창미디어

출판신고 2013년 1월 4일 제312-2013-000002호

주소 03735 서울시 서대문구 경기대로 88 냉천빌딩 4층

전화 02-723-8660 **팩스** 02-720-4579

이메일 edit@sechangpub.co.kr **홈페이지** http://www.sechangpub.co.kr/

—

ISBN 978-89-5586-598-1 03100

이 도서의 국립중앙도서관 출판시도서목록(CIP)은 서지정보유통지원시스템 홈페이지(http://seoji.nl.go.kr)와
국가자료공동목록시스템(http://www.nl.go.kr/kolisnet)에서 이용하실 수 있습니다.(CIP제어번호: 2020010335)

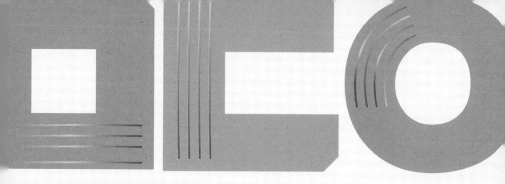

자유와 정의를 위한 고려대학교 문과대학 교수 10인의 인문학 강의

모두의
인문학

김언종 · 손병석 · 이형대 · 김진규 · 박상수
심경호 · 오형엽 · 김재혁 · 최용철 · 조규형

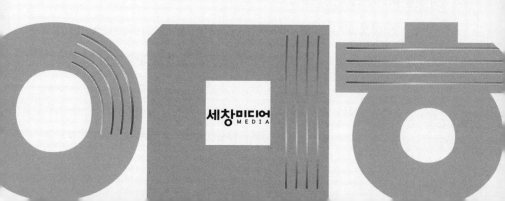

세창미디어
MEDIA

소개의 글

이 책의 글들은 넘쳐 나는 '인문학'이라는 이름의 강좌와 서적으로부터 소외된 변경 지대에 내민 손길들을 모은 것입니다. 이제는 지역 도서관과 문화 재단은 물론 인터넷 등에서 수많은 인문학 강좌가 이어지고 있습니다. 그럼에도 이런저런 여건의 부재와 여유 부족 그리고 무엇보다 무관심으로 인해 이에 접할 기회가 박탈된 계층이 아직도 많습니다. 그 가운데서도 인신의 구속이라는 조건 속에 있는 재소자들에게 다가가는 인문학의 손길은 배려이기보다는 사회적 의무로 여겨집니다.

〈희망의 인문학 강좌〉라는 이름으로 고려대학교 문과대학은 2015년 봄부터 2018년 가을에 이르기까지 19인의 교수가 37회에 걸쳐 서울

남부구치소를 방문하여 강의를 하였고, 이후에도 계속되고 있습니다. 여기의 글들은 그 강의들의 일부를 가다듬어 적은 것들입니다. 구치소는 형사피의자 또는 형사피고인으로서 구속영장의 집행을 받은 사람들을 수용하기 위한 기관으로서, 미결수용자들은 재판을 준비하는 동안 삶의 의미와 가치를 되돌아보는 시간을 갖게 됩니다. 이를 위해 구치소에서는 〈집중인성교육〉 등의 형태로 교육을 실시하여 수용자들이 출소 후 성공적으로 사회에 복귀할 수 있도록 지원하고 있습니다. 구치소의 인력과 예산의 범위를 넘어, 여기에 대학의 인문학자들이 힘을 보태고 싶은 마음은 인문학의 확산을 위한 노력 이상의 의미를 갖기에 충분하였습니다.

강좌의 구성은 또렷한 체계보다는 여러 강의자 본인이 오랜 기간 연구해 온 분야의 한 주제를 쉽게 설명하는 차원에서 진행되었습니다. 그것은 정해진 틀보다는 이러한 주제들이 듣는 이들의 관심과 참여 그리고 선택을 유도하는 실마리가 되고 그들의 삶을 이끄는 자그마한 징검다리가 될 수 있을 것으로 생각했기 때문입니다. 인문학의 기본 정신은 하나의 틀보다는 품새 넓은 여지를 주고 개개인이 스스로 판단하고 선택할 수 있는 기회를 제공하는 것에 있습니다. 강좌는 일방적 체계의 강요나 수동적 습득이 아닌 다양한 계기 속에서 스스로 결정하는 능력을 함께 도모하는 마당이고자 하였습니다.

하지만 책의 형태로는 일정한 내러티브를 완전히 무시할 수는 없어 강좌가 실제로 진행된 것과는 달리 최소한의 범박한 순서를 설정하였습니다. 물론 읽는 순서의 재배치는 읽는 이의 권리로 남습니다. 첫 글은 우리 삶을 관리하는 한 방식으로서의 유학에 관한 이야기를 들려주고, 이는 다음 글에서 사회 구성원 모두에게 공정한 정의와 우정의 기준이 무엇인지에 대한 탐문으로 이어집니다. 한편으로 자신의 삶의 거처로부터 추방당하고 모든 이들의 기억에서조차 지워져 간 사람들, 그리고 다른 한편으로 국민의 비극을 수습하고 국가 재건을 가능하게 한 공적 힘에 대한 설명은 개개인이 처한 질곡과 그 극복을 위한 의지와 생각을 낳기에 충분합니다. 이러한 제안들이 철학과 역사학의 방식이라면, 이후의 글들이 담고 있는 제안은 문화와 문학의 방식으로 전개됩니다. 그것은 인간의 사유와 삶이 어떻게 물리적 세계를 의미의 세계로 전환하고, 그러면서도 그 근간에서 유리되지 않을지에 대한 모색을 담고 있습니다. 이러한 주제는 우리의 현대시 그리고 독일 시와 중국 및 미국 소설에서의 사례를 통해 설명되고 있습니다.

강좌의 내용이 개인이 처한 팍팍한 조건의 삶에 어떤 방도를 제공할 것인가는 애초부터 제기된 의문이었고, 이것이 명백한 자기계발이나 치유 또는 위로의 담론에도 미치지 못하는 것 또한 사실입니다. 하지만 일정한 화두에 대한 자발적 관심과 탐문이 생각의 범주를 스스로 확장해 나가는 진정한 마중물이 되기를 바랄 뿐이었습니다. 참석자만이 아니라 강의자 본인들에게도 이러한 만남은 현실 세계에 대한 또 다른 경험이자 깨달음의 기회이기도 하였습니다. 이런 까닭에 강의자들은 어려운 환경 속에서도 어쩌면 담장 밖의 뜬구름과 같은 얘기에 귀 기울여 준 이들에게 감사의 마음 또한 금할 수 없습니다.

강좌를 운영하면서 책이 되도록 격려해 주신 전임 정태헌 학장과 김준연 부학장에게 감사의 마음 전합니다. 우연히 이 강좌에 대한 이야기를 접하는 자리에서 일회성 행사를 넘어 좀 더 널리 공유될 필요를 강조해 주신 세창미디어 김명희 편집장에게도 감사드립니다. 더불어 단 한 권의 책을 위해 10명의 필자들을 다뤄야 했던 정우경 편집자의 노고 또한 여기에 적습니다.

2020년 3월
서울 안암동에서 필자 일동

차례

삶의 품격을 높이는 위대한 사상,

유학

어릴 때 중앙선 완행열차를 타고 서울 나들이를 하면 고향 안동에서 서울까지 보통 8시간이 걸렸다. 그때는 홍익회라는 것이 있어 열차 안에서 이런저런 먹고 마실 것을 팔았다. 판매원은 빽빽한 사람들 틈새를 잘도 헤집고 다니면서 물건을 팔았는데, 구수한 말투로 외치던 "심심풀이 따앙코옹~" 소리는 죽을 때까지 잊히지 않을 것 같다. 물론 돈이 없어 사먹지 못하는 경우가 대부분이었지만 말이다. 그때의 볶은 땅콩 냄새보다 고소하진 못하더라도, 나의 이야기가 여러분들에게 그나마 심심풀이가 되어 줄 수 있기를 바란다.

유학은 '인·의·예·지'와 '효·제'의 실현을 근간으로 한다. 특히 '인'은 유학의 창시자로 널리 알려진 공자의 사상 가운데서도 핵심 개념으로, '의·예·지'와 '효·제'를 모두 포함하는 개념이라 할 수 있다. 다산은 "인이란 글자는 두 사람이 함께하는 것이다 … 무릇 두 사람 사이에 그 도리를 다하는 것 모두가 인이다"라고 풀이했다. 이 강의에서는 점차 잊혀 가는 유학 사상을 되짚는 동시에 조선 선비들의 일화를 살펴보며 유학이란 무엇인지, 오늘날 우리에게 유학이 갖는 의미는 무엇인지 함께 생각해 볼 것이다.

김언종

경희대학교 국문과를 졸업하고 국립대만사범대학 대학원에서 중국문학으로 석사와 박사 학위를 받았다. 경희대학교 중문과 조교수와 부교수를 역임했고, 고려대학교 한문학과 명예교수로 있다. 저서로 『한송실용문학여조선정다산문학론지연구』, 『정다산논어고금주원의총괄고징』, 『한자의 뿌리』, 『한자어 의미 연원사전』(공저) 등이 있고, 역서로 『정체전중변』, 『다산과 문산의 인성논쟁』, 『다산과 대산·연천의 경학논쟁』, 『다산의 경학세계』, 『역주 시경강의』, 『외암 이간의 철학과 삶』(이상 공역), 『한자의 역사』, 『혼돈록』 등이 있다. 주요 판본교열 및 표점 작업으로 『정본 여유당전서』가 있다.

1
유학을
아시나요

● **사람에게 가장 필요한 일을 하는 사람**

이 글을 읽으시는 독자님들이 '유학'이라는 두 글자를 보면 무엇을 떠올리실지 궁금합니다. 제 생각엔 여러분들 대부분께서는 외국 '유학'을 떠올리실 것 같습니다. 널리 쓰이는 '유학'은 '외국에 머물면서 공부한다'는 유학留學이 맞지요. '공부하러 간 게 아니라 놀러 간 것'으로 오해되기도 하나 본뜻은 '고향을 떠나 객지에서 공부한다'는 유학遊學이 있기도 합니다만. 그러니까 제가 말하려는 '유학儒學'은 일상의 사용빈도에서 '유학留學'에게 밀려도 크게 밀린 것 같습니다. 그리고 '儒學' 두 글자만 노출시키면 알아보실 독자가 과연 몇 분이나 되실지 궁금합니다. 몇 분 안 된다면 우리나라는 이미 한자문화권에서 자동 탈락한 상태라는 비관적 결론을 내리는 학자들의 주장에 힘을 실어 주는 일이 되겠지요. "아니, 이 친구 한자 몇 자 안다고 되게 건방지네!" 하실 분이 많으면 많을수록, 그리고 저에게 욕을 바가지가 아니라 드럼통으로 부어 주시면 주실수록 저는 기쁘겠습니다. 우리가 어느 결엔가 유학을 까맣게 잊고 있음을 늘 가슴 아파하는 저에게 유학을 이해하는 분이 아직도 적지 않게 계신다는 사실은 너무나 고무적이니까요. 나아가 유학이란 단어가 가지고 있는 의미에 관해 관심을 가지는 독자 분은 과연 얼마나 계실지 무척 궁금합니다.

저는 유학을 매우 사랑하는 사람입니다. 이 경우 옛말인 '혹호酷好'가 가장 잘 어울립니다. 좀 허풍을 떨면 저는 유학을 저 자신보다 더 사랑합니다. 제가 유한한 삶을 사는 사람들 가운데서도 별 볼 일 없는 사람인데다 이제 환갑 진갑을 넘겨 나이도 먹을 만치 먹었으니 생에 대한 기대나 애착도 전 같지 않기 때문입니다. 제가 오래지 않아 먼지가 되어 흔적 없이 사라지고 제 피를 이어받은 후손들조차 제 이름을 잊어버리더라도, 비길 데 없는 고귀한 진리를 담은 유학은 천추만세토록 영원히 존재하여 다른 위대한 사상과 공존하면서 세상의 햇살과 물과 공기 같기를 간절히 바랍니다.

심입천출深入淺出이란 말이 있습니다. 어떤 문제를 깊이 공부하여 그 복잡다단한 내용을 완전히 숙지한 다음, 다른 사람에게 그 내용을 알릴 때는 귀 달린 사람이라면 누구나 알아들을 수 있을 정도로 쉽게 말한다는 뜻입니다. 석가모니, 공자, 소크라테스, 예수 같은 인류 역사상 가장 위대한 분들이 다 그러하였지요. 그분들이 남기신 말씀 가운데 보통사람이 들어서 이해하지 못할 말은 거의 없습니다. 귀한 지면을 빌어 하고 싶은 말을 하려면 심입천출의 부근에라도 가야 하는데, 유학에 대한 제 공력이 비록 오십여 년쯤 쌓였다고는 하지만 아직 그런 수준에는 멀리 미치지 못해 미안합니다. 머리 숙여 양해 바랍니다.

유학은 '인仁·의義·예禮·지智'와 '효孝·제弟'의 실현을 근간으로 합니다. 이의 실현은 유학의 최종 목표이지요. 이번 글에서는 인에 대해 말하고 싶습니다. 다만 그에 앞서 '유儒'라는 글자가 어떻게 만들어진 것인가를 먼저 살펴보고자 합니다. 이것은 지금으로부터 3300여 년 전, 중국 고대 은殷나라에서 처음 만들어지고 사용되었던 글자입니다. 이 글자의 본래 모양은 두 팔 두 다리 벌리고 서 있는 어른(大)과 그 몸에 찍힌 물방울 여러 개로 구성되어 있었습니다. 이는 제사를 지내기 전이나 혹은 기타 생활 예식을 행하기 전에 그 예식을 주관하는 사람이 물로 몸을 씻는 장면입니다. 바로 목욕재계하는 장면이지요. 그런데 세월이 흐르면서 처음 만들었을 때의 의미에 대한 바른 이해가 없이 사용되다 보니, 위에는 우雨, 밑에는 이而의 모양으로 변해 버렸습니다. 이렇게 형체가 변한 글자인 수儒가 '필요하다', '수요' 같은 의미로도 쓰이게 되자, 본뜻을 보존하기 위해서 거기에 사람인 변을 더한 것입니다. 그러니까 이렇게 구성된 '儒'는 관혼상제 등의 의식을 집행하는 임무를 맡은 사람이라는 뜻입니다. 어느 일본학자가 유가 바로 무당巫堂이라고 주장했다는데 그게 사실이라면 참으로 황당한 주장이 아닐 수 없습니다. 유와 무巫는 소관사무가 서로 달랐기 때문입니다. 무는 주로 예언과 의료에 관한 일을 맡아보던 직종이었습니다. 한나라 때의 학자 허신許慎은 『설문해자』라는 책에서 "유, 유야儒, 柔也" 즉 "유는 부드러운 것이다"라고 했습니다만 이는 본뜻이 아니라 유자儒者의 현실 적응력을 강조하여 생긴, 파생된 뜻 가운데 하나입니다. '사람에게 가장 필요한 일을 하는 사람'이 유의 본뜻일 것입니다.

● 두 사람 사이의 도리

'인仁'은 유학의 창시자로 널리 알려진 공자의 사상 가운데 핵심 개념입니다. 의·예·지가 각기 고유한 영역을 지니고 있긴 하지만 크게 보면 모두 인의 범위 안에 포함됩니다. 그뿐만 아니라 효·제 역시 인에 포함됩니다. 그러니까 유학의 핵심 사상은 인이라는 것이지요. 인은 서 있는 사람을 그린 인人과 둘을 의미하는 이二를 합한 글자입니다. 우리는 이 글자를 '어질 인'이라 읽습니다만, '어질다'는 말이 구체적으로 무엇을 말하는 것인지는 모호합니다. 공자의 제자들도 그랬던 모양이어서 공자님께 인이 무엇이냐고 물었습니다.

- 인한 사람은 어려운 일은 남보다 먼저 하고 사적인 이익을 얻는 일은 뒤로 한다.
- 사리사욕을 이겨 내어 예에 맞도록 하는 것이 인이다.

- 자기가 하고 싶지 않은 일은 남에게 시키지 말라.

- 입이 무거워 경솔히 말하지 않는다.

- 사람을 사랑하라.

- 평소에는 공손히 예의 바르게 행동하고, 일을 맡았을 때에는 신중하게 처리하며, 사람들을 대할 때는 충심으로 성의를 다하여야 한다.

- 공손, 관대, 성실, 근면, 자애가 인이다.

　이상 일곱 개의 인용문이 『논어』에 보이는 공자님의 대답 모두입니다. 이만하면 인이 무엇인지 대강 윤곽이 잡히리라 생각됩니다. 그래도 아리송한 분들을 위해 다산 정약용 선생은 다음과 같은 풀이를 준비해 두었습니다. "인이란 글자는 두 사람이 함께하는 것이다. 어버이께 효도하는 것을 인이라 하는데 어버이와 자식은 두 사람이다. 형을 공경하는 것을 인이라 하는데 형과 아우는 두 사람이다. 임금에게 충성하는 것을 인이라 하는데 임금과 신하는 두 사람이다. 백성을 자애로 대하는 것을 인이라 하는데 목민관과 백성은 두 사람이다. 부부와 벗에 이르기까지 무릇 두 사람 사이에 그 도리를 다하는 것 모두가 인이다."

　임금과 신하, 목민관과 백성 같은 오늘날 듣기에 거슬리는 용어들이 끼어 있어 좀 뭣하지만, '세상을 살아가면서 자신과 연관된 모든 인간관계에 있어 가능한 한 최선을 다하는 것이 인이다', 이것이 다산의 해석인 것입니다.

인에 관한 일곱 개의 대답은 모두 거대한 바위 같은 무게가 있습니다. 그 가운데 가장 짧은 대답인 "사람을 사랑하라"를 살펴볼까요? 기독교가 세계적 종교가 된 데에는 "원수를 사랑하라"(마대복음 5장 44절, 누가복음 6장 35절)는 말 한마디의 영향이 지대했다고 합니다. 자기의 눈을 뺀 자의 목을 자르고, 자기의 이를 부러트린 자의 심장을 빼는, 오랜 역사를 가진 무제한 보복無制限報復을 겨우 벗어나 "눈에는 눈, 이에는 이"(함무라비 법전)라는 동해 보복법同害報復法을 무슨 대단한 은혜라도 베푸는 것처럼 여기던 시대에 '원수를 사랑하라'는 말은, 무한한 감동을 주고 인간의 격을 드높인 한 마디였던 것입니다. 공자의 일견 평범해 보이는 한 마디 "사람을 사랑하라"는 어떤 의미일까요? 『예기』「표기」편에 공자가 이 말을 풀이한 다음과 같은 말이 있습니다. "덕으로 원수를 갚는 것(以德報怨)은 인자仁者의 관대함이다." 그러니까 이것은 '원수를 사랑하라'는 말과 똑같은 의미인 것입니다.

● **어디 선비 없소?**

근간에 선비정신을 되살리려는 사회 각층의 움직임이 있었는데, 정부에서도 큰 관심이 있어 필자도 한문학과 교수라는 이유 하나만으로 불려 나가 아는 척해 본 경험이 있습니다. 비슷한 이유로 불려 나온 분들의 선비에 관한 고견도 들어 보았는데 우선 그 의미 규정에서 의견의 다양성을 보였습니다. 알고 보면 '선비'라는 이 두 글자처럼 다양한 의미를 가진 어휘도 드물 것입니다. 이럴 때는 국어

사전을 뒤져 볼 수밖에 없지요. "1. 예전에 학식은 있으나 벼슬하지 않던 사람을 이르던 말, 2. 학문을 닦는 사람을 예스럽게 이르는 말, 3. 학식이 있고 행동과 예절이 바르며 의리와 원칙을 지키고 관직과 재물을 탐내지 않는 고결한 인품을 지닌 사람을 이르는 말, 4. 품성이 얌전하기만 하고 현실에 어두운 사람을 비유적으로 이르는 말." 1~3은 긍정적인데, 4에는 부정적인 의미가 내포되어 있습니다.

1443년에 훈민정음이 창제되기 이전에도 '선비'란 말이 있었을 것으로 짐작됩니다. 훈민정음이 창제된 지 오래지 않아 '선비'라는 두 글자가 '언문諺文'으로 나타났기 때문입니다. 그러나 이 말이 언제부터 있어 왔던 것인지는 결코 알 수 없으며, 오래전에 있었다 하더라도 무슨 의미로 쓰였는지 또한 알 수 없습니다. 이런 경우를 위해 공자는 "모르는 일에 대해서는 잠자코 있어라", "모르는 것은 솔직히 모른다고 하라"와 같은 명언을 남겼습니다. 이런 태도가 바로 학문하는 사람의 기본자세일 것입니다. 그러나 지식인의 자기인식과 정립에 관련된 중요한 용어이기에 많은 사람들이 추측을 통한 자가류自家流의 주장을 편 바 있습니다. 그 가운데 일반적으로 널리 퍼져 있는 주장을 살펴보겠습니다.

'선비'라는 말은 한국과 중국의 고대사에 보이는 선비족鮮卑族과 발음이 같다. 선비족은 본래 중앙아시아 초원 지대의 유목민으로 살아와서 말을 잘 타고, 싸움을 잘하는 족속이었기 때문에 고대의 무사들을 '선비'

로 부르게 된 것이다. 삼국 시대 이후로 중국인들은 삼국의 선비, 즉 무사들을 선인仙人 또는 선인先人으로 기록하기 시작하고, 삼국 스스로도 중국식 표현을 따라 선인仙人 또는 선랑仙郎으로 기록했다. 오늘날 태권도나 중국인이 일본에 건너가 만든 가라테(唐手)의 복장을 보면 흰옷에 검은 띠를 두르고 있으며, 검도할 때는 검은 옷을 입는데, 이런 것도 옛날 선비(무사)의 유풍으로 볼 수 있다. 그렇다면 우리나라 최초의 선비는 누구인가? 『삼국사기』를 보면, 평양은 본래 선인왕검仙人王儉이 살던 곳이라고 되어 있다. 그러니까 '단군왕검'이 우리나라 최초의 '선인', 곧 '선비'인 것이다. 『삼국사기』를 쓴 김부식은 고려 시대 사람이었으므로 삼국 시대의 용어를 빌려 '선비'를 '선인仙人'으로 부르고, 그 '선인'의 시작을 '단군왕검'에서 찾은 것이다.

　즉 '선비'라는 말은 동호족東胡族의 일부 족속을 가리키는 명칭에서 발생하여, 삼국 시대에는 한자식 표현인 선인 또는 선랑으로 호칭이 바뀌었으며, 선비의 풍속은 군자요, 선교仙敎의 신봉자들이며, 일월성신日月星辰을 숭배하고, 태양이 떠오르는 동쪽을 숭상하며, 태양 속에 까마귀가 있다고 믿고, 죽음을 하늘로 돌아가는 것으로 믿으면서 장례식을 춤과 노래로 치르는 풍습이 있으며, 삼국 시대에는 무사의 기능을 겸비했다는 것으로 요약된다.

이러한 주장은 듣기에 귀가 즐겁고 저절로 신이 나는 것이 아닐 수 없습니다. 사실이라면 우리 민족의 자긍심을 한층 드높일 수 있는 호

재치고 이만한 것이 또 있을까요? 그러나 안타깝게도 위의 주장은 한마디로 황당무계에 해당합니다. 왜냐하면 모두가 억측에 지나지 않기 때문이지요. 이것이 소설의 일부라면 '재미있군…' 하고 넘어갈 수 있겠지만 학문의 세계에선 통하지 않습니다. 실증이 없기 때문입니다. 확실한 증거가 없으면 학설이 될 수 없습니다. 하나하나 변파할 지면이 모자라는 게 아쉬울 뿐입니다.

이제 실증을 해 보겠습니다. 한글에서 '선비'라는 용어가 언제 처음 보이는지 알아보는 것이 그 첫 단추를 꿰는 일입니다. '선비'는 1443년 훈민정음이 창제된 지 2년 후에 정인지鄭麟趾(1396~1478), 안지安止(1377~1464), 권제權踶(1387~1445) 등이 세종의 어명을 받아 지은 『용비어천가』에 처음 보이는데, 언문 원문의 '선비'를 '儒'라 한역漢譯한 것이 3회에 걸쳐 보입니다. 그 뒤에 서거정徐居正(1420~1488)의 『유합類合』에서도 '儒'와 '士(사)'를 '선비'라 새겼습니다. 최세진崔世珍(1468~1542)의 『훈몽자회』는 '儒' 자를 설명하기를 "션븨슈. 守道攻學曰儒", 즉 '도를 지키며 학문을 하는 사람'이라고 했습니다. 여기서의 도道와 학學은 요순堯舜, 공맹孔孟을 위주로 한 유가儒家의 도와 학이며, 이런 도학을 하는 사람을 '션븨'라고 한 것입니다. 또 '士' 자를 설명하기를 "됴·ㅅ·사. 學以居位曰士", 즉 '학문을 하여 벼슬자리에 오른 사람'이라고 했습니다. 여기서 말하는 '됴ㅅ'는 도가道家의 불로장생의 도를 닦는 도사道士가 아니라 조정의 벼슬아치를 의미하는 '조사朝士'입니다. 수기修己를 하여 관직에 나아가 치인治人을 하는 것이 선비의 본분이라는 것입니다. 그러므로 '선비'에서 '션븨'를 거쳐 '선비'로 정착된 이 말의 함의에는 '儒'와 '士'가 그 중심에 있다고 볼 수 있겠습니다.

그러면 '선비'의 어원은 무엇일까요? 필자는 발음이 완전히 부합하는 한자어 '선배先輩'라고 봅니다. 이것이 한자어 기원설인데 발음이 완전히 부합하고 의미까지도 연상해 볼 수 있는 한자어이기 때문입니다. 당연히, 실증에 바탕한 연구자들이 대부분 동의하는 설이기도 하고요. 그렇다면 한자어 '선배'의 의미는 무엇일까요? 『한어대사전』의 설명을 요약하면, 1. 자기보다 나이 많은 사람에 대한 존칭, 2. 당나라 때 진사 시험 합격자끼리의 호칭, 3. 문인文人에 대한 존칭입니다. 1에 의하면 '선비'는 '나이 든 사람'이고, 2와 3에 의하면 '선비'는 '배운 사람'입니다. 3에서의 '문인'은 당연히 '글쓰기를 업으로 삼는 사람'이란 의미가 포함되겠지만 그보다는 사서오경을 필두로 한 유가의 경서를 포함하는 인문정신의 정화를 학습하고 실천하는 사람이라는 광의의 뜻으로 이해해야 할 것입니다.

그러니까 선비의 본뜻은 '나잇값'과 '배운 값'을 하는 사람입니다. 당연히 선비정신의 실천은 '나잇값'과 '배운 값'을 하는 사람을 통해 이루어지는 것이겠지요. 세상을 살아가면서 나잇값과 배운 값을 한다는 것은, 말하기야 쉽겠지만 행하는 것도 과연 말만큼 쉬울까요? 공자는 중용中庸을 인仁과 동등한 수준에 두었고 중용을 실천하기 어렵다는 것을 다음과 같이 말했습니다. "천하와 국가를 조화롭게 다스릴 수 있으며, 높은 벼슬자리도 사양할 수 있으며, 시퍼런 칼날을 맨 발로 밟을 수는 있으되, 중용을 실천하기는 어렵다." 제 몸 하나 잘 수양하기도 어려운데 온 세상 사람들이 불평불만 없이 살도록 위대한 지智를 발휘하는 게 어디 쉬운 일이겠습니까? 고관대작을 시켜 준다는데 자기 분수에 맞지 않는 일이라며 사양하는 인을 발휘하는 게 어디 쉬운 일이겠습니까? 절체절명의 위험 앞에 죽음도 각오한 채 의지대로 밀고 나가는 용勇을 발휘하는 게 어디 쉬운 일이겠습니까? 나잇값과 배운 값을 하는 선비가 되는 것은 이에 못지않게 어려운 일임이 분명합니다. 나잇값을 못하는 사람과, 아는 것 따로 하는 짓 따로인 사람이 넘쳐 나며, 인격까지 돈으로 가름하려는 오늘날,

"어디 선비 없소?"

2
삶으로 가르치는
조선의 인물들

● **외모로는 나라를 구할 수 없다, 이순신과 강감찬**

김진규, 김명민, 김석훈. 이 세 사람의 공통점은 무엇일까요?
배우, 맞고요. 미남, 맞지요. 셋 다 김씨, 그것도 맞습니다. 또 한 가지
로는 영화나 드라마에서 이순신 역을 맡았다는 것이지요. 그럼 〈성웅
이순신〉의 김진규, 〈불멸의 이순신〉의 김명민, 〈징비록〉의 김석훈 세
배우 중 누가 제일 미남일까요? 그건 모르겠습니다. 그러면 이순신
상像의 대표적인 것은? 오늘날 전국 각지에는 헤아릴 수 없이 많은 이
순신의 동상 혹은 플라스틱 상이 서 있는데 위용으로 따지자면 누가
무어래도 태평로에 우뚝 선 '구리 이순신'을 으뜸으로 꼽아야 할 것입
니다. 그런데 과연 장군은 '구리 이순신'처럼 훤칠한 미남이었을까요?

이순신 장군이 노량해전에서 전사하지 않았더라면 우리는 장군의 '사진寫眞'(카메라로 찍은 것을 '사진'으로 아는 경우가 많은데 원래 모습을 그대로 그린 그림이 '사진'이다)을 볼 수 있었을 것입니다. 선조가 아무리 장군에게로 기우는 민심을 경계했다지만 반드시 초상을 그려 보관하도록 하였겠지요. 그것은 공신에 대한 기본 예우였기 때문입니다. 그러나 장군은 불의의 전사戰死로 초상을 그릴 시간도 없었습니다. 물론 자기가 썼을 리가 없지만, 선조는 장군에게 내린 선무공신교서宣武功臣敎書에서 이렇게 말했습니다. "가슴에 변화하는 재주를 담고 있으니 그 계책은 귀신의 경지에 들었고, 손으로 바람과 구름을 부리니 그 기운은 하늘을 뒤덮고 땅을 흔들었도다." 장군은 임진왜란 선무공신 18인 가운데 1등이었습니다. 장군이 존재하지 않았더라면 임진왜란은 어떻게 전개되었을까요? 조선은 몇 배의 참상을 연출할 수밖에 없었을 것입니다. 그랬다면 선조가 계속 왕좌에 앉아 이씨 왕조를 유지할 수 있었을까요?

오늘날 세상에 돌아다니는 장군의 모습이라는 수많은 그림은 모두 상상화입니다. 하긴 이순신뿐 아니라 장군과 동시대 인물인 이퇴계, 신사임당, 이율곡, 유서애 등의 초상화도 모두 상상하여 그린 것이지요. 장군의 모습에 대해 이런저런 영쇄한 기록이 있기는 하나 종잡을 수 없는 것들입니다. 좀 구체적인 것으로는, 태촌泰村 고상안高尙顔(1553~1623)의 기록이 있습니다.

고상안은 1592년 임진왜란이 일어났을 때 40세였고 풍기군수를 끝

삶의 품격을 높이는 위대한 사상, 유학

으로 은퇴하여 고향인 경상도 용궁龍宮에서 쉬고 있었습니다. 난이 일어나자 그는 즉시 의병대장으로 추대되어 상주 함창 등지의 유격전에서 전공을 세웠으며, 그 공으로 예천군수를 거쳐 1594년에 삼가三嘉(현재의 합천군 삼가면 일대)현감이 되었습니다. 당시 전쟁은 잠시 소강상태였고 이순신은 삼도수군통제사로 한산섬 통제영에 본진을 치고 있었는데, 전시였던 관계로 무과별시를 통제영에서 치르게 되었지요. 고상안은 권율의 추천으로 시험관이 되어 보름간 이순신과 함께 지냈습니다. 관상觀相에 일가견이 있던 고상안은 이순신을 비롯한 당시 수군장수들의 상을 자세히 살핀 적이 있는데, 난후에 그는 당시를 회상하며 다음과 같이 썼습니다.

- (원균元均은) 거칠고 꾀가 없는 데다 군사들의 마음도 잃고 있었다.
- (이억기李億祺는) 마음이 들떠 있어 미덥지 못하고 부실하며 정신이 나간 듯했다. 패전하거나 일찍 죽을 상이었다.
- (구사직具思稷은) 상당히 침착하고 안정된 사람이었다.

이순신의 상은 어땠을까요?

이 통제사는 나와 과거시험 동기였다는 인연으로 여러 날을 한 방에서 함께 지냈다. 그 언변이나 지혜로 보아 나라의 혼란스런 국면을 수습할 만한 재능을 지녔음에는 분명했으나 신체가 풍후豐厚하지 못하고 얼굴 또한 건순蹇脣이어서 복장福將이 아니란 생각이 들었다.

　'과거시험 동기'란 무슨 말일까요? 비록 과科는 문과와 무과로 달랐지만 같은 해에 과거에 급제한 합격 동기라는 말입니다. '풍후'하지 못했다는 건 장군의 몸이 비대하지 않고 마른 편이었음을 말하고요. 허리둘레 40인치는 족히 넘는 배불뚝이나 거한巨漢을 장수로 여겼던 조선 시대에 이순신의 마른 몸매는 '이 양반이 장수?…'라는 생각이 들게 했을 것입니다. '건순'은 또 뭘까요? 위로 들린 입술이란 말입니다. 입술이 위로 들리면 이(齒)가 저절로 드러나지요(露). 그래서 건순노치蹇脣露齒는 붙어 다니는 말이고 약간의 기형이 있는 못생긴 사람을 의미한답니다. 이를 어쩌나! 거룩하신 이순신 장군님이 이런 코믹한 얼굴이었다니…. 안타깝게도 장군의 용모를 직접 보고 묘사한 자료 가운데 이 기록이 실상에 가장 가까울 것입니다. 그러니까 이순신 장군은 복스럽거나 잘생긴 얼굴이 아니었다는 말인데, 장군의 얼굴을 그대로 그려 두었더라면 명나라 태조 주원장朱元璋의 실물 그림처럼 세상의 웃음거리가 될 뻔했습니다. 주원장은 황제가 되고 화공을 불러 초상을 그리게 했습니다. 눈치 없는 화공은 있는 그대로 그렸는데 추악하기 이를 데 없는, 거의 야수에 가까운 괴상한 얼굴이었지요. 눈치 빠른 신하들의 주선으로 다시 그린, '뽀샵'을 엄청 하여 영기英氣 발발勃勃한 영웅 상으로 변한 그림이 지금 널리 전하는 주원장의 초상입니다.

삶의 품격을 높이는 위대한 사상, 유학

생김새만으로 사람의 가치를 평가하는 고질적인 습성이 인간사회에 오래전부터 있어 왔습니다. 전혀 칼을 대지 않은 '자연산' 얼굴이 드물다는 사실은 성형수술이 극성한 오늘날, 더 이상 탄식거리가 아닌 예사가 된 지 이미 오래입니다. 공자의 제자 담대멸명澹臺滅明은 못생긴 젊은이였습니다. 공자가 그를 얼굴이 못났다는 이유로 냉랭하게 대했으므로, 실망한 그는 집에 처박혀 열심히 공부했고 마침내 저명한 학자이자 덕을 이룬 군자가 되었습니다. 이를 안 공자는 "모양을 보고 사람을 평가하는 실수를 내가 자우子羽(담대멸명의 자字)에게 했구나…"라고 후회했다고 합니다. 이모취인以貌取人의 고사가 여기서 나왔습니다.

'키 작고 못생긴' 신하에게 군권을 맡겨 풍전등화와 같은 위기에 처한 나라를 구한 현명한 군주로 고려 8대 임금 현종이 있습니다. 거란의 소손녕蕭遜寧이 10만 대군을 이끌고 고려를 침입하자 '키 작고 못생긴' 신하는 왕명을 받들어 3만도 안 되는 군대를 이끌고 나가 적과 맞서 거의 전멸시키는 혁혁한 공로를 세웠습니다.『고려사』에 '살아 돌아간 자가 겨우 수천 명이었다'라고 하니 9만이 넘는 적군을 일거에 섬멸한 것이지요. 귀주대첩을 이룬 출장입상出將入相 문무겸전文武兼全한 위대한 인물, 그는 누구였을까요? 바로 강감찬입니다.『고려사』에는 그의 용모가 "체모왜루體貌矮陋"라고 기록되어 있는데, '키 작고 못생겼다'는 뜻입니다.

강감찬과 이순신은 구국의 영웅입니다. 두 나라의 국조國祚를 고려의 경우 귀주대첩 후 370여 년, 조선의 경우 임진왜란 후 300여 년간 이나 이어 준 재조강산再造江山의 공업을 세운 분들이지요. 고려와 조선을 구한 일등공신 두 사람이 '키 작고 못생긴 사람'과 '입술 들린 사람'이라니…. 강감찬은 전쟁 후에 위극인신位極人身, 즉 신하로서 최고의 자리인 문하시중門下侍中을 지내고 은퇴하여 여생을 즐기다 당시로선 보기 드문 84세의 고령으로 와석종신臥席終身했습니다. 이순신은 마지막 전투에서 54세를 일기로 순국했지만, 한국의 역사가 지속되는 한 언제나 북극성처럼 빛나는 별 중의 별로 기억될 것입니다.

　두 분의 이야기가 외모지상주의의 늪에 빠져 허우적대는 현대 한국인들에게 주는 메시지가 무겁다고 하겠습니다.

● 아내를 위해 지조를 지킨 연암

　맹자의 논적 고불해告不害는 말했습니다. "식색食色은 사람의 본성이다." 이 '식색'을 옛사람들은 '음식남녀飮食男女'라 불렀습니다. 대만 출신 세계적 영화감독 리안李安의 영화 제목이 되면서 널리 알려진 이 말을 요즘 말로 하면 '식욕과 성욕'이 되겠습니다.

　한자가 상형을 바탕으로 한 글자라는 건 다 아는 사실이지요? '食' 자를 봅시다. 윗부분이 아래를 향한 입의 상형입니다. 그 아래가 밥이 고봉으로 담긴 밥그릇의 상형입니다. '色' 자를 봅시다. 짝짓기 자세의 후배위를 상형한 것이라 합니다. 아래가 엎드린 여자, 그 위가 남자이지요. 힌두교 사원의 부조에서 익히 보았던 자세이며 경주박물관에 있는 신라의 토우에서두 본 적이 있는 듯합니다.

맹자는 고불해에게 인간의 성性에는 인의예지라는 고유의 이성理性이 더 있다고 하여 인간을 만물의 영장으로 끌어올렸지만, 그의 말을 부정하지는 않았지요. 그렇습니다. 유학에 있어서 식욕과 성욕은 인간에게 없어선 안 될 욕망입니다. 이 욕망은 '본능'의 다른 말이기도 합니다. 식욕은 자기보존의 본능, 색욕은 종족보존의 본능입니다. 이두 가지를 축으로 하여 더 나은 세계를 구현하기 위한 인간의 삶은 계속됩니다.

맹자 이전에 공자는 부富와 귀貴를 인간이 추구해도 좋은 욕망이라 하였습니다. 다만 정당하지 않은 방법으로 가진 부귀를 부정했을 뿐이지요. 공맹의 후학 가운데 누군가가 "음식남녀에 사람의 큰 욕망이 들어있다"고 정리했고 "인간이 물질적 탐욕에 빠지면 천리를 민멸하고 탐욕을 무한대로 추구하게 된다"고 연역했습니다. 이 둘은 유학의 경전인 『예기』에 기록되어 전합니다. 여기서의 천리와 인욕은 무엇일까요? 청나라의 저명한 해석학자 단옥재段玉裁는 말했습니다. "이치에 맞는 욕망은 천리이고, 이치에 맞지 않는 욕망은 인욕이다. 욕망은 적당한 상태를 추구하는 데서 그쳐야 한다."

한반도에서 적어도 오백여 년간 신성神聖을 확보했던 주자朱子의 구호 가운데 가장 큰 울림은 "존천리 알인욕存天理遏人慾"이 아닐까요? 천리를 보존하고 인욕을 막자는 것이지요. 당연히 천리는 '적정 수준의 욕망'이고 인욕은 '도를 넘은 지나친 욕망'입니다. 일부 유학좌파(?)는 주자의 신유학新儒學이 인욕을 부정하는 줄로 알았지만 오해입니다! 주자 역시 공맹과 마찬가지로 인간의 욕망을 긍정했습니다. 그 또한 탐욕, 허욕 그리고 과욕을 경계한 것이지요. 욕망과 탐욕은 무엇이 다를까요? 요즘 돈으로 만 원 정도의 식사를 하려는 것은 욕망이고, 한 접시에 백만 원은 간다는 웅장熊掌이나 일 억이 넘는다는 만한전석을 먹으려는 것은 탐욕입니다. 한 여자와 두어 자녀 낳고 살려는 것은 욕망이고, 열 여자 백 여자 거느리고 오십 자식 백 자식 가지려는 것은 탐욕입니다. 욕망과 탐욕의 구분은 이렇듯 어렵지 않아 보입니다.

하지만 두 욕망을 대하는 인간사회의 태도에는 큰 차이가 있습니다. 역대 수많은 선각 지식인들은 식욕을 억제하는 데는 온갖 힘을 다 썼습니다. 정전제·균전제·여전제 등 토지제도나, 이이·유성룡의 대공수미법, 조익·김육의 대동법 등 조세제도의 본질도 결국 남보다 더 먹고 더 가지려는 식욕상의 탐욕을 억제하려는 것으로 귀결됩니다. 그러나 오랜 왕조 시대가 끝날 때까지 색욕을 제재하거나 억제하려는 구체적 대안은 없었던 듯합니다.

조선 세종 22명, 선조 25명, 성종 28명, 태종 29명. 고려 태조 왕건 34명. 백제 의자왕 41명. 당 고조 이연 41명. 명 태조 주원장 42명. 청 성조 애신각라현엽 55명. 당 현종 이융기 59명. 송 휘종 조길 80명. 주 문왕 희창 100명. 이집트 람세스 2세 200명…. 대충대충 살펴본 동서고금 역대 제왕의 자식 수입니다. 이른바 절륜絶倫의 성공性功(?)만 있으면 자식의 이름을 애비인 자신도 다 모를 정도로 낳아도 뭐라 말하는 사람이 없었습니다. 결코 사실은 아니지만 '삼천궁녀'라는 말도 있지 않습니까? 성욕에 있어서의 탐욕은 그저 부러움의 대상일 뿐이었답니다!

물론 주색에 빠진 왕에게 직격탄을 날리는 경우는 있었습니다. 선조 때 김첨경金添慶이란 신하가 있었는데, 어느 날 경연에 입시한 그가 선조에게 말했습니다. "상감마마의 얼굴빛을 보니 여색을 멀리하지 못한 듯합니다." 사관의 기록이 이렇지 실제 어법은 많이 달랐을 것입니다. "상감께서 어젯밤에 여색을 얼마나 밝혔으면 얼굴 몰골이 이 모양입니까!" 정도는 되었을 겁니다. 그래야 선조가 불같이 화를 낸 것이 이해되지 않겠습니까? 그러나 김첨경의 쓴소리도 자식을 많이 가지지 말라는 것은 아니었습니다. 그러니까 동아시아, 특히 유교문화에 있어서의 색욕 문제는 부끄럽게도 본격적 논의가 거의 없었던 것이지요. 기껏 이 분야의 최고기득권자인 왕에게 '성애에 탐닉하다가 정사에 소홀함이 있어선 안 된다'는 정도의 쓴소리를 하는 것이 고작이었습니다.

왕조 시대 지도층이던 관료 사대부들은 어땠을까요? 그들은 축첩畜妾을 당연시했습니다. 선조 시대에 한정해서 일별해 보더라도, 도학군자의 표상인 퇴계도 소실이 있었고 율곡은 딱한 사정이 있기는 했지만 하여간 첩이 둘이나 있었던 데다 병든 그를 온몸으로 사모하는 어린 해주 기생이 있었습니다. 구국의 화신 서애도, 강직한 신하의 표상이던 학봉도 이 문제에 있어선 예외가 아니었습니다. 우리가 가장 존경하는 충무공은 예외였을까요? 충무공에겐 두 명의 첩이 있었는데 그중 하나가 부안扶安에 있었습니다. 첩이 아들을 낳았는데 달수를 계산해 보니 분명 자기 자식이 아닌지라, '내 없는 사이에 바람을 피운 것이 분명하다!' 하여 당장 쫓아냈답니다. 깨어 보니 꿈이었지만요. 꿈은 꿈이지만 충무공에게 두 명의 첩이 있었던 것은 사실입니다. 패전 전문 장군 이일李鎰이 순변사로 영내에 있었는데, 밤이면 병영을 나가 첩과 동침하고 돌아오니 충무공은 이것이 몹시 거슬렸습니다. 꿈속에선 이일을 꾸짖었지만 실제로 따끔한 한마디를 못 한 데에는 이유가 있는데요, 내산월萊山月이라는 한양의 유명한 기생이 전쟁 중에 충무공을 흠모해서 아예 전남 영암으로 이사를 왔다고 합니다. 이랬으니 충무공이 꾸짖었던들, 이일이 콧방귀라도 뀌었겠습니까?

자! 이제 잡설을 마무리하기로 합시다. 제가 왜 연암 박지원을 위대하다고 말할까요? 선각자여서? 아닙니다. 마르코 폴로의 『동방견문록』에 비견되는 명여행기 『열하일기』를 쓴 문호여서? 그도 아닙니다. 아내가 있는 상황에서 축첩을 당연시하고, 질투하면 칠거지악의 하나로 몰아 축출하기도 했던, 참으로 '호랑이 담배 먹던' 시절인 1788년 정월, 51세인 연암은 아내 전주 이씨를 잃었습니다. 그리고 69세에 서거하기까지 장장 18년 동안 새장가를 가지도, 첩을 두지도 않았답니다. 아들 박종채朴宗采는 아버지에 대한 추모의 글인 『과정록過庭錄』에서 다음과 같이 썼습니다.

삶의 품격을 높이는 위대한 사상, 유학

- 아버님은 평생 첩을 두지 않으셨고 또 여자들을 가까이하지 않으셨다. 지방의 수령으로 계시면서 가기歌妓 금희琴姬들이 모두 무시로 출입하여 곁에 있으면서 벼루며 먹 시중을 들고 차를 받들어 올리며 수건이며 빗을 받들고 지팡이며 신발을 들고 모시어 마치 집안 식구와 다를 바 없이 아침저녁으로 함께 지냈으나 일찍이 한 번도 안색을 주신 일이 없었다.
- 남들이 혹 소실을 두라고 권하였지만 선군은 얼버무리는 말로 대답할 뿐 종신토록 첩을 두지 않으셨다.

왜 그랬을까요? 과거 출신이 아닌 연암은 중년도 한참 넘긴 49세에야 조상의 음덕으로 겨우 미관말직에 임용되었습니다. 오랜 빈한에서 벗어나는가 했는데, 16세에 결혼한 후 30여 년간 온갖 고생을 감내하던 아내가 그만 세상을 버린 것입니다. 그 뒤 한동안 관직에 있으면서 살림이 많이 나아졌지만 그는 끝까지 홀아비를 고수했습니다.

우리는 연암을 아내를 위해 끝까지 지조를 지킨 위대한 분으로 기억해 주어야 합니다! 색욕의 극복이야말로 극기복례克己復禮 가운데서도 도달하기 어려운 경지가 아니겠습니까? 이는 조선의 선비들에게 신성의 지위를 확보했던 주자도 못 한 일이지요. 주자는 스승의 딸이자 3남 5녀를 낳아 준 사랑하는 아내를 잃은 후에 첩을 둘씩이나 두었다고 합니다.

● 정에서 발하되 예의에 그친 율곡의 뜻

선생은 언제나 여색을 멀리하였다. 일찍이 누님을 뵈러 황주黃州에 갔
었는데 유명한 기생이 선생의 방에 들어오자, 곧 촛불을 켜 놓고 거절
하였으니, 함께 어울리면서도 휩쓸리지 않음이 이러하였다.

여기서의 '선생'은 율곡 이이입니다. 이 글을 쓴 사람은 율곡의 제
자이자 사돈이기도 한 사계沙溪 김장생金長生이지요. 글은 「율곡이선생
가장」의 일부이고 김장생의 『사계선생유고』에 실려 있습니다. 율곡
은 적실에게선 아들이 없었고 두 첩실에게서 아들 둘, 딸 하나를 얻
었는데 그 딸이 김장생의 아들 신독재慎獨齋 김집金集의 첩실이 되었습
니다.

사계의 이 기록은 후인들의 흥미를 끕니다. 밤에 율곡의 처소를 찾
아온 기생도 범상하지 않고 율곡의 처신 역시 범상하지 않지요. 무엇
보다도 대체 두 사람 사이에 무슨 사연이 있었던 것일까요?

말이 옆으로 새지만, 필자가 율곡을 존앙해 마지않는 것은 그의 성
리학이나 경장更張 사상 때문이 아닙니다. 그의 이기이원적일원론理氣
二元的一元論이나 퇴계의 이기일원적이원론理氣一元的二元論은 끝내 정답이
없는 논의일 수 있고 경장 사상은 그와 비견할 사람이 한두 분이 아니
기 때문입니다. 필자는 다름 아니라 그의 효성과 우애를 존모해 마지
않는 것입니다. 율곡은 16세에 모친상을, 26세에 부친상을 당했으니

친부모에게 효성을 마칠 시간이 턱없이 부족했습니다. 그럼에도 실은 마음에 들지 않았던 계모를, 어쩌면 어머니 사망의 원인을 제공했을 수도 있는 계모를 삶이 다할 때까지 극진히 모셨습니다.

4남 3녀 중 셋째 아들이었던 율곡은 일찍 과거에 급제하여 녹봉을 받았으므로 일찍 죽은 큰형의 식구들을 다 먹여 살렸고, 가끔 돈 문제로 사고를 치는 둘째 형의 뒷수습을 도맡았으며 어린 아우의 학비도 전담했습니다. 그래서 늘 가난했고 요즘으로 치면 현직 장관으로 죽으면서도 서울에 변변한 집 한 칸 마련하지 못해 대사동大寺洞(오늘의 인사동) 셋집에서 세상과 영결했던 것입니다. 네 것 내 것 없는 형제애! 이야말로 사람다운 사람, 정인군자正人君子만이 할 수 있는 일이지 아무나 할 수 있는 일이 아닐 테지요.

각설하고, "일찍이 누님을 뵈러 황주에 갔었는데 유명한 기생이 선생의 방에 들어오자 …"라고 했는데 도대체 어떤 사연이었을까요? 때는 율곡이 48세이던 1583년 가을, 율곡은 벼슬을 그만두고 처향妻鄉이자 자기의 집이 있는 황해도 해주의 석담石潭에 있었습니다. 이조판서, 우찬성 등 고위직을 역임하였지만 선조와 끝내 뜻이 맞지 않아 벼슬을 그만두고 귀향해 있던 차였습니다. 율곡에게는 두 명의 누님이 있었는데 이때 황주에 살던 누님은 누구이며 무슨 일로 누님을 찾아갔는지는 분명치 않습니다. 하여간 율곡은 죽기 서너 달 전에 황주로 갔다가 "나라 안 최고 미녀國中一色"인 황주 기생을 만났는데, 그녀의 이름은 '유지柳枝'였습니다. 그런데 율곡은 유지와의 조우 이후에 자신과 유지의 사연을 직접 적어 남겼습니다. 이제 이해를 돕기 위해 필자의 한두 마디를 덧붙인 율곡의 말을 직접 들어 보도록 하지요.

유지는 선비의 딸인데, 황주 관아의 기생으로 전락해 있었다. 내가 39세이던 1574년에 황해도 감사로 갔을 때 동기童妓였던 그녀가 시중을 들었다. 몸이 날씬하였고 곱게 단장하였으며, 얼굴은 빼어나고 머리는 총명했다. 내가 쓰다듬고 어여삐 여겼지만, 처음부터 정욕의 뜻을 품지는 않았다. 그 뒤에 내가 중국 사신을 영접하는 원접사遠接使가 되어 평안도를 왕래하였는데, 유지는 매번 방 안에서 수청을 들었으나 한 번도 서로 가까이 하지는 않았다. 내가 48세이던 1583년 가을에 해주에서 황주로 누님께 문안을 갔을 때 다시 유지를 만났고 유지와 함께 여러 날 술을 마셨다. 다시 해주로 돌아올 때 유지는 연도의 절까지 나를 따라와 전송해 주었다. 유지와 헤어진 날 나는 밤고지(栗串) 강마을 주막에서 묵었다. 한밤중에 누군가 사립문을 두들겨서 나가 보니, 바로 유지였다. 유지가 방긋 웃고 방 안으로 들어왔다. 내가 이상하게 여겨 그 까닭을 물어보니, 이렇게 대답했다. "대감의 명성은 온 나라 백성들이 다 사모하는 바이옵거늘, 하물며 기생된 계집이겠습니까? 여색을 보고도 무심하오니, 더욱더 탄복하는 바이옵니다. 이제 가시면 다시 만나기를 기약하기 어려워 이렇게 멀리까지 찾아온 것이옵니다." 마침내 불을 밝히고 밤새 이야기를 주고받았다. 아! 기생이란 단지 방탕한 사내들의 다정함만을 사랑하거늘, 누가 도의道義를 사모하는 기생

삶의 품격을 높이는 위대한 사상, **유학**

이 있는 줄 알겠는가? 게나가 받아들이지 않은 것을 수치로 여기지 아니하고 도리어 탄복을 하니, 이것은 더욱더 보기 어려운 일이다. 안타까워라, 유지여! 천한 몸으로 고달프게 살아가는구나. 또한 지나가는 과객들이 내가 혹 잠자리를 갖지 않았나 의심하여 너를 돌아보아 주지 않는다면, 국중일색에게 더욱 안타까운 일이다. 그래서 이 노래를 지어 정情에서 발하되 예의禮義에 그친 뜻을 알리는 것이니, 보는 이들은 이 점을 잘 알 것이다.

유지와 율곡은 이미 율곡이 1574년에 황해도 감사로 부임하였을 때 만난 사이였습니다. 이후 전말을 율곡 자신이 잘 말해 놓았으니 토를 달면 군더더기일 것이지만, 두 사람을 수령과 관기의 관계만으로 설명할 수는 없습니다. 두 사람에게는 이미 애정이 있었고, 보통 애정도 아니었지요. 몸을 빌리지 않고 내면의 공감으로 승화시킨 감정이었습니다. 율곡은 어린 유지를 동정하면서도 그녀의 행실을 사랑했고, 유지는 율곡의 도의를 존경하며 사랑했습니다. 사계의 기록에서는 유지가 율곡을 유혹하여 잠자리를 같이하려는 별난 기생으로 그려지고 있지만 실상은 그렇지 않았습니다. 유지는 율곡의 건강 상태와 더불어 이 조우가 생애에서 마지막이 될 것을 예감하고 다시 밤에 찾아간 것입니다. 밤을 꼬박 새우며 담소한 이튿날 아침, 영결이 되고 만 이별을 할 때 율곡은 그녀에게 장시 한 편과 칠언절구 3수를 지어 줍니다. 이 시편을 적은 두루마리 원고를 「유지사」라 부르는

데 원본이 현재 이화여대 박물관에 수장되어 있습니다. 너무나 절절한 「유지사」는, 한 치도 숨김없이 사연을 서술하고 관련 직정直情과 별리別離의 아픔을 토로하며 다음 세상에서 다시 만날 것을 노래합니다. 필자의 서툰 번역을 아래에 실어 봅니다.

여기 사람 있네, 황해도 땅에
맑은 기운 모아 선녀 같아라.
그 마음 그 모습 곱기도 하고
그 얼굴 그 목소리 맑고도 예뻐.

금 쟁반에 받아 놓은 이슬 같은 이
어쩌다가 길가에 버려졌는가.
봄이 한창이라 꽃이 활짝 폈는데
황금 집에 못 살다니, 슬프다 절세미인!

그 옛날 만났을 땐 피지 않은 꽃이었으나
맥맥히 마음만은 서로 통했다네
좋은 중매쟁이 가고 없음에
먼 계획 어긋나 허공에 떨어졌네.

이럭저럭 좋은 때 다 놓쳤으니

어느 때나 좋은 님 만나게 될까.

날 저물어 우연히 다시 만나니

완연히 옛 모습 그대로이네.

세월이 얼마나 흘러갔던가,

새 잎이 그늘진 거 슬프다, 슬퍼.

나 하물며 쇠약해 색을 멀리해야 하고

온갖 욕정 재같이 마음 식었네.

저 곱디곱고 어여쁜 사람

고운 눈결 던지며 나를 못 잊네.

때마침 황주 땅을 지나가는데

길은 구불구불 멀기만 했네.

내 수레를 절에 멈추고

물가에서 내 말에 먹이 먹였네.

어찌 생각했으랴, 미인이 멀리까지 쫓아와

밤 깊어서 홀연히 문 두드릴 줄.

먼 들판 달이 져서 캄캄도 하고

텅 빈 수풀에서 범은 울어 대는데,

그 무슨 마음으로 날 따라왔나
지난날의 따뜻한 말씀 그리워라네.

문을 닫아걸면 인이 아니고
잠자리를 같이하면 의가 아니라,
병풍도 치워 놓고 같은 방에서
다른 요에 다른 이불 덮고 누웠네.

그 사랑 다 못 하고 일이 어긋나
밤새도록 촛불을 밝혀 두었네.
마음을 속일 수는 없는 것이니
깊숙한 방 속까지 보고 계시네.

혼인할 좋은 시기 놓쳐 버리고
차마 어찌 남모르게 관계를 하랴.
날이 다 밝도록 잠 못 자다가
이별하는 마당에 한이 출렁출렁

하늘에 바람 불고 바다에는 물결인데
노래 한 곡조가 처량하고 슬퍼라.
아아 본마음 깨끗키도 하여

43

가을 강에 차가운 달빛 같거늘

어지러운 마음 구름같이 일어남에
그중에도 욕정이 가장 더럽네.
사내의 욕정은 원래 그르고
계집의 욕정은 더욱 문제라.

당연히 아니 보고 근원을 맑혀
맑고 밝은 본마음을 돌이켜야지.
다음 세상 있다는 말 정말이라면
극락세계, 거기서 너를 만나리.

보기 드물게 아름다운 시입니다. 여기서의 절창은 심야에 찾아온
그녀를 받아들여야 하나 말아야 하나를 고민하던 심사가 함축된 "문
을 닫아걸면 인仁이 아니고, 잠자리를 같이하면 의義가 아니라"일 것
입니다. 율곡이 주변 사람들의 호기심과 이목을 충분히 의식했으면
서도 유지를 받아들인 이유와 처신의 요결이 바로 이와 같습니다. 물
론 이러한 결단에 유지의 지취를 헤아리고 사랑하는 마음도 내포되
어 있었겠지요. 율곡은 유지와의 사행에서 내면의 애정을 저버리지
않았으면서도 유자로서 '인'과 '의'를 실천한 멋진 '인간'이었습니다.
끝내 '운우지정雲雨之情'을 나누지는 않았지만 율곡에겐 처음이자 마지

막으로 절절한 사랑이 황주 기생 유지였다고 하겠습니다.

뒷날 『율곡집』을 편찬할 때 이 시를 넣느냐 빼느냐를 두고 편자들 간에 이견이 있었습니다. 주제도 주제지만, 결국 빼게 된 까닭은 시의 끝 구절, "다음 세상 있다는 말 정말이라면/극락세계, 거기서 너를 만나리" 때문이었을 것입니다. 퇴계와 함께 조선조 성리학의 최고봉에 도달한 율곡의 입에서 나왔다기에는 너무나 충격적인 말이었지요. 성리학은 영혼불멸과 내생을 믿지 않습니다. 불교의 극락세계라는 말은 유학자들의 글에 올려서는 안 될 금기어였고요. 그래서 이 시를 뺀 사정을 이해할 수는 있지만, 도덕을 지향할수록 인지상정을 제일의 척도로 삼아야 하지 않을까요. 더욱이 이 시는 유자가 율기律己(자신을 단속함)에 성공한 사연을 바탕으로 하고 있습니다. 인정과의 괴리와 이데올로기화, 이러한 경향은 조선의 유학이 뒷날 사이비 군자를 양산하고 시대를 운영하는 탄력을 상실하여 연암의 「양반전」에서처럼 신랄한 내부 비판에 이르게 만들기도 합니다. 이 시야말로 율곡의 유자로서의 인품을 그 무엇보다도 진솔하게 드러낸다고 하겠습니다.

● **고봉과 퇴계의 만남과 이별, 그리고 매화**

퇴계 이황과 고봉 기대승, 이 두 위인의 역사적 만남은 1558년 음력 11월 초순 어느 날 서울에서 있었습니다. 당시 퇴계의 나이 58세, 고봉은 그보다 26세 어린 32세였지요. 고향 예안에서 제자들을 기르면서 후일의 도산서원이 되는 조그만 서당을 지을 계획을 하고 있던 퇴계는, 윤7월에 명종의 부름을 끝내 외면할 수 없게 되자 상경하여, 10월에 성균관 대사성에 취임합니다. 오늘날의 서울대학교 총장쯤으로 보면 됩니다. 역시 그해 10월, 고봉은 을과 제1인으로 문과에 급제합니다. 그는 과거에 급제하자마자 존앙하던 퇴계를 찾아가는데, 요즘 상황으로 보면 국가고시에 합격한 졸업생이 신임 총장을 찾아간 격이지요. 덧붙이자면, 뒷날 고봉은 서세하기 9개월 전인 1572년 2월에 퇴계가 역임한 바 있던 성균관 대사성에 임명됩니다.

고봉에 대한 퇴계의 첫인상은 다음과 같았습니다. "그 친구의 학문과 사람됨이 전에 듣던 것보다도 나았다. 임금이 이 사람을 중용하면 실로 사문斯文의 큰 경사일 것이다." 퇴계는 이미 고봉에 관한 소문을 듣고 있었던 것입니다. 고봉이 퇴계를 대하는 자세는 무척 겸손했지만 학문에 대한 질문은 무척 날카로웠던 듯합니다. 그래서 퇴계는 "학문과 사람됨이 전에 듣던 것보다도 나았다"라고 말한 것이지요. 주된 화제는 사단칠정四端七情에 관한 것이었음이 분명합니다. 고봉은 퇴계를 찾아가기 전에 추만秋巒 정지운鄭之雲(1509~1561)을 찾아가 사단칠정에 대한 퇴계와 추만의 절충설과 다른 자신의 견해를 피력하기도 했습니다. 고봉은 이듬해 33세에 「사단칠정설」을 지었고, 34세 11월에는 처음으로 퇴계에게 자신의 논지를 밝힌 편지를 올려 본격적 논의의 문을 열었습니다.

사칠四七을 비롯한 성리학의 주요 문제에 관한 두 사람의 토론은

1558년 10월부터 퇴계가 서세한 1570년 말까지 13년이라는 긴 세월 동안 단단속속斷斷續續으로 이어집니다. 퇴계는 1570년 12월 8일에 서세했는데, 그 23일 전인 11월 15일, 병석에서 고봉에게 보내는 마지막 편지를 썼습니다. 손이 떨려 글씨가 잘 되지 않자 자제에게 정서하게 하여 보낸 마지막 편지에 이런 구절이 있습니다. "무극이태극無極而太極에 해당하는 부분의 석의釋意에 있어 요즘에야 내가 잘못 보았다는 것을 알고 스스로 더욱 놀라고 두려웠다. 부분적으로 고치고자 하나 죽기 전에 이 뜻을 이룰 수 있을지 모르겠다." 이 얼마나 놀라운 겸양과 포용력입니까? 퇴계가 일생의 학문을 총정리하는데도 고봉의 생각이 작용한 것입니다! 성리학의 정수에 관해 두 분 간에 오간 논의의 내용은 지면 관계상 생략합니다만(사실은 어려워서 잘 모른다), 이 사제 간의 전무후무한 아름다운 이야기는 이미 우리민족의 고귀한 문화유산이 되었습니다.

두 사람이 마지막 얼굴을 본 것은 언제였을까요? 1569년 3월, 선조는 고향으로 돌아가고자 하는 퇴계의 오랜 바람을 윤허합니다. 왕도주의에 바탕한 현실정치와 그 배경을 이루는 유학을 가장 중시했던 시절이었으므로, 마지막 내면에서 왕은 먼저 정치 방면에서 특별히 추천할 사람이 있느냐고 묻습니다. 퇴계는 당시 영의정이던 이준경李浚慶이 잘하고 있다고 대답합니다. 왕은 이어서 누가 이 시대의 훌륭한 유학자인지를 묻습니다. 마치 그 옛날 노나라 정공定公이 공자에게 "제자 중에 누가 학문을 좋아합니까?"라고 물었던 것처럼 말입니다. 이 말은 학문에 있어서 당신의 후계자가 누구냐는 물음이지요. 공자는 가장 아끼는 제자 안회顔回가 죽고 없어 유감이었지만, 퇴계는 추천할 사람이 있어 다행이었습니다. 퇴계는 습관이 된 겸양을 보이다가 입을 열어 당년 43세로 연부역강年富力強하던 고봉을 거론합니다. "기대승은 글을 많이 읽었습니다. 또한 이학理學에 있어서의 견해도 뛰어난 통유通儒입니다. 다만 집중하는 능력이 조금 모자랍니다." 고봉의 장단점을 다 읽은 포폄이 아닐 수 없겠습니다. 집중하는 능력을 길러 경국제세의 이론을 세우는 큰 인물이 되기를 기대하는 마음을 담은 것이기도 하고요. 이때 후일 퇴계의 고제高弟로 꼽히는 학봉 김성일은 전해인 1568년에 갓 과거에 급제한 32세의 초출이었고, 서애 유성룡은 겨우 급제 3년 차인 28세의 신진이었으므로 이들을 거론할 수는 없었을 것입니다. 다만 당시 일찍부터 정계와 학계에서 성화聲華를 드날리던 34세의 율곡 이이를 거론하지 않은 것은 알 수 없는 일입니다. 퇴계의 마음에 율곡은 고봉에 비해 그릇이 못 된다거나 아직 학술계의 대들보를 짊어질 경륜이 되지 못했다고 생각했기 때문인지도 모르겠습니다.

왕과의 마지막 대면이 있은 후 퇴계는 그길로 서울을 떠납니다. 많은 사람들이 전별을 위해 한강의 동호東湖 가에 모였는데 그날 밤 퇴계는 정유길鄭惟吉의 정자 몽뢰정夢賚亭에서 잤고 고봉은 강가의 농막에서 잤습니다. 이튿날 퇴계는 강 건너 봉은사에서 하루를 묵었는데 고봉이 배행했음은 물론입니다. 이때 퇴계는 고봉에게 자신이 전에 지은 매화시 8수를 보여 주며 화시和詩를 바랐지요. 전송객은 대부분 흩어졌겠지만, 고봉은 퇴계를 태우고 갈 배가 기다리고 있던 저자도楮子島(뚝섬 앞, 압구정 건너편에 있던 섬으로 놀랍게도 1972년에 압구정동 아파트 공사에 쓸 모래 채취를 위해 없애 버렸다!)까지 가서 스승과 작별합니다. 그러니까 저자도 나루에서의 작별이 고봉과 퇴계의 영결이 된 셈입니다. 1558년 11월의 첫 만남, 1569년 3월의 작별. 10년 하고도 4개월의 세월이었습니다. 작별에 즈음하여 차운을 바란 8수의 매화시, 그 의미는 무엇일까요? 매화는 엄동설한에 피어 그윽한 향기를 발하는 꽃입니다. 선비의 고절高節을 상징하는 데 이보다 더 적절한 사물은 없을 것입니다. 대나무의 절개도 가상하지만 애석하게도 향기가 없지 않습니까? 퇴계가 자신을 매화에 투영한 지는 이미 오래되었습니다. 장주莊周는 나비가 자기인지 자기가 나비인지 몰랐다지만 퇴계 또한 매아일체가 되어 있었던 것입니다. 저는 8수의 수답시酬答詩 가운데 제3수가 압권이라 여깁니다.

풍류는 예부터 고산을 말하는데
매화여 무슨 일로 관아의 뜰로 옮겨 왔는가.
그대 역시 명예 때문에 그르친 것 알겠노니
이 늙은이 명예에 시달린다고 무시를 마소.

퇴계의 원운原韻입니다. 고산은 퇴계가 존경한 송나라 임포林逋가 은

거하 항주 서호西湖에 있는 산 이름입니다. '매화의 가치는 깊은 산속
에 외로이 피어 향기를 발하는 데 있는데, 어찌하여 속세에 와 찌든
때를 묻힌단 말인가? 남이 알아주기를 바라는 마음에서 그랬음을 자
각했다면 스스로를 탓하고 반성해야지 왜 나 같은 천생 속물이 벼슬
에 연연하는 걸 무시하고 핀잔하느냐'는 말이지요. 반어법을 쓴 엄청
난 겸양이 아닐 수 없습니다.

> 공은 매화 찾아 고향 산으로 돌아가려 하는데
> 나는 영화와 이록을 탐해 풍진 사이에 비비적이네.
> 향 피우고 닻줄 매는 곳 그 어드메이실까?
> 비바람 몰아쳐 어둑하여 홀로 사립문 닫았노라.

고봉의 화운和韻입니다. 시의 주석에 다음과 같은 말이 있습니다.
"3월 10일에 비바람이 심했는데 멀리 간 배를 생각하며 홀로 깊은 방
에 있으면서 이런 말을 썼다." 퇴계와의 이별이 3월 10일 이전의 일이
었음을 알 수 있습니다. 이 시에는 퇴계의 귀은歸隱에 대한 부러움과
'사나운 날씨에 스승이 귀향길에 고생이나 하지 않으시는지…' 하는
우려가 담겨 있습니다. 퇴계의 귀향은 오직 얼마 남지 않은 생을 학
문에 정진하기 위함이었습니다. 이를 아는 고봉은 스승의 귀향이 무
척 부러웠을 테지요.

그로부터 3년 후인 1572년 10월, 46세의 고봉은 대사간을 사직하

고 고향으로 돌아갑니다. 고봉이 벼슬을 그만두고 고향 광주로 내려가다는 소식을 들은 많은 관리들이 나와 전별해 주었습니다. 안타까운 것은 하늘이 고봉에게 공부에 정진할 시간을 주지 않은 점입니다. 귀향길에 뜻밖의 병을 얻어 임종하게 되자 고봉은 이 아쉬움을 유언으로 남깁니다. "하늘이 나에게 시간을 더 주서서 임하林下에서 노닐며 학자들과 만물의 시종始終을 논할 수 있게 해 준다면 이 또한 하나의 큰 행운이었을 텐데 병이 이 지경이 되었으니 어찌하리오?" 우리는 여기서 안회를 추억하면서 "불행히도 명이 짧아 죽었습니다"라고 했던 공자의 말씀을 떠올릴 수 있습니다. 자, 일언이폐지一言以蔽之하기로 하지요. 고봉은 퇴계 문하의 안회가 되었습니다.

● 　퇴계와 나눔의 정신

　　이 시대의 중요한 화두 가운데 하나가 '나눔'입니다. 나눔은 혼자만 사는 독생의 길이 아니라 함께 더불어 사는 공생의 길입니다. 자기의 소유물을 남에게 나누어 주는 것이 나눔인데, 맹자의 성선설에 따르면 그것은 천부적인 본성을 따르는 일이므로 그리 어려운 일이 아니지만 순자의 성악설에 의하면 이는 결코 쉬운 일이 아닙니다. 여기서 성악설에 대한 약간의 오해를 불식해야겠습니다. 순자는 "인지성악명의, 기선자위야人之性惡明矣, 其善者僞也"라고 말했습니다. 보통 이 구절을 "인간의 성은 악한 것이다. 선하다는 것은 거짓이다"라는 뜻으로 오해하기 쉽습니다. 그럴 수밖에 없는 것이 '위僞' 자의 새김에

'거짓', '속이다'와 같은 의미도 있기 때문입니다. 그러나 여기서는 '작위作爲'라는 뜻이며 달리 말하면 '후천적 노력'이라는 뜻으로 볼 수 있습니다. 그러니까 천부적인 이기적 본능에 따라 움직이기 마련인 인간이 사회에서 남들과 공생하려면 후천적 노력을 통해 선善에 도달해야 하며, 이를 실현시키는 도구로는 교육이 최상이라는 것입니다. 또한 교육의 핵심은 유학의 예禮와 악樂이라는 것이지요. 교육의 중요성을 이만치 강조한 예는 순자 이전엔 없었습니다.

현대의 진화생물학자 리처드 도킨스는 『이기적 유전자The Selfish Gene』에서 진화의 주체가 인간개체나 종種이 아니라 바로 유전자이며 인간은 유전자 보존을 위해 맹목적으로 프로그램된 기계에 불과하다고 주장하여 세계적 반향을 일으킨 바 있습니다. 이것은 환골탈태한 성악설이지요. 그러나 그는 유전자의 지배와는 별도로 개체인 인간은 자유의지와 문명을 통하여 이런 유전자의 지배를 충분히 이겨낼 수 있다고 주장했는데 이는 바로 순자가 주장한 예악 교화설의 변안이라 할 수 있습니다. 알고 보면 순자는 리처드 도킨스의 까마득한 선배님인 셈입니다. 이런 의미에서도 인간본성의 실체와 이를 극복할 수 있는 대안까지 제시한 순자의 주장을 가벼이 보거나 무조건 배척해서는 안 될 것입니다. 순자에 대해 중국에서보다도 더 냉혹한 시선을 보냈던 우리나라의 역사적 실정을 반성해 보는 차원에서도 이점은 반드시 짚고 넘어가야 합니다. 인간에게 개체적 생명과 사회적 생명이 있다고 한다면 개체적 생명을 위해서는 나눔이 반드시 필요하지는 않을 겁니다. 그러나 사회적 생명을 위해서는 반드시 필요한 것이지요. 새삼스럽지만 인간은 사회적 동물이니까요. 나눔을 의미하는 한자 빈貧의 조자원리를 살펴보는 것도 의미가 있습니다.

빈貧 자의 아랫부분 패貝는 조개의 상형입니다. 그러나 흔히 볼 수 있는 조개가 아니라 여간해선 구하기 힘든 금조개 껍데기입니다. 이를 잘게 썰어 여러 물건을 장식하는데, 이것으로 장식한 장롱을 자개장이라 합니다. 어린 여자아이가 이를 실에 꿰어 목에 건 모양이 '嬰(영)'입니다. 당시에 자개 목걸이를 걸 수 있는 아이는 당연히 귀족의 어린 딸이겠지요. 요즘의 진주 목걸이나 다이아 목걸이와 같은 용도였을 것입니다. '패'가 중국 고대사회에서, 특히 기원전 1600년에서 기원전 1046년까지의 상商나라에서 '돈'의 역할을 수행했음은 모두 아는 일입니다. 상대에 만들어져 오늘날에도 널리 쓰이는 한자 대부분에 들어 있는 '패' 자는 모두 그런 의미를 담았습니다. 재財·화貨·회賄·뇌賂·임賃·대貸…. 그 위의 분分 자는 '나누다'를 본뜻으로 하는 글자입니다. 그러니까 '빈'은 혼자 쓰기에 알맞은 재물을 남과 나누느라 생긴 '결핍'이 본뜻인 것입니다. 빈궁貧窮·빈곤貧困·빈핍貧乏에 쓰이지만 알고 보면 참으로 고귀한 의미를 담은 글자입니다. 더구나 청빈淸貧은 훌륭한 덕목이 아니겠습니까.

퇴계선생이 위대한 인격자임은 누구나 다 알 것입니다. 이제 선생의 나눔에 대해 간단히 살펴보고자 합니다. 먼저 작은 나눔을 살펴보도록 하겠습니다.

고을에서 물건을 보내오는 일이 있으면 반드시 먼저 찰방공察訪公에게 보내고, 다음에는 이웃과 친척들 및 배우고 있는 제자들에게 나누어 주고 집에 남겨 두는 일이 없었다. 서울에 있을 때는 봉록으로 들어오는 것이 쓰기에 넉넉하였으므로 나머지는 모두 친구들을 도와주었는데 반드시 친소와 빈부를 가늠하여 서로 간의 정의情誼를 상한 적이 없었다.

이는 젊은 날 오랫동안 문하에서 선생을 시봉하며 학업을 닦은 제자 학봉 김성일의 기록으로 『퇴계선생언행록』에 실려 있습니다. 학봉의 성격으로 보아 한 치의 가감도 없는 진실한 기록일 것입니다. 고을에서 보내오는 물건은 예안현령과 안동부사의 선물일 것이고요. 그들이 선물을 보내온 시기는 선생이 조정에서 은퇴하고 돌아와 향리에 거주하고 계시던 노년기입니다. '찰방공'은 형님 이징李澄입니다. 7남매의 막내인 퇴계는 위로 이잠李潛, 이하李河, 누님, 이의李漪, 이해李瀣, 이징이 있었는데, 당시엔 다 돌아가시고 여섯째 형 이징만 생존해 있어, 어버이 모시듯 극진히 모시며 선물이 들어오면 반드시 형님에게 먼저 보냈다고 합니다. 부형이라는 말이 의미하듯, 아버지가 계시지 않으면 형님을 아버지처럼 모시던 당시의 예법으로 보아 당연한 일이지만 이웃과 친척들에게도 나누어 주는 것은 쉬운 일이 아니었을 것입니다. 더하여 속수束脩라는 아름다운 전통이 있기는 했지만 제자들의 부급負笈은 스승에게 적지 않은 짐이 되었을 것인데도 물건이 생기면 제자들에게 아낌없이 나누어 주고 집에 남기는 법이 없었다는 것이지요. 또 월급을 가계에만 충당하는 게 아니라 경제적으로 어려움을 겪고 있는 친구들에게 나누어 주었다 하니 이 기록 한 토막만으로도 퇴계의 '작은 나눔'이 어떠했는지를 짐작할 수 있겠습니다.

그렇다면 퇴계의 '큰 나눔'은 무엇일까요? 신과 인간 사이의 관계설정은 살아 있는 모든 인간의 영원한 관심사이자 풀고 싶은 숙제입니다. 아직 그 누구도 누구나 인정하는 답을 도출해 내지 못했지요. 동북아시아 문화권에서는 어느 민족 어느 국가도 다 그랬겠지만, 상나라의 신 숭배는 더욱 두드러져 신국神國이라 해도 과언이 아니었습니다. 이때 '상제上帝'는 신의 다른 이름이었습니다. 이때에 귀갑龜甲이나 수골獸骨을 도구로 삼는 갑골점으로 마냥 신을 괴롭히지 말고 신의 뜻을 도식화한 바탕 위에서 인간의 염력과 지혜로 미래사를 미리 알자고 만든 것이 시초점법입니다. 시초蓍草를 도구로 삼는 삼역三易 가운데 상나라 때에는 『귀장역歸藏易』이 있었다고 합니다. 그렇지만 신에의 의존이 너무나 강했던 당시에는 그리 널리 쓰인 것 같지 않습니다. 주나라 때에는 신과의 직통법인 갑골점보다 시초를 사용하는 역점易占이 더 유행했습니다. 이것은 또한 한자문화권 과학정신의 맹아 가운데 하나이지요. 『주역』은 당시의 첨단 과학이었습니다. 주역의 유행을 신본神本으로부터 인본人本을 향한 전환점이라 보아도 좋을 것입니다. 공자는 "귀신을 공경하되 일정한 거리를 두는 것이 지혜롭다"라고 하였으니, 이야말로 위의 변화를 구체적으로 표현한 말씀이 아닐까요. 다만 공자의 이 말을 '인본선언'이라 말해선 안 됩니다.

그렇게 여기면 교왕과정矯枉過正의 어리석음을 범하는 것이 되어 버리기 때문입니다. 공자의 주지主旨는 신인神人 간의 '평형유지'였던 것이지요. 이른바 공맹 원시유학의 기본정신은 여기에 있습니다. 이 틀은 북송 이전까지 단속斷續을 거듭하며 유지되었습니다.

12세기를 대표하는 사상가 주자의 출현은 이 틀의 동요를 의미합니다. 주자는 정호·정이·장재·주돈이의 학문을 집성하여 이학理學을 완성했습니다. 동시에 그 이전의 신, 즉 '상제'의 명칭을 '이理'로 바꾸는 데도 성공했지요. 그리고 상제가 가지고 있던 주재자로서의 능동성을 대폭 삭감 또는 무력화하고 그 빈자리를 이법천理法天으로 대체했습니다. 주자에 의하면 '이'는 "무정의, 무계탁, 무조작無情義, 無計度, 無造作", 즉 정감도 의지도 계획도 헤아림도 창조도 작위도 하지 않는 존재입니다. 이것이 '이불활동설理不活動說'입니다. 그러니까 주자에 의하면 신은 천지를 창조한 후로 더 이상 인간세상을 향한 계시나 간섭을 하지 않으므로 인간세상의 일은 인간이 전적인 책임을 지고 자율로 해결해야 하는데, 신의 의지가 그대로 반영된 만물의 이치를 궁구하여 알아내어 이를 준수하는 것이야말로 인간이 할 수 있는 그리고 반드시 해야 하는 유일무이한 길이라는 것입니다. 달리 말하면 어떤 경우에도 신을 향한 기도보다는 그 사事나 물物의 이치를 궁구하는 것이 중요하다는 것입니다. 이것이 격물格物, 즉 만물의 이치인 물리를 연구하는 과학이라 할 수 있습니다. 주자가 21세기에 태어났으면 종교연구가가 아닌 과학자, 그 가운데서도 물리학자가 되었을 가능성이 크겠지요?

퇴계는 주자를 복응服膺하면서도 이 점에 대해서만은 그대로 동의하지 않았습니다. 퇴계는 신의 임재臨在와 역사役事를 믿었습니다. 이것이 주자의 사상과 다르다는 것 때문에 번민하고 후학들의 공격까지 받던 퇴계가 "사단四端은 이理가 발한 것이고 칠정七情은 기氣가 발한 것이다"라는 주자의 말을 발견한 것은 산궁수진山窮水盡의 막다른 곳에서 도화원桃花源으로 통하는 동굴 입구를 발견한 환희로 다가왔을 것입니다. 이 말은 『주자어류』 권53, 『맹자』 공손추 편에 있습니다. 이는 퇴계가 단단히 잡은 화두이자 퇴계학의 골수입니다. 이를 실천하는 기제가 경敬입니다. 율곡 이이는 원래 퇴계를 태산처럼 존앙하던 후학이었습니다. 율곡은 퇴계가 주자의 이 한마디 말을 기화奇貨로 삼아 '이'의 활동성을 주장하는 것이 불만이었지요. 퇴계학과 율곡학의 갈림길이 바로 이 지점에 있습니다. 율곡은 "주자의 말이라는 '사단은 이가 발한 것이고 칠정은 기가 발한 것이다'는 대충 말한 것일 뿐이다"라고 강변하였습니다. 나아가 "사단은 이가 발하여 기가 따르는 것이고, 칠정은 기가 발하여 이가 타는 것이다"라는 퇴계의 이기호발설理氣互發說은 이기를 둘(二元)로 보는 오류가 분명하며 그렇게 되면 인심은 두 개의 근본이 있게 된다고 공박했습니다. 율곡은 나아가 퇴계가 대본大本, 즉 '이'를 보는 눈에 문제가 있다는 폭언을 하기도 했습니다. 23세 때 퇴계가 은거하던 도산陶山에 와서,

학문의 흐름은 공자의 수수와 사수의 물결에서 나누어 왔고,

우뚝한 학문의 성취는 주자의 무이산이 빼어난 것과 같으시네.

라는 극찬의 시를 지어 퇴계에게 '선생님은 공자와 주자의 적전嫡傳이십니다'라며 극도로 찬양했던 율곡은 '이'의 발동설에 큰 불만을 느꼈던 것입니다.

율곡은 나아가 "주자가 정말로 이기가 호발하는 것이라 말했다면 주자도 틀린 것이다! 그런 주자가 어찌 주자이겠는가!"라고 말하기도 했습니다. 만약 주자가 이런 말을 한 사실이 있다면 이는 한때의 실언일 뿐이라는 것이지요. 또 "불교도들이 말하길, '금가루가 비록 귀하나 눈에 들어가면 백태(一重膜子)가 된다'라고 하였는데 이는 성현의 말씀이 비록 귀하나 잘못 보면 해가 된다는 말이다!"라는 극언까지 했답니다. 여기서 퇴계는 눈에 백태가 끼어 기본 원리를 바로 보지 못하는 사람이 되고 맙니다. 이는 율곡 나름대로는 위도衛道정신의 발로였을 것입니다. 마침내 율곡은 "퇴계의 잘못은 성性과 이理의 이해에 있는데, 퇴계의 잘못이 나흠순羅欽順보다 더하다"라는 단정을 내리기까지 했습니다. 율곡은 신의 존재를 부정하지는 않으나 그 의지를 발동하여 인간세상을 변화시키는 역사役事는 결코 하지 않는다고 믿었습니다. 그리고 이것이 주자학의 정론이라 믿어 의심치 않았습니다. '격물치지格物致知'야 말로 인간이 마땅히 할 일이지 '소사상제昭事上帝'가 인간사의 중심이 되어선 결코 안 된다는 것입니다. 이처럼 "무정

의, 무계탁, 무조작" 아홉 자는 율곡의 신부神符가 되었습니다.

우리는 율곡의 퇴계 비판을 통해 퇴계의 진면목을 쉽게 알 수 있었습니다. 퇴계의 '이'는 발동하고 움직이며 역사하는 '이', 그러니까 상제의 다른 말로서의 존재인 것입니다. 퇴계는 삶을 마치기 직전에 자명自銘을 써 두었는데 이 4언시 형식의 글은 묘소의 비 전면에 새겨져 있습니다. 그 가운데 "아사고인, 실획아심我思古人, 實獲我心"이란 구절이 있는데, "고인을 생각해 보니 그분이야말로 내 마음을 사로잡으셨네"라는 의미입니다. '그분'은 누구일까요? 언뜻 보기엔 주자 같은데 곰곰이 생각해 보면 공자인 것 같습니다. 『논어』에 '천天'이 13번 나오는데 상대의 '상제'를 공자가 살던 주대에는 '천'이라 불렀습니다. 그중 7번이 역사하는 인격신으로서의 하느님으로 볼 수 있고요. 공자의 중심사상이 경천애인敬天愛人이었고 퇴계의 중심사상 또한 경천애인이었습니다.

퇴계선생이 우리 후대인들에게 준 '큰 나눔'은 무엇일까요? 바로 '경천애인'입니다. 퇴계사상의 중심이 '경'임은 세상이 다 아는 것입니다. 그러므로 우리는 퇴계사상을 경천경인敬天敬人이라 불러도 좋을 것입니나. 하늘과 사람을 모두 공경하며 사는 삶이 가장 참되고 가치 있는 삶이란 점을 깨우쳐 준 것이야말로 퇴계선생이 우리에게 베푼 '큰 나눔'이 아닐까요?

인간이 되기 위한 원리,
정의

우리는 어떤 국가에서 살고 싶어 하는가? 많은 사람들이 민주주의 국가를 최선의 정체로 생각하면서, 그 이유를 자유와 평등을 최대로 실현할 수 있기 때문이라 말한다. 즉 우리는 민주정이라는 국가형태를 통해 우리가 추구하는 '행복한 삶'을 다른 정체에서보다 더 잘 실현할 수 있다는 믿음과 희망을 갖고 있다. 그리고 우리는 행복한 삶이 실현된 이러한 최선의 국가를 또한 정의가 실현된 국가라고 말한다. 요컨대 최선의 삶이 구현된 최선의 국가는 정의로운 국가가 되는 것이다.

정의로운 국가는 달리 말하면 공동체의 모든 사람들에게 자신의 능력을 발휘할 공평한 기회를 주고, 또한 그들 각자가 열심히 일한 만큼 그 공적이 인정되며, 그에 따른 보상이 주어질 때 행복함을 느끼도록 할 수 있는 국가이다. 이런 생각을 갖고 여러분에게 전하는 강의의 주제는 '정의와 평등'이다. 특히 평등을 실현하기 위한 두 종류의 정의론, 즉 공적주의 정의론과 운평등주의 정의론을 소개하면서 어느 정의론이 우리의 행복한 삶 그리고 국가를 만들 수 있는 의미 있는 정의론인지를 함께 생각해 볼 기회를 갖고자 한다.

손병석

고려대학교 철학과를 졸업하고 동 대학원에서 석사 학위를 받았으며, 그리스 아테네 국립대학에서 박사 학위를 받았다. 소크라테스와 플라톤 그리고 아리스토텔레스에 관해 연구했다. 하버드대학 철학과 객원교수를 거쳤으며, 국제 그리스 철학회 명예회원이다. 'EBS 민주주의 특강' 시리즈에서 '최초의 민주주의'에 관한 강연을 한 바 있으며, 고려대학교 철학과 교수로 재직하고 있다. 저서로 『아리스토텔레스의 《정치학》 연구: 플라톤과의 대화』, 『고대 희랍·로마의 분노론』, 『호모주리디쿠스: 정의로운 인간을 찾아서』 등이 있고, 역서로 『소크라테스의 비밀』(공역)이 있다. 논문으로 「부동의 원동자로서의 신은 목적인이자 작용인이 될 수 있는가」, 「공적주의 정의론과 최선의 국가」 등이 있다.

1
정의와 평등

● **피리를 누구에게 줄 것인가**

정의의 본래 목적은 평등을 실현하고자 하는 것입니다. 정의
와 평등의 밀접한 관계는 정의라는 말에 해당하는 고대 그리스어 디
케dikē의 어원이 '둘로 나누다dichazō'라는 말에서 온 것을 통해서도 알
수 있습니다. '둘로 나눈다' 함은 분배받고자 하는 두 당사자에게 공
평하게 그 몫이 나누어짐을 의미합니다. 따라서 정의가 추구하는 평
등은 관련된 당사자들이 그 결과에 불만이 없이 받아들일 수 있는 합
당한 정의가 되어야 하지요. 그러나 어떻게 나누어 주는 것이 절차상
의 공정함fairness과 결과적인 공평함equality을 모두 실현한 올바른 분
배적 정의가 될 수 있는지는 결코 간단한 문제가 아닙니다. 디케 여

신의 두 눈이 가려진 것도 바로 이러한 공평무사함을 실현하기 위한 상징적 의미를 말해 주는 것입니다.

그러면 정의가 탄생할 수밖에 없는 인간의 실존적 조건은 무엇일까요? 그것은 물질적 재화는 한정되어 있는 반면에 그것에 대한 인간의 욕구는 무한하다는 사실과 관련되어 있습니다. 이것은 만약에 인간에게 무한한 재화가 주어져 있거나, 혹은 인간의 본성이 이타적이라면 정의가 요구되지 않을 수 있음을 의미합니다. 누구나 원하는 것을 가질 수 있을 정도의 충분한 재화가 존재한다면 서로 간에 다툴 이유가 없으니까요. 설사 재화가 한정되어 있더라도 인간이 자신의 이기성을 충족시키기보다 타인을 먼저 생각하는 이타심을 발휘한다면 또한 싸울 이유가 없을 것입니다. 그러나 인간 역사가 보여 주는 것처럼 재화는 무한하지도 않으며, 인간의 본성 역시 이타적이기보다는 이기적인 욕망이 강합니다. 이런 점에서 '만인 대 만인의 투쟁상태'가 아닌 문명인으로서의 인간성과 공동체의 질서, 평화를 유지하기 위한 최고의 창안품이 정의라는 원리이자 가치라고 말할 수 있습니다. 요컨대 정의는 인간이 짐승의 단계로 전락하지 않을 수 있는 '인간이 되기being humans' 위한 최소 도덕이자 인간 공동체의 존립원리가 되는 것입니다.

정의의 문제가 이렇게 제한된 물질적 재화를 둘러싼 인간의 실존적 상황에서 발생한다는 사실은 분배적 정의와 관련해서 다양한 정의론이 각축을 벌인다는 점에서도 알 수 있습니다. 이와 관련해서 아마르티아 센A. Sen이 들고 있는 '세 명의 아이들을 둔 아버지가 피리를 누구에게 줄 것인가'의 문제에 접근해 볼까요? 첫 번째 아이는 피리를 불 수 있는 사람이 자신이며 따라서 피리를 연주해서 가족 모두에게 즐거움을 줄 수 있기 때문에 자신에게 피리를 줄 것을 요구합니다. 두 번째 아이는 아버지가 피리 만드는 일을 자신이 고생하면서 도와주었기 때문에 피리에 대한 권리를 주장합니다. 세 번째 아이는 지금까지 자신은 장난감을 받지 못했기 때문에 이번에는 피리가 자신에게 주어져야 함을 주장합니다. 이 경우에 아버지는 피리를 누구에게 주어 정의로운 분배를 실현할 수 있을까요? 첫 번째 아이는 공적주의desertism, meritocracy 또는 공리주의utilitarianism 정의론을, 두 번째 아이는 소유권적entitlement 정의론을, 그리고 세 번째 아이는 자유평등주의liberal egalitarianism 정의론의 입장을 대변하는 것으로 볼 수 있습니다.

본 강의에서는 위에서 소개한 여러 정의론 중에서도 공적주의 정의론과, 현대에 주목을 받고 있는 자유평등주의 정의론의 연장선상에서 평등을 좀 더 강조하는 운평등주의luck egalitarianism 정의론을 설명하고자 합니다. 이 두 정의론의 입장을 비교 설명하면서 그 차이점이 무엇인지 살피고, 양자가 조화될 수 있는 가능성을 모색해 볼 예정입니다.

이 두 정의론에 관한 본격적인 설명을 하기 전에 '왜 평등은 좋고, 불평등은 나쁜 것인가?'라는 원론적인 물음으로 시작해 볼까 합니다.

우리는 암묵적으로 또는 직관적으로 불평등보다는 평등이 좋은 것이고 그래서 평등의 실현을 추구해야 한다고 생각하는데, 평등의 정당성을 보다 분명하게 이해하기 위해서는 그 근거를 검토해 보아야 하기 때문입니다.

● 왜 평등은 좋고, 불평등은 나쁜 것인가

평등이 추구해야 할 최고의 주권적 덕sovereign virtue이라고 보는 현대의 대표적 철학자는 드워킨R. Dworkin입니다. 드워킨은 '한 국가에 충성을 요구하고 구성원들을 통치하는 정부가 시민들의 운명과 관련되는 평등에 대한 관심을 결여하고 있다면 그 정부는 정당성이 없고 그것은 참주정僭主政이 된다'고 주장합니다. 특히 드워킨은 '한 국가의 경제적 부가 불평등하게 분배되어 있다면 그 국가의 평등에 대한 관심은 의심스럽다'고 지적합니다. 그런데 정말로 평등은 좋은 good 것이고 불평등은 나쁜bad 것일까요? 이 물음에 모든 사람이 긍정적인 답변을 주는 것은 아닙니다. 평등이 나쁜 것이며 오히려 불평등이 좋은 것이라고 주장하기도 하지요. 따라서 반反평등주의 입장을 지지하는 사람들에 따르면 불평등이 정의고 평등이 부정의가 됩니다.

평등에 반대하는 주요 논변을 두 가지 간단하게 말하면 다음과 같습니다. 첫 번째는 '하향평준화 반론Levelling-Down Objection'입니다. 이 주장은 평등을 실현하려고 하면 '모두가 잘사는 것이 아니라 현실적으로 모두가 못사는 상태에서 평등해질 수밖에 없다'는 것입니다. 평등을 실현하게 되면 더 열심히 일하려고 하는 동기가 약해지는 반면에 한정된 물질적 재화를 평등하게 나누어야 하기 때문에, 결과적으로 실질적인 삶의 수준이 하향평준화될 수밖에 없다는 것입니다. 두 번째 반론은 개인의 자유가 침해될 수 있다는 것입니다. 즉 평등을 실현하려고 하면 부자들의 재산권을 침해하게 되고, 이것은 개인의 자유의지에 반해서 이루어지기 때문에 문제가 된다는 것입니다. 부자들에 대한 과도한 세금부과 역시 부자들의 자발성에 반해서 이루어진다는 점에서 본질적으로 개인의 자유와 평등추구는 조화되기 어렵다는 것이지요. 이것은 설사 홍길동이나 로빈 후드처럼 부자의 재산을 빼앗아 가난한 자에게 나누어 주더라도 본질적으로 이들의 행동은 강도 짓과 다를 바 없는 것과 같습니다. 은행을 턴 강도가 그 돈을 가난한 자에게 나누어 주었더라도 그 행동이 강도 짓이 아닌 것으로 볼 수는 없다는 논리지요.

그러면 평등에 반대하는 이러한 주장에도 불구하고 불평등을 해소해야 하는 이유에는 어떤 것이 있을까요?

첫째, 불평등은 경제적으로 가난한 사람이나 사회적으로 약자에 해당하는 사람들에게 고통과 심각한 궁핍을 발생시키기 때문입니다. 반대로 평등은 이러한 고통과 궁핍을 완화하거나 줄일 수 있기 때문에 좋다는 것이지요. 월세를 낼 수 없어 연탄불을 피워 놓고 자살한 가족, 전기료 15만원이 없어 추운 한밤중에 켜 놓은 촛불이 이불에 번져 타 죽은 할머니와 손자의 희생은 절대적인 가난과 불평등의 문제점을 단적으로 말해 줍니다.

둘째, 지위의 차이를 낳기 때문입니다. 즉 다양한 사회제도에서 열등하다는 낙인이 찍혀 차별을 받는 상황을 말합니다. 역사적으로 인종이나 성 또는 계급이나 신분상의 차별로 인해 불평등한 대우를 받은 것이 여기에 해당됩니다. 오늘날 직업이나 학력, 심지어 주거지역에 따라 직간접적인 차별이 발생하는 것도 마찬가지입니다.

셋째, 불평등은 합당치 못한 지배를 발생시키기 때문입니다. 고용주의 피고용인에 대한 받아들이기 어려운 부당한 형태의 권력이나 지배를 야기할 수 있기 때문에 나쁘다는 것이지요. 평등은 이러한 부의 불평등이 일으키는 인간에 대한 지배와 억압을 방지할 수 있다는 점에서 좋은 것으로 볼 수 있습니다.

넷째, 불평등은 실질적인 기회의 평등을 침해하기 때문입니다. 즉 경쟁에서 동등치 않은 출발을 하게 만든다는 것이지요. 뒤에서 설명을 하겠지만 공정한 경쟁이 이루어져야 함에도 현실은 이미 경제적으로 부유한 자가 유리한 출발선에서 시작하기 때문에 가난한 자가 경쟁에서 불리할 수밖에 없다는 것입니다.

2

현실에 평등을
실현할 수 있을까

● 공적주의 정의론

　　상술한 것처럼 불평등은 몇 가지 이유로 나쁜 것이고 평등은 그러한 문제를 막을 수 있다는 점에서 좋은 것으로 볼 수 있습니다. 그러면 어떤 정의론을 통해 합당한 평등을 실현할 수 있을까요? 이와 관련하여 본 강의에서 두 종류의 정의론을 소개하고자 합니다. 공적주의 정의론과 운평등주의 정의론이 그것입니다. 먼저 공적주의 정의론은 정의의 기준을 공적功績, desert이나 가치merit로 보면서 그에 비례한 보상이나 몫의 분배를 올바른 분배적 정의로 보는 입장입니다. 따라서 공적주의 정의론의 입장에서 공적이나 기여도에 따른 결과적인 불평등은 합당한 분배가 이루어졌다는 점에서 문제가 없습니다. 이에 반해 운평등주의 정의론은 불평등한 결과가 순수하게 개인의 공적이나 노력이 부족했기 때문이 아니라 많은 경우 운적인 요소가 작용한 결과이기 때문에 문제가 있다는 입장입니다. 따라서 운평등주의는 불평등한 결과가 노력이나 공적이 아닌 운의 산물이기 때문에 운적인 요소의 제거나 운의 중립화를 통해 평등을 실현하는 것이 정의가 된다고 봅니다.

이 공적주의 정의론은 가장 일반적으로 받아들여지는 전통적인 정의론이라고 말할 수 있습니다. 이것은 무엇보다 착한 행위를 한 사람은 상을 받고 나쁜 행위를 한 사람은 벌을 받아야 한다는 신상필벌信賞必罰의 원칙을 견지하는 정의론입니다. 이러한 원칙에 따른 공적주의 정의론은 우리의 직관에 부합한다는 점에서 설득력이 있습니다. 이솝우화에 나오는 개미와 베짱이 이야기가 이를 잘 말해 줍니다. 더운 여름에 열심히 땀 흘려 일한 개미는 그 결과로 추운 겨울을 따뜻하게 보낼 수 있었지만, 일하지 않고 내내 나무 밑에서 노래만 부르며 여름을 보낸 베짱이는 혹독한 추위를 맛보면서 고통스런 겨울을 보내야 했다는 이야기였지요.

공적주의 정의론이 우리가 생각하는 바람직한 정의의 유형이라는 점은 우리가 지구를 떠나 다른 행성에서 살아야 할 경우를 가정해서 생각해 볼 때 더욱 분명해집니다. 두 개의 행성이 있는데, 첫 번째 행성에서는 선인은 복을 받고 악인은 벌을 받는 원칙이 지켜지고, 두 번째 행성에서는 그 반대로 악인은 복을 받고 선인은 벌을 받는 원칙이 지켜집니다. 이 경우 건전한 상식과 어느 정도의 합리성을 갖춘 사람이라면 첫 번째 행성을 선택해서 살기를 원할 것입니다. 이런 이유로 학자들은 공적이나 가치에 근거한 공적주의는 인류의 가장 원초적인 기본적 관념이고 이것은 심지어 동물들에게서도 마찬가지로 발견된다고 말합니다.

공적주의 정의론에 관한 서양 최초의 문헌학적 전거는 헤시오도스의 『일과 날들Erga kai Hemerai』에서 발견됩니다. 기원전 7세기경의 이 시에서 헤시오도스는 디케dikē, 즉 정의를 제우스가 인간세계의 질서와 조화를 위해 인간에게 준 선물로 묘사합니다. 제우스의 정의에 근거해서 헤시오도스는 동생 페르세스에게 재산에 대한 탐욕스런 오만함hybris을 버리고 자신의 힘으로 열심히 땀 흘려 살아갈 것을 권고합니다. 그렇지 않으면 정의의 수호신인 제우스신의 노여움을 사서 벼락을 맞게 될 것이라고 경고합니다. 영화 〈트로이〉를 통해서도 소개된, 서양 최초의 고전이라 평가되는 호메로스의 『일리아스Ilias』 역시 공적주의 정의관을 보여 주는 작품이라고 말할 수 있습니다. 『일리아스』 전체를 관통하는 아킬레우스의 분노는 기본적으로 자신의 공적에 응분의 대가가 주어지지 않은 것에서 비롯하기 때문입니다. 명예를 중시하는philotimos 사회에서 아킬레우스는 명예의 상징인 노예 소녀 브리세이스를 전쟁에서 전혀 공적을 세우지 않은 아가멤논에게 빼앗긴 것을 부정의한 것으로 간주하고 분노합니다.

플라톤과 아리스토텔레스는 공적주의 정의론을 철학적으로 체계화하여 설명합니다. 먼저 플라톤의 정의론은 그의 주저인 『국가 Politeia』편에서 제시됩니다. 플라톤이 제시하는 정의의 원리는 "각자가 자신의 것을 갖고 행하는 것"입니다. 이때 '각자'는 플라톤의 정의로운 국가를 구성하는 세 계급, 즉 통치자 계급과 전사 계급, 그리고 생산자 계급을 의미합니다. 플라톤에 따르면 이 세 계급은 각자에게 주어진 본성상의 탁월한 능력이 있습니다. 즉 통치자 계급은 지혜라는 덕을, 전사 계급은 용기라는 덕을, 그리고 생산자 계급은 절제라는 덕을 잘 발휘할 수 있는 능력을 갖고 있습니다. 그래서 이 세 계급이 각자의 탁월성을 잘 발휘할 수 있는 업무를 분배받아 그 기능을 최대한 발휘할 수 있게 국가체계가 구조화되면 그것이 곧 정의로운 국가가 실현되는 것입니다. 따라서 플라톤의 이상국가는 통치자, 전사, 생산자 계급의 본성에 따른 공적을 인정하고 그에 따라 직분을 분배하는 것으로 볼 수 있습니다. 그렇지 않고 각자의 본성에 반한 일이 주어지거나 공적에 맞지 않게 다른 계급의 업무를 빼앗고자 한다면 그것은 결과적으로 부정의한 국가가 됩니다.

아리스토텔레스 역시 분배적 정의가 가치에 따라kat' axian, 즉 공적에 따라 이루어져야 함을 주장합니다. 아리스토텔레스는 "모든 사람들은 분배에서 무엇이 정의인가는 어떤 식으로든 공적가치axia에 따라야 한다는 것에 동의한다"고 말합니다. 그것은 '동등한 자에겐 동등한 몫을, 동등하지 않은 자에겐 동등하지 않은 몫을 주는 것'을 의미하지요. 예를 들어 어떤 공동체의 분배될 수 있는 총량이 10인데, 이것을 그 구성원 A와 B에게 분배하는 경우를 생각해 볼 수 있습니다. 이 경우 A와 B가 공동체에 기여한 각자의 공적, 예컨대 A가 2이고 B가 3일 경우 그에 비례한 몫이 분배되어야 하는 것입니다. 그렇다면 공적가치에 따른 A와 B에게 합당한 분배의 양은 각각 4와 6이 되어야 합니다. 아리스토텔레스의 공적주의적 정의론은 그 유명한 '피리를 누구에게 줄 것인가'의 비유에서도 잘 알 수 있습니다. 여기서는 1개의 피리가 있을 때, 이 피리를 부자 아이, 키가 큰 아이, 외모가 출중한 아이, 피리를 잘 불 수 있는 아이 중에서 누구에게 주는 것이 올바른 분배인가 하는 문제입니다. 이 경우 피리를 만든 본질적 목적이 연주하기 위한 것이기 때문에 비록 가난하고 키는 작으나 피리를 잘 불 수 있는 능력을 갖고 있는 아이에게 피리가 주어져야 한다는 것이 아리스토텔레스의 결론입니다. 즉 피리를 훌륭하게 불 수 있는 공적에 따라 피리를 주는 것이 올바른 분배가 되는 것입니다.

따라서 상술한 것을 통해 공적주의 정의론의 원리를 정식화하면 다음과 같습니다. "X deserves Y in virtue of M." 즉 누군가가 응분의 몫을 받을 만하다는 것의 의미는 'X가 Y를 받을 만한 것은 그것의 가치 M에 따른 것이다'라고 말할 수 있습니다. 이때 공적의 기준은 순수한 노력을 통해 달성한 성취나 기여도를 의미합니다. 순수한 노력이란 행위자의 통제하에 이루어진 행위, 즉 자발적 선택과 그 결과에 대한 책임을 전제한 것을 의미합니다.

● 운평등주의 정의론

지금까지 말한 것처럼 공적주의 정의론은 열심히 일하고 착하게 산 사람이 그에 따른 물질적 보상과 행복을 담보할 수 있다는 점에서 헤시오도스부터 아리스토텔레스까지 많은 사람들에 의해 폭넓게 지지되어 온 정의론이라고 말할 수 있습니다. 그런데 정말로 열심히 땀 흘려 일하고 노력하면 누구나 성공할 수 있고 그래서 행복하게 살 수 있을까요? 여기서 〈가타카Gattaca〉라는 영화를 간단하게 소개해볼까 합니다. 이 영화의 배경은 미래의 어느 사회입니다. 이 사회에선 아이가 태어나면 즉시 피검사를 통해 이 아이의 유전자적 우수성이나 질병의 유무를 단번에 알 수 있습니다. 즉 피의 타입을 통해 어떤 아이가 플라톤이 말하는 금인간인지 아니면 은인간, 동인간인지 알 수 있는 것이지요. 주인공 빈센트는 안타깝게도 열등 유전자를 갖고 있고, 그래서 본인이 희망하는 우주 비행사가 될 자격을 갖지 못합니다. 우주 비행사는 누구나 선망하는 최고의 직업으로서 우수한 인간에게만 자격이 주어지기 때문입니다. 자신의 목적을 달성하기 위해 빈센트가 찾아낸 방법은 우수한 유전자를 갖고 있지만 사고로 휠체어 신세를 지고 있는 사람의 피를 자신의 몸에 주입하여 시험을 통과하는 것입니다. 여러 가지 우여곡절을 겪지만 주인공은 결국 우주선을 타고 우주를 향해 날아갑니다. 영화가 말하고자 하는 메시지는 아마도 우리의 성공에 유전자보다는 개인의 노력이나 의지가 더 중요하다는 것으로 이해할 수 있습니다.

그런데 우리의 현실이 과연 영화 〈가타카〉에서 묘사하는 것처럼 태생적으로 유전자에 의해 구분되는 우등인간과 열등인간 사회와 다르다고 볼 수 있을까요? 이 물음을 분배적 정의의 문제와 관련해서 생각해 보면 우리의 삶에서도 유전자와 같은 비非공적주의적인 특성이 중요한 요소로 작용함을 알 수 있습니다. 특히 부의 불평등한 결과가 한 개인의 의식적인 노력이나 공적에 의해서가 아니라 특출한 유전자에 기인할 경우 말이지요. 이것은 노력이나 공적이 아니라 선천적으로 우수한 유전적 요인이나 또는 좋은 가정환경, 수준 높은 교육이 한 개인의 성공을 결정하는 주된 요인이 될 수 있음을 의미합니다.

앞서 공적주의 정의론의 기본적 원리가 열심히 땀 흘린 자는 그에 상응하는 보상을 받고, 노력하지 않은 자에게는 보상이 주어지지 않는다는 점에 있음을 말했습니다. 그런데 이러한 공적주의 원칙이 현실적으로 제대로 지켜지지 않는다는 데에 문제가 있습니다. 즉 동화 속 열심히 일한 개미와 놀기만 한 베짱이의 이야기가 현실과는 다르다는 것입니다. 다시 말해 개미는 쉬지 못하고 계속해서 일해야만 하고, 베짱이는 계속해서 잘 놀고 행복하게 보낸다는 것이지요. 베짱이가 소위 우리 사회에서 말하는 흙수저가 아니라 금수저라면 일하지 않고서도 따뜻한 겨울을 보낼 수 있기 때문입니다. 결국 공적주의 정의론이 온전하게 작동되지 않는 경우가 있고, 이것은 공적에 기반한 실력주의가 더 이상 현실성이 없는 한낱 신화적 허구에 불과하다는 냉소와 회의감을 갖게 믿습니다. '하마터면 열심히 일할 뻔했네'라는 말은 결국 열심히 일해도 미래가 보장되지 않는 사회에 사는 젊은이들의 자괴감을 표현한 동시에 그 속에서 자신의 행복을 찾는 자구책을 마련한 것으로 이해할 수 있을 것입니다.

　운평등주의의 등장은 바로 열심히 일하고 노력하면 성공할 수 있다는 공적주의 원리가 실상은 신화적 허구라는 인식이 생기기 시작한 것과 그 맥락을 같이합니다. 즉 운평등주의 정의론은 공적주의 정의론이 주장하는 공적가치가 과연 공정한가를 의문시한다고 말할 수 있습니다. 이것은 공적에 대한 평가기준이 무엇이고 그 기준이 과연 순수한 노력과 성취기여도의 축적을 통해 이루어졌는지를 묻는 것입니다. 요컨대 운평등주의를 주장하는 입장에 따르면 공적주의 정의론은 노력공적과 성취기여도 공적을 핵심적 기준으로 제시하는데, 이 두 공적기준에 대한 객관적 검증과 평가가 어렵다고 보는 것입니다. 즉 노력은 많이 했지만 성취도가 낮은 경우와 노력은 적게 했지만 우수한 선천적 재능으로 높은 성취도를 보였을 경우 어느 경우를 공적기준으로 채택할 것인가의 문제가 발생할 수 있습니다. 예를 들어 수험생의 경우를 생각해 볼 수 있습니다. A 학생은 평범한 재능을 갖고 있어 많은 시간을 들여 공부했으나 시험결과는 좋지 않았습니다. 이에 반해 B 학생은 우수한 지능을 갖고 있어 적은 시간을 공부했지만 좋은 시험결과가 나왔습니다. 이 경우 누구의 공적이 더 인정되어야 할까요? 보다 현실적으로는 노동자의 경우를 들어 볼 수 있습니다. A 노동자는 평범한 능력을 갖고 있으며, 자신이 최대로 발휘할 수 있는 능력(15)을 발휘하여 최대의 생산성(15)을 보였습니다. 그런데 B 노동자는 자신의 특출한 능력(150)을 최소한으로 발휘하여 최소한의 생산성(30)을 보였습니다. 결과적으로 최소의 능력을 발휘한 B가 최대의 능력을 발휘한 A보다 두 배의 생산성을 보였을 경우 누구의 공적을 더 인정할 것인가 하는 문제입니다.

상술한 것에 근거해서 운평등주의자들은 공적주의 정의론에서 강조하는 공적 내지 가치가 실상 운적인 요소로부터 결코 자유롭지 않다고 말합니다. 이런 점에서 운평등주의 정의론은 공적가치의 객관성에 의문을 제기하고 그 허구성을 비판하면서 등장한 정의론입니다. 운평등주의자들은 불평등을 운적인 요소에 의해 영향을 받은 것으로 보면서 운적인 요소를 중립화 내지 제거해서 보다 합당한 평등을 실현해야 함을 주장합니다.

운평등주의의 이론적 씨앗을 제공한 철학자로 20세기 대표적인 정치철학자 롤즈J. Rawls를 들 수 있습니다. 롤즈는 그의 『정의론A Theory of Justice』에서 공적가치를 정의의 기준으로 채택하는 것에 반대합니다. 롤즈의 주장에 따르면 공적개념이 분배적 정의 문제에 적용되었을 때 그것은 지극히 비현실적인 기준이 되고 맙니다. 개인의 공적을 가능케 하는 출중한 재능이나 능력은 실상 그의 좋은 유전적 자질이나 어린 시절의 좋은 교육 환경에 의한 산물이라는 점에서 운運, luck이라는 임의성을 배제하기 어렵기 때문입니다. 롤즈에 따르면 개인의 특출한 재능은 일종의 유전적인 요소로서 자연의 복권natural lottery과 같습니다. 또한 좋은 부모나 가정환경 역시 일종의 환경 복권과 같은 것으로서 개인의 노력에 따른 산물로 볼 수 없습니다. 따라서 롤즈에 따르면 한 개인의 출중한 능력이나 공적이 그의 뛰어난 유전적 자질 내지 후천적인 좋은 가족환경, 그에 따른 좋은 교육 덕분에 이루어진 것이라면 그러한 공적기준은 정당한 것으로 평가하기 어렵습니다. 순수한 의미의 공적개념은 그것을 행위자의 양심적인 노력에 따른 것으로 보아야 하는데, 이것 역시 운적인 요소와 분리하여 측정하기가 현실적으로 어렵기 때문입니다.

이런 이유로 롤즈는 자신의 공정으로서의 정의관은 공적개념을 거부하기 때문에 공적주의 사회 내지 실력주의 사회를 지향하지 않을 것이라고 강조합니다. 실력주의 사회는 재능이 있으면 누구나 출세할 수 있고, 기회의 평등이 주어지기 때문에 누구나 노력하면 부자가 될 수 있습니다. 그러나 이러한 메리토크러시, 즉 실력주의 사회에서는 부익부 빈익빈 현상이 심해집니다. 따라서 기회균등은 어디까지나 형식적인 원리이고, 그래서 뒤에 처진 불운한 자들에 대한 평등을 외면한다는 점에서 문제가 있습니다. 롤즈는 "소득과 부의 분배가 역사적, 사회적 행운에 따라 이루어지는 것을 허용할 이유가 없는 만큼 자연적인 소질의 분배에 따라 이루어지는 것을 허용할 이유도 없다"라고 말합니다. 따라서 롤즈의 주장에 따르면 공적주의 사회에서는 능력을 발휘하기 위한 출발선이 동일하지 않습니다. 이것은 기회의 평등이 실질적으로 담보되기 위해선 그러한 기회를 공정하게 이용할 수 있는 여건이 먼저 마련되어야 하고, 이것은 운적인 요소를 중립화 내지 무력화해야 얻을 수 있음을 의미합니다. 실질적인 기회의 평등을 실현하기 위한 방안으로 롤즈가 주창하는 것이 차등원리difference principle입니다.

롤즈의 정의론을 이해하기 위해선 두 원칙을 이해할 필요가 있습니다. 첫 번째는 '자유평등의 원칙'이고, 두 번째는 사회적, 경제적 불평등에 관한 원칙입니다. 여기서 후자는 (a) 최소 수혜자에게 최대의 이익을 주며, (b) 공정한 기회의 평등이라는 조건하에 모두에게 직책고 지위가 개방되어야 한다는 것입니다. 롤즈 정의론의 가장 핵심적인 주장은 바로 두 번째 원칙에서 제시된 것처럼 사회경제적 불평등이 그 사회의 가장 최소 수혜자들에게 가장 최대의 이익이 주어지도록 만들어져야 한다는 조건입니다. 즉 롤즈는 소위 차등원칙을 통해 불평등을 줄여 자유와 평등을 조화시키고자 하는 것입니다. 그런데 이때 롤즈의 차등원칙을 그의 비판자들이 주장하는 것처럼 일방적으로 부자에게 과세하여 가난한 자들에게 퍼 주는 복지정책을 실현하고자 하는 것으로 이해해서는 곤란합니다. 롤즈의 의도는 두 번째 원칙처럼 공정한 기회의 원칙을 실현하고자 하는 데 그 본래적 목적이 있기 때문입니다. 즉 형식적으로 공정한 기회의 평등을 요구하는 것이 아니라 실질적으로 공정한 기회의 평등을 실현하려는 원칙을 제시하는 것입니다.

유사한 능력과 기예를 가진 이들은 유사한 삶의 기회를 가져야 한다—
같은 수준의 재능과 능력을 가지고, 그것들을 사용하려는 동일한 의욕
을 가진 이들은 사회체계에서 그들의 출발점이 어딘가와 상관없이 동
일한 성공의 전망을 가져야 한다. (롤즈 『정의론』, 1999, p.73)

위의 인용문에서 롤즈는 유사한 능력과 기술을 가진 자들은 사회
체계가 그들의 능력을 온전하게 발휘하도록 동일하게 보장해 주어야
한다고 강조합니다. 성공할 수 있는 잠재적 능력이나 역량을 갖고 있
어도, 교육을 받지 못하거나 의료혜택이 부족해서 건강을 유지하지
못하면 그러한 혜택을 받은 사람과의 경쟁에서 이길 수 없기 때문입
니다. 형식적으로 동일한, 공정해 보이는 기회가 주어지더라도 실질
적으로 동일한 출발선에서 경쟁이 이루어진다고 볼 수는 없는 것이
지요. 롤즈는 차등원리를 통해 바로 이러한 개인의 역량이 정의의 두
원리들에 의해 구조화된 정치·사회제도 속에서 실현될 수 있도록 지
원해야 한다고 역설하는 것입니다. 이것은 롤즈의 차등원리 주장을
단순히 최소 수혜자의 복지를 실현하기 위한 것으로 이해해서는 곤
란함을 의미합니다. 차등원리는 경제적 이익을 재분배하려는 것이
아니라 운의 무력화를 제도적으로 해결하려는 목표에서 이해해야 하
기 때문입니다. 즉 공정한 경쟁이 이루어질 수 있도록 출발선을 동등
하게 해 주는 것이 차등원리인 셈입니다. 그것은 운적인 요소의 개입
을 무력화하거나 최소화함으로써 최소 수혜자 계층의 잠재적 역량을

현실적으로 발휘할 수 있게 하는 장치라고 말할 수 있습니다. 출발선에 서 있는 가난한 아이 역시 부잣집 아이와 동등한 능력을 펼치도록 사회적 뒷받침이 이루어져야 한다는 것입니다.

3
열심히 노력한 사람이
가난하게 죽도록 만들어서는 안 된다

● **상생의 정의론**

　　그러면 한 사회에서 올바른 분배적 정의를 실현하려면 어떤 정의론을 적용해야 할까요? 그것은 롤즈에 의해 시작된 운평등주의 정의론에 의해서만 가능한 것일까요? 아니면 정확한 측정의 문제는 있지만 열심히 일한 공적에 따라 분배가 이루어져야 한다는 공적주의 정의론에 의해 가능한 것일까요? 나아가 운평등주의와 공적주의 정의론을 반드시 대척관계, 상호 배타적인 관계로 보아야 할까요? 이러한 물음들은 사회정의를 어떻게 실현할 것인가, 또는 공동체의 모든 구성원들이 동의할 수 있는 합당한 평등을 어떻게 실현할 것인가 하는 물음으로 발전할 수 있습니다.

저는 기본적으로 지금까지 언급한 두 유형의 정의론이 보다 정의로운 공동체를 만들 수 있는 상생相生의 정의론이 될 수 있다고 봅니다. 칸트의 말을 원용하여 표현하자면 기본적으로 '공적 없는 운평등주의는 공허하고, 운을 평등화하지 않는 공적주의는 맹목적인 것이 될 수 있다'고 생각하기 때문입니다. 먼저 운평등주의가 필요한 이유는 실질적인 경쟁의 출발선을 동등하게 만들어 줄 수 있기 때문입니다. 이를 위해선 개인이 잠재적 능력을 실질적으로 발휘할 수 있도록 사회경제적인 차원에서 교육과 의료혜택을 지원해야 합니다. 즉 롤즈가 주장하는 차등원리와 같이 선천적이며 후천적인 운적 요소의 영향력을 중립화하거나 최소화하는 제도적 장치가 작동해야 합니다. 또한 차등원리를 통한 실질적인 평등의 구현이 이루어진 이후에는 공적주의 정의론에 따라 개인의 노력과 성취에 대한 보상이 이루어질 필요가 있습니다. 합리적 사회·정치제도를 통해 운의 영향력을 최소화하여 실질적인 기회의 평등을 마련한 이후에 사회구성원 각자의 노력이나 성취도에 비례한 분배가 이루어진다면, 불평등한 분배라 할지라도 합당한 불평등으로 인정할 수 있기 때문입니다.

세계적인 거부super rich인 빌 게이츠는 다음과 같이 말했습니다. "당신이 가난하게 태어난 것은 당신의 잘못mistake이 아니다. 그러나 당신이 가난하게 죽는다면 그것은 당신의 잘못이다." 아마도 빌 게이츠는 어떤 사람이 가난하게 태어난 것이 그 자신의 책임은 아니지만 가난하게 죽는다면 그 책임은 노력하지 않은 자신에게 있다고 말하는 듯합니다. 물론 그의 진의真意는 후천적인 노력 어하에 따라 얼마든지 부자가 될 수 있으니 열심히 살라는 희망과 긍정의 메시지로 보입니다. 그러나 우리사회의 현실은 빌 게이츠의 메시지가 실현되기에 결코 녹록치 않아 보입니다. 그의 희망의 메시지를 한국 현실에 적용하려면 한 개인의 성공이 다양한 운적 요소에 의해 좌지우지되지 않도록 정의로운 정치·사회제도를 마련하는 것이 급선무가 아닐까요.

따뜻한 인생을 만드는 힘,
우정

이 강의는 조선 최고의 문인으로 평가받는 연암 박지원과 그 주변에서 논의된 우정에 관한 이야기를 주제로 하고 있다. 조선의 지식사회에서 우정론은 18세기에 이르러 관념적 우정론에서 현실적 우정론으로 크게 변한다. 이 강의에서는 18세기의 우정을 가로막는 사회적 요인, 우정에 관한 새로운 생각을 불러일으킨 서구 교우론의 영향, 그릇된 우정과 참된 우정, 그리고 국경을 초월한 우정에 대하여 다루었다.

우리는 일상에서 많은 사람들을 만나지만, 그 가운데 참된 친구가 있는지 다시금 생각해 볼 필요가 있다. 우울증으로 인한 자살률이 날로 증가하여, 10년 넘게 OECD 국가 중 자살률 1위를 차지했던 기록이 오늘날 한국인들이 직면한 현실이다. 참으로 고독하고 쓸쓸한 삶의 모습이다. 수평적 인간관계에 기반한 참된 우정을 통해 이러한 병리적 현상을 극복해 낼 수 있으리라 생각한다. 참된 친구는 내 삶의 동력이자, 인간다운 삶의 더 나은 가치를 향해 함께 나아가는 동반이기 때문이다.

이형대

고려대학교 국문과를 졸업하고 동 대학원에서 석사와 박사 학위를 받았다. 고려대학교 국문과 교수로 재직하며 한국의 옛 시가문학을 강의하고 있다. 한국시가학회, 한민족문화학회의 회장을 맡고 있으며, 인문학의 대중적 확산과 공유를 위한 활동에도 관심이 높다. 저서로 『정전 형성의 논리』, 『신라인의 마음, 신라인의 노래』, 『한국 고전시가와 인물형상의 동아시아적 변전』, 『고전문학과 여성주의적 시각』(공저) 등이 있고, 역서로 『어우야담』, 『고산유고』(이상 공역) 등이 있다.

1
영화 〈친구〉와
조선 시대의 우정론

● **우정이 왜곡된 시대의 쓸쓸한 풍경**

우리 시대에 친구란 어떤 존재이며, 우정은 어떤 의미가 있을까요? 우정에 대한 이야기를 시작하자니 2001년 당시 700만 이상의 관객을 모아 큰 인기를 끌었던 곽경택 감독의 영화 〈친구〉가 떠오릅니다. 꽤 오래전 영화임에도 불구하고 강렬한 장면과 뭉클한 대사들이 기억에 선연하게 남아 있습니다. 위키피디아 백과사전을 참조하자면 이 영화는 감독이 학창시절에 경험했던 부산 조직폭력배들의 실제 사건을 소재로 했다고 합니다. 그러나 실화란 이 영화의 외형적 모티프일 뿐입니다. 정작 영화적 흥미는 건달 조직이라는 어두운 뒷골목의 섬뜩한 세계를 배경으로 하면서도 그 가운데 우리 시대의 친구란 무엇인지에 대한 감독 나름의 성찰을 밀도 있게 그려 내었다는 점에 있는 듯합니다.

이 영화의 결말은 무척이나 충격적입니다. 우선 등장인물부터 살펴보지요. 성장 환경은 각기 달랐으나 죽마고우로 지내던 4명의 소년(준석, 동수, 상택, 중호) 가운데 두 명이 고등학교에서 퇴학당한 후 폭력조직에 들어갑니다. 그중 은퇴한 조직폭력단 보스를 아버지로 둔 준석은 타고난 싸움꾼이면서 의리를 생명처럼 여겼습니다. 퇴학당한 후 한때 마약에 빠지기도 했던 그는 아버지에게 싸늘하게 외면받으면서도 아버지 후임인 보스를 따라나서 조폭이 됩니다. 다른 한 명, 동수는 가난한 장의사인 아버지를 두었고 그 점이 못내 불만이었습니다. 학창시절 내내 2인자로 지내면서 우두머리였던 준석에게 열등감을 가졌던 동수는 감옥에서 출소한 후에 '돈이 곧 의리'라는 신념을 지닌 다른 조직의 보스에게 스카우트됩니다.

동수의 보스가 야비하게도 경찰을 이용하여 준석의 조직을 치면서, 급기야 두 친구 사이에는 돌이킬 수 없는 갈등과 충돌이 발생하고 맙니다. 준석의 부하들이 조직의 복수를 위해 동수를 살해하려다 실패하자, 이를 준석의 지시로 오해한 동수가 준석의 구역을 습격하여 부하들을 난도질하기에 이른 것이지요. 사태를 수습하기 위해 준석은 유학 가는 친구 상택의 배웅을 핑계 삼아 동수를 만나고, 동수에게 잠시 외국에 피신해 있으라고 하지만 거절당합니다.

이제 영화는 파국으로 치닫습니다. 준석이 떠난 후 "나는 니를 한

번도 원망 안 했다"라는 준석의 말을 떠올리며 뒤늦게야 동수는 마음을 돌립니다. 그러나 유학 가는 상택을 배웅하려고 차에 오르려는 찰나, 기다리고 있던 준석의 부하들에게 처참하게 살해당하고 말지요. 그 후 2년 정도 피신 생활을 하던 준석은 동수의 죽음에 대한 회한과 자책감을 이기지 못해 스스로 사고를 치고 경찰에 체포됩니다. 동수의 살해에 동수의 부하도 가담했던 만큼, 준석의 결백을 믿었던 상택과 중호는 그의 구명을 위해 애씁니다. 그러나 친구들의 기대와는 달리 준석은 검사의 심문에 자신이 지시했다고 대답합니다. 훗날 준석에게 면회를 간 상택이 왜 그랬냐고 묻자, 준석은 "쪽팔려서" 그랬다고 말합니다. 동수와 자신은 건달들인데 건달은 '쪽팔리면 안 되는' 것이기 때문입니다.

관객들은 이 마지막 장면에 가슴이 먹먹했을 것입니다. 사건의 인과관계를 고려하면 동수의 직접적인 사인死因은 준석과 무관해 보이는데, 준석은 동수와의 의리를 지키려 살인교사의 누명을 자초했기 때문이지요. 죽음까지도 불사한, 이 얼마나 숭고한 우정입니까. 그러나 영화의 서사전개 과정을 다시금 찬찬히 되새겨 보면 동수를 향한 준석의 우정이 진정으로 참다운 것이었는지에 대해서는 다소간의 의문이 남을 수밖에 없습니다.

사실, 준석의 우정은 또래의 친구들 사이에 차별적으로 작동했다고 볼 수 있습니다. 좀 더 부유하고 공부도 잘했던 상택에 대해서는 한없이 관대했지만, 비슷한 처지의 불우한 환경에서 자란 동수에게는 항상 위계적인 우위를 유지하고자 했습니다. 일례로, 고등학교 축제에서 만난 여고생 보컬그룹의 리드싱어 진숙에게 친구들이 모두 관심과 연모의 감정을 보였지만 준석은 상택에게만 선뜻 만남을 주선했습니다. 이에 대해서 동수가 반발하자 "죽고 싶나?"라며 차갑게 쏘아붙였지요. 동수의 입장에서 보자면 같은 친구 사이의 불평등한 차별이 억울하지 않을 수 없었을 것입니다. "내가 니 시다바리가?"라는 동수의 항변에는 공정하지 못한 준석의 우정에 대한 반발감과 어찌할 수 없는 내면적 열등감이 절절하게 담겨 있다고 할 수 있습니다.

　하지만 동수가 싸늘한 주검으로 변할 때까지 준석은 동수의 상처 난 자존심을 한 번도 제대로 감싸 준 적이 없습니다. 연암 박지원은 친구를 '핏줄을 나누지 않은 형제이자, 잠자리를 함께하지 않은 아내'와 같은 존재로 정의했습니다. 친구가 형제 같고 아내 같은 존재라면 따스한 애정과 듬직한 신뢰, 그리고 체면을 넘어선 보살핌이 필요하지 않을까요? 하지만 동수를 향한 준석의 우정에는 이런 요소들이 결여되어 있었습니다. 준석의 만류에도 불구하고 동수가 애들에게 마약이나 파는 양아치, 그리고 의리는 별것이 아니라 바로 돈이라고 믿는 싸구려 조폭에게 몸을 의탁했던 것도 근본적으로는 낮은 자존감과 열등감에서 기인했던 것이 아닌가 싶습니다. 그런 점에서 이들의 우정은 왜곡된 우정이자 오히려 이른바 '건달의 의리'에 가까운 관계 맺음이었다고 할 수 있겠습니다. 그렇다면 연암 박지원이 살았던 시대의 우정은 어떠했을까요?

● 　무엇이 참된 우정을 가로막는가

18세기의 양반들이라고 해서 참된 우정에 바탕을 둔 진정한 친구를 쉽사리 만날 수 있었던 것은 아닌 듯합니다. 연암 그룹의 중요한 멤버 가운데 한 명이었던 이덕무의 이야기를 들어 봅시다.

마음에 꼭 드는 시절에 마음에 꼭 드는 친구를 만나서 마음에 꼭 맞는 말을 나누며 마음에 꼭 맞는 시문詩文을 읽으면, 이것이야말로 지극한 즐거움인데 그런 일이 어찌도 적은가. 일생을 통해 몇 번쯤이나 될까?

(이덕무, 「선귤당농소蟬橘堂濃笑」)

진정한 친구를 만나 속 깊은 말을 나누고, 마음에 드는 시와 문장을 읽으며 그 깊은 문학적 향기에 함께 젖어 들고 싶지만, 현실은 그렇지 못합니다. 단지 개인적인 성격 탓일까요? 그보다는 사회적 조건의 영향이 클 듯합니다. 그렇다면 사람 사이에 참된 우정을 나눌 수 없었던 당대 조선의 문제적 현실은 무엇이었을까요? 조선 후기 우정론의 부정적인 요인을 먼저 살펴보기로 하지요.

옛날의 이른바 선비(士)·농민(農)·공장장이(工)·장사치(商)가 아닌데도 명분의 유파가 넷이다. 다만 좋다고 여기는 바가 같지 않을 뿐이건만 견해 대립의 격렬함은 진나라와 월나라보다 심하고, 다만 처지가 다를 뿐이건만 차등을 두어 신분을 비교하는 것은 중화(華)와 오랑캐(夷)의 구별보다 더 엄격하다. 입장이 드러나는 것을 꺼려 서로 이름을 들으면서도 알려고 하지 않으며, 신분의 위계에 얽매여 서로 교류를 하면서도 벗으로 삼지 못한다. (박지원, 「회우록서會友錄序」)

이 글에서 박지원은 참다운 친구 사귐을 방해하는 요소로 두 가지를 지적합니다. 하나는 선조 대 이래 치열하게 전개된 당파싸움과 붕당정치입니다. 사실 학맥을 기반으로 한 조선의 붕당정치는 공론의 형성이란 측면에서 긍정적인 기능이 있었습니다. 그러나 17세기 말엽부터 붕당 간의 공존의식이 무너지고 일당전제가 노골화되면서 정쟁 또한 치열해졌습니다. 또한 학맥 중심의 붕당 운영이 가문 중심으로 변모되면서 다른 붕당 구성원과의 갈등과 대립이 격렬해졌으니 붕당을 초월한 우정은 꿈꾸기조차 힘들었을 것입니다. 우정을 방해하는 또 하나의 원인은 완고한 봉건적 신분질서입니다. 조선사회는 법제적으로 양인과 천민의 이중적 신분구조를 취하였지만, 사회적으로는 양반·중인·평민·천민의 다중적 신분관계가 유지되고 있었으며, 각 신분 간에는 엄정한 배타성이 작용했습니다. 붕당과 신분! 박지원이 보기에는 이것들이 평등한 인간관계에 기반한 참된 우정을 방해하는 요소였던 것입니다.

그러나 가끔은 이단아도 있는 법이라서 이러한 질곡적 한계를 뛰어넘어 참된 우정을 실현한 사람도 있었습니다. 17세기의 혁명적 지식인이자 조선 후기 새로운 우정론의 선구자 역할을 한 허균의 경우가 그러합니다. 그가 '절친'이었던 이재영李再榮에게 보낸 편지 한 통을 보면 그들의 우정이 얼마나 돈독했는지를 실감나게 느낄 수 있습니다.

나는 큰 고을의 수령이 되었는데, 마침 자네가 사는 곳과 가까우니 어머니를 모시고 이곳으로 오시게나. 내가 의당 절반의 봉급으로 대접하리니 결코 양식이 떨어지는 지경에는 이르지 않을 것이네. 자네와 나는 처지야 비록 다르지만 취향은 같네. 자네의 재주는 진실로 나보다 열 배는 뛰어나지만 세상으로부터 버림받기는 나보다도 심하니, 이 점이 내가 언제나 기가 막혀 하는 일이라네.

나는 비록 운수가 기박하기는 해도 이천 석짜리 벼슬을 여러 차례 하여, 오히려 달팽이가 침 바르듯 스스로 적실 수 있지만 자네는 입에 풀칠도 면하지 못하는구려. 세상의 불우한 사람들은 모두 우리네 책임이네. 반상을 대할 때마다 부끄러워 문득 땀이 나며, 음식을 먹어도 목에 넘어가질 않으니 빨리빨리 오시게나. 비록 이 일로 비방을 얻는다 해도 나는 전혀 개의치 않으리라. (허균, 「여이여인與李汝仁」)

1608년에 허균이 공주목사로 부임해서 그의 서얼 친구인 이재영에게 쓴 편지입니다. 이재영은 학식과 재주가 뛰어난 지식인이었으나 서얼 출신이었던 까닭에 벼슬길은 물론 양반 사대부와의 교우에 제한이 많아 불우한 삶을 힘겹게 꾸려 가고 있었습니다. 그럼에도 허균은 당대의 통념이나 격식에 전혀 얽매이지 않고 이재영과 허물없이 우정을 나누는 진정한 인간관계를 실천했습니다. 불우한 친구를 위하여 자기 월급의 절반을 뚝 떼어 친구의 생활비를 지원하고, 친구처럼 빼어난 인재가 등용되지 못하는 모순된 현실을 안타까워했지요. 훗날 허균은 신분 차별에 저항하다가 역모 혐의를 뒤집어쓰고 형장의 이슬로 사라지게 되는데, 이처럼 시대를 뛰어넘는 혁명적 지식인이었기에 파격적인 행보가 가능했을 것입니다. 당대의 다른 지식인들이었다면 꿈조차 꾸기 어려운 지경이 아니었을까요.

조선 후기의 참된 벗 사귐을 가로막는 부정적인 요인 하나를 더 보탠다면 종래의 관념적인 우정론의 영향을 들 수 있겠습니다. 율곡 이이는 "벗이라 하는 것은 뜻(志)을 벗하고 도道를 벗하는 것이다"라고 하면서 어려서 죽마고우로 지내거나 글방에서 함께 글을 읽던 각별한 친구라고 하더라도 모두 붕우朋友가 될 수는 없다고 했습니다. 말하자면 아무리 오랫동안 허물없이 지냈다 하더라도 올바른 뜻이나 진리를 공유하지 않으면 친구가 될 수는 없다고 여긴 것이지요. 어느 학자가 지적했듯이 '이는 순수한 인간정신의 결합만이 참다운 우정을 창출할 수 있다'는 논리입니다. 이와 유사한 맥락에서 '천 년 전의 사람을 벗한다' 또는 '천 년 후의 사람을 기다린다'라는 얘기도 나왔는데, 이는 '성현의 도를 벗하여 성현들과 교유를 맺는다'는 의미입니다. 다시 말하자면 내가 살고 있는 현재의 세계에서 어중이떠중이를 만나 친구 삼기보다는 차라리 전해 오는 성현들의 경전을 읽으면서 진리를 설파한 성현들과 벗한다는 것이지요. 후자 또한 마찬가지입니다. 나의 탁월한 저작을 이해하지 못하는 현재의 사람을 벗하기보다는 차라리 천 년 후에 환히 알아줄 지혜로운 사람을 기다린다는 것입니다.

그러나 박지원은 이러한 관념적 논리의 허구성을 신랄하게 비판합니다.

천 년 전의 인간은 이미 죽어서 흩어진 먼지, 차가운 바람이 되어 버렸는데, 무엇이 나를 위하여 제2의 나가 되어 주며, 무엇이 나를 위하여 주선인周旋人이 되어 준단 말인가? … 답답하게 천고千古의 옛날로 거슬러 올라갈 수도 없는 노릇이지만 막막하게 천 년의 뒷날을 기다리고 있을 수도 없다. 이로써 보건대 벗은 반드시 현재의 세상에서 찾아야 함이 명백한 것이다. (박지원, 「회우록서」)

연암은 관념적인 우정론보다도 현실에서 대화가 가능하고 사람의 온기를 느낄 수 있는 친구의 필요성, 즉 우정의 현실성을 강조했던 것입니다. 다시 말해 친구란 살아 있는 사람으로서 나와 직접적인 소통이 가능하고 서로를 필요로 할 때 발 벗고 나서서 도와줄 수 있는 존재여야 한다는 것이지요. 탁상공론보다는 실제의 세계에서 이치를 찾고자 했던 실학자의 풍모가 여실하게 느껴지는 대목입니다.

이처럼 현실적인 우정론으로의 전환과 더불어, 조선 후기 우정에 관한 사유를 풍부하게 넓힐 수 있었던 긍정적인 요인으로서 마테오 리치의 『교우론交友論』과 같은 서양 우정론의 유입을 들 수 있습니다. 『교우론』은 중국에 파견된 예수회 선교사 마테오 리치가 1595년에 쓴, 우정에 관한 서양의 격언과 일화를 소개한 책입니다. 이 책의 영향을 뚜렷하게 확인할 수 있는 자료로는 박지원의 다음과 같은 글을 들 수 있습니다.

> 옛날에 붕우를 말하는 사람들은 붕우를 '제2의 나'라 일컫기도 했고, '주선인'이라 일컫기도 했다. 이 때문에 한자를 만든 자가 '날개 우羽' 자를 빌려 '벗 붕朋' 자를 만들었고 '손 수手' 자를 겹쳐서 '벗 우友' 자를 만들었으니 붕우란 마치 새에게 두 날개가 있고 사람에게 두 손이 있는 것과 같음을 말한 것이다. (박지원, 「회성원집발繪聲園集跋」)

학자들의 연구에 의하면 위의 인용문에서 친구를 '제2의 나'로 표현한 것은 『교우론』 1장에 나오는 내용이고, 친구(붕우)라는 글자의 유래설도 『교우론』 56장의 주석에 나온다고 합니다. 『교우론』에는 다음과 같은 말도 나오는데, '벗은 나의 (영혼의) 반쪽이다'라는 말은 아우구스티누스의 『고백록』에 보이고, '벗은 제2의 나이다(그러므로 벗을 자기처럼 여겨야 한다)'라는 말은 아리스토텔레스의 『니코마코스 윤리학』에 나옵니다. 마테오 리치는 이처럼 서구 지성사의 다양한 저서에서 친구 및 우정과 관련한 언술들을 발췌하여 『교우론』을 지은 것이지요. 『교우론』을 통하여 접하게 된 서양인의 사유가 조선의 지식인에게는 무척이나 참신하게 여겨졌을 것입니다. 학자들이 지적했듯이 유가 윤리의 오륜五倫처럼 사람 사이의 관계적 정의에서 출발한 것이 아니라 '나'와 '자기애自己愛'에서 출발하여 그 연장선에서 벗과 우정을 정의하고 있기 때문입니다.

2
박지원과
홍대용의 '벗'

● **나쁜 벗 사귐과 좋은 벗 사귐**

　　젊은 시절인 2·30대에 박지원은 상당수의 단편소설을 지었는데, 그 가운데 우정을 주제로 한 작품으로 「마장전馬駔傳」과 「예덕선생전穢德先生傳」이 있습니다.

　「마장전」은 거리에서 부랑하는 걸인인 송욱, 조탑타, 장덕홍 세 친구가 서울 광통교 위에서 벗 사귐의 도리에 대해서 토론한 이야기입니다. 그 내용은 주로 당대 사대부들의 세속적인 우정에 대한 신랄한 비판으로 이루어져 있습니다.

　이들은 당시 양반들이 내세우던 군자의 벗 사귐이란 겉으로는 무척이나 고상하지만, 실제로는 권세와 명예, 이익을 추구하는 추잡한 것이라고 비판합니다. 물론 이 세 가지 요소는 사람이라면 누구나 두루 추구하는 것이지요. 그러하기에 양반들이 표면적으로는 이 세 가지에 대해 초연한 척하지만, 이면에서는 이를 독점하기 위해 고단수의 사교술을 쓴다는 것입니다. 몇 가지 예를 들어 보자면, '남을 칭찬하려면 먼저 책망할 것', '누구와 친밀해지고 싶으면 약간 소원하게 대할 것', '남을 감동시키고 싶으면 일부러 눈물을 흘릴 것'과 같은 위선적 행위들입니다. 세 친구는 당대 양반들의 가증스런 벗 사귐에 대하여 다음과 같이 단정합니다.

> 말 거간꾼과 집주릅(요즈음의 부동산업자)들이 손뼉을 치며 관중, 소진이 피를 마시고 맹세하던 것을 흉내 낸다더니 그렇구나! … 그런데 콧마루에 부채를 가리고 양쪽 눈을 깜짝이는 따위는 말 거간꾼, 집주릅들의 술수이다. … "나는 차라리 세상에 친구가 없으면 없었지 군자의 벗 사귐은 하지 않겠다." 이에 세 사람은 서로 갓과 옷을 찢어 버리고 때 묻은 얼굴 더부룩한 머리로 허리에 새끼줄을 동이고 노래를 부르며 장터로 사라졌다. (박지원, 「마장전」)

이처럼 박지원은 당시 양반들의 벗 사귐이란 일반 평민들의 사귐 중에서도 아주 잡스럽고 속되며 속임수에 가까운 '말 거간꾼'의 술수에 불과하다고 신랄하게 풍자합니다. 거간꾼들이 파는 사람과 사는 사람 사이에서 흥정을 붙이고 거래를 성사시키기 위해 다양한 꼼수를 쓰는비, 양반들의 친구 사귐이 이와 같이 비열한 잔꼼수에 불과하다는 것이니 그 신랄한 정도를 충분히 짐작할 만합니다.

「마장전」이 당대 양반들의 위선적인 벗 사귐에 대한 비판이라면, 신분을 초월한 참다운 벗 사귐의 도리는 「예덕선생전」에서 제시됩니다. 「예덕선생전」 또한 일종의 논변체 소설인데, '선귤자에게 벗이 있으니 예덕선생이다'로 서두를 시작합니다. 선귤자는 학문과 덕망이 우뚝한 선비이고, 예덕선생은 서울에서 민가의 인분이나 가축들의 똥을 수거하여 서울 교외지역에 져 나르는 똥지게꾼 엄행수입니다. 선귤자의 제자 가운데 한 사람은 고상한 자기 스승이 똥지게꾼을 친구로 사귀는 것이 몹시 못마땅했던 모양입니다. 그래서 선귤자가 평소에 친구의 중요성을 강조하면서 이름난 선비나 벼슬하는 관료와 사귀지 않고 하필이면 미천한 똥지게꾼과 사귀느냐고 항변합니다. 이에 대한 선귤자의 대답은 아래와 같습니다.

저 엄행수가 똥을 지고 거름을 메다가 그걸로 먹고 사는 것이 지극히 깨끗지 못하다고 보겠지만 그 생활은 지극히 향기롭고, 몸을 굴리는 것이 지극히 더럽다고 보겠지만 의리를 지키는 점은 지극히 높은 것일세. 그 뜻을 미루어 생각건대 비록 굉장한 벼슬자리도 그를 움직이지는 못할 것일세. 이를 본다면 깨끗한 가운데도 깨끗지 못한 것이 있고, 더러운 가운데도 더럽지 않은 것이 있단 말일세. 내가 먹고 입는 데서 견디기 어려운 처지에 다다르면 항상 나만도 못한 처지의 사람을 생각하게 되는데 엄행수에게는 견디기 어려운 처지란 것이 없네. 진심으로 애초부터 도적질할 마음이 없기로 말하면 엄행수 같은 분이 없다고 생각하네. 이 마음을 더 키워 나간다면 성인聖人도 될 수 있을 것일세.

　대체 선비가 좀 궁하다고 해서 궁기를 떨어도 수치스러운 노릇이요, 출세한 다음에 제 몸만 받들기에 급급해도 수치스러운 노릇일세. 아마 엄행수를 보기에 부끄럽지 않을 사람이 거의 드물 것일세. 그러므로 나는 엄행수를 선생으로 모시려고 하고 있단 말일세. 어떻게 감히 벗으로 사귀겠다고 할 것인가? 그렇기 때문에 나는 엄행수를 감히 그 이름으로 부르지 못하고 예덕선생이라고 일컫는 것일세. (박지원, 「예덕선생전」)

　인용한 부분은 「예덕선생전」의 결말부입니다. 여기에 묘사된 엄행수는 외양의 멀끔함보다는 내면의 정갈함을 추구하여 진정한 윤리를 몸으로 실천하고 있는 민중의 한 사람이자, 자기 직분에 성실하고 건강한 노동을 유지하며 검소하게 살아가는 사람으로 보입니다. 누군가가 그에게 좋은 옷을 입으라고 권하자, 그는 '소매 넓은 옷을 입으면 몸이 활발치 못하고 새 옷을 입으면 똥을 지고 다닐 수 없을 것'이라고 말합니다. 남에게 잘 보이기 위해 외양을 꾸미기보다는 자신의 직분에 맞는 생활방식을 유지하겠다는 태도입니다. 얼마나 진실한 삶입니까.

　양반들의 고결한 생활은 결국 민중들의 힘겨운 생산 위에서 구가됩니다. 즉 양반들의 삶이란 먹거리를 생산하는 양민들의 일차적인 생산활동에 의존하는 것이지요. 그럼에도 불구하고 이익 다툼에 분투한다는 점에서, 그리고 그것을 거룩하게 포장한다는 점에서 다분히 위선적인 것입니다. 이와 반대로 서민들의 노동은 곧 생산활동이며 창조적이고 신성한 것이기에 오히려 의로운 활동입니다. 땀 흘려 일하는 자신의 노동에 기반하여 삶을 유지하기에 윤리적으로도 떳떳하고요. 엄행수를 예덕선생이라고 존칭하여 부르는 선귤자는 그야말로 양반사회에서 잃어버린 참다운 우정을 엄행수와의 사귐을 통해 얻고 있으며, 신분적 차별을 넘어서서 평등한 윤리인 우정을 실현하고 있는 것입니다.

● 국경을 초월하는 참된 우정

1865년 연행을 떠난 담헌湛軒 홍대용洪大容은 북경의 유리창에서 안경을 구하던 상방비장에게 흔쾌하게 자신의 안경을 벗어 주는 절강성 항주 출신의 선비들을 만납니다. 이들은 과거에 응시하기 위해 북경에 온 엄성嚴誠, 육비陸飛, 반정균潘庭筠이었습니다. 한 달간 약 7차례 만나는 사이에 이들의 우정은 점차 깊어졌고, 문자옥의 위험을 무릅쓰며 필담을 나누었습니다. 이를 통해 나라의 역사와 인물, 종교와 풍습, 문물제도 등에 대해 허물없고 깊이 있는 토론이 이루어졌으며, 공감의 영역은 더욱 커져 갔지요. 만남이 거듭되는 사이에 이들의 우정은 더 이상 다다를 곳이 없어 마침내 형제로 지내기로 약속하기에 이릅니다.

모두의 인문학

(엄성이) 또 말하기를, "우리 남방에 서로 맹세를 맺어 형제로 일컫는 자가 아주 많으나 다만 낯을 사귈 따름이어서, 수년이 지나면 길에서 만나도 서로 알지 못하는 이가 있으니 아주 우스운 일입니다. 우리가 오늘 형제로 일컫는 것은 몸이 다하도록 서로 낯을 보지 못하나 바다가 마르고 돌이 썩어도 한 조각 마음은 마침내 변치 않을 것이니, 동기 밖에 이런 벗을 얻어 중심의 즐거움이 붓으로 다하지 못할 것입니다. 즐거움이 극진하고 또 즐거움이 극진합니다"라고 하니, 내(홍대용)가 말하였다. "과도히 사랑함이 이 지경에 이르니 일변 감격하고 일변 슬픕니다. 다시 무슨 말이 있겠습니까?" 엄생이 또 종이에 써서 말하기를, "바다가 마르고 돌이 썩어도 마땅히 오늘을 잊지 않으리라"라고 하였다.

(홍대용, 「을병연행록乙丙燕行錄」)

가슴이 뭉클한 장면입니다. 이별을 앞두고 이들은 다시는 재회하지 못할 운명임을 누구보다도 잘 알고 있었습니다. 홍대용이 사신 행차를 따라 다시금 북경에 올 가능성은 없었기 때문입니다. 따라서 얼굴은 보지 못하더라도 '바다가 마르고 돌이 썩어도 한 조각 마음은 마침내 변치 않을 것'을 다짐한 것이지요. 실제로 이들은 헤어진 후 서신을 통하여 교유를 지속했으며, 이러한 아버지들의 우정을 이어서 생전에 얼굴 한 번 보지 못한 자식들이 교유를 이어 나갔다고 합니다.

오늘날 남아 있는 홍대용의 초상은 바로 엄성이 그린 것입니다. 엄성이 임종할 때 홍대용이 보내온 조선의 먹을 가슴에 안고 그 먹 향기를 마시며 숨을 거두었으며, 그의 부고가 만리타국의 조선에까지 전해지자 홍대용이 제문을 지어 보냈는데, 엄성의 삼년상이 끝나는 대상 날 저녁에 도착했다고 하니 참으로 기이하고도 끈질긴 인연이라 하지 않을 수 없겠습니다. 이렇듯 국경을 초월하여 먼 곳에 있는 친구를 천애지기天涯知己라고 합니다.

홍대용은 25세 무렵에 자신보다 6살 연하인 박지원을 만난 것으로 추정됩니다. 박지원의 아들 박종채의 기록에 따르면 홍대용은 박지원과 '더불어 도의道義의 교제를 맺었는데, 두 분은 서로를 가장 친하고 독실한 벗으로 생각했다'고 합니다. 홍대용이 북경에서 천애지기를 맺은 이야기와 기록들이 훗날 이덕무, 박제가, 유득공, 이서구 등 연암 그룹에 전해지면서 청나라의 발달된 문물과 서구의 새로운 과학기술에 크게 눈뜨는 계기를 마련했지요. 또한 연행을 갈 계기가 마련되면 홍대용처럼 수평적 인간관계에 기반한 이국의 참다운 선비를 만나 우정을 나누기를 열망했습니다.

박지원은 「회우록서」 첫머리에서 홍대용과 항주의 세 친구와의 만남을 다음과 같이 평가했습니다.

홍대용이 어느 날 갑자기 한 필 말을 타고 사신을 따라 중국에 가서, 시가를 이리저리 돌아다니고 너절한 골목을 기웃거리다가 마침내 항주에서 온 선비 세 사람을 만나게 되었다. … 한껏 토론하였는데, 고증하고 증명함에 있어 의견이 일치하지 않은 적이 없었으며, 서로 충고하고 이끌어 주는 말들이 모두 지극한 정성과 염려하고 걱정하는 마음에서 우러나왔다. 그래서 처음에는 서로 친구로 허락하였다가 마침내 결의하여 형제가 되었다. 서로 그리워하고 좋아하기를 여색을 탐하듯이 하고, 서로 저버리지 말자 하기를 마치 동맹을 맺기로 서약하듯 하니 그 의기가 사람을 눈물겹게 하기에 충분하였다. (박지원, 「회우록서」)

그러고 나서 홍대용에게 질문을 합니다. 우리나라에 있을 때는 언어와 복색이 같아도 벗 삼으려 하지 않더니 왜 하필 언어와 복색이 다른, 그리고 다시 만나지도 못할, 만리타국의 사람을 친구로 삼았느냐는 것이지요. 이에 대한 홍대용의 답변은 '신분과 당파에 얽매인 우리나라에서는 사람을 제대로 사귈 수 없고 중국에서 사귄 세 사람은 비록 청나라의 복색과 체발을 하고 있지만 옛날 성인이 다스리던 중국 땅의 백성들이며, 그들이 볼 때 나 또한 오랑캐의 땅에서 왔지만 차별 없이 대했다'라는 것이었습니다. 그들과 만나서 '번거롭고 까다로운 예절 따위는 타파해 버리고서 진정을 토로하고 간담을 피력'하다 보니 친구가 되었다는 말입니다. 이에 대해 박지원은 감격하며 다음과 같이 글을 맺습니다.

통달했구나, 홍군의 벗함이여! 내 지금에야 벗 사귀는 도리를 알았도다. 그가 누구를 벗하는지 살펴보고, 누구의 벗이 되는지 살펴보며, 또한 누구와 벗하지 않는지를 살펴보는 것이 바로 내가 벗을 사귀는 방법이다.

천애지기가 성립되기 위해서는 인종이나 국적, 신분이나 언어 등 외적 조건은 중요하지 않습니다. 진정 마음으로 통할 수 있는가가 중요하지요. 한편 서로 간의 차이에 대한 인정과 상호존중 그리고 끝없는 신뢰도 더할 나위 없이 중요하다고 할 수 있습니다.

홍대용의 시대에는 국경의 통제가 엄격하여 사신이 아니라면 공식적으로 외국으로 나가는 일은 꿈조차 꿀 수 없었습니다. 오늘날에 비하자면 언어적 소통에도 한계가 있어 주로 필담에 의존했지요. 그럼에도 불구하고 이처럼 아름다운 우정을 이룰 수 있었으니, 그야말로 글로벌 시대를 살아가는 우리들에게는 참으로 귀감이 됩니다. 오늘날은 예전과 같은 신분적 장벽도 사라졌고, 통신기술의 발달로 세계와 실시간으로 소통이 가능해졌습니다. 그럼에도 불구하고 아름다운 우정에 관한 미담이나 우정론과 같은 담론조차 희박해져 가고 있으니 안타깝기 그지없습니다.

김명호, 『연암 문학의 심층 탐구』, 돌베개, 2013.

김문용, 「북학과 교우론의 사상사적 함의」, 『한국실학연구』 10호, 한국실학학회, 2005.

김태준, 「교우론의 18세기적 전개」, 『일본학』 10호, 동국대 일본학연구소, 1991.

김풍기, 『독서광 허균: 17세기 조선문화사의 한 국면』, 그물, 2013.

박수밀, 「18세기 우도론의 문학·사회적 의미」, 『한국고전연구』 8호, 한국고전연구학회, 2002.

이홍식, 「조선 후기 우정론과 마테오 리치의 교우론」, 『한국실학연구』 20호, 한국실학학회, 2010.

임형택, 「박연암의 우정론과 윤리의식의 방향」, 『한국한문학연구』 1호, 한국한문학회, 1976.

정   민, 「18세기 우정론의 맥락에서 본 이용휴의 생지명고生誌銘攷」, 『동아시아문화연구』 34호, 한양대 동아시아문화연구소, 2000.

기억될 권리를 찾아서,
고려사람

2019년은 대한민국 역사에서 여러 가지로 의미가 많은 해였다. 100년 전인 1919년, 3.1운동을 계기로 국내외 각지에서 활발하게 임시정부 수립운동이 일어나고 그 결과로 상해에서 대한민국임시정부가 수립된 것이 오늘날 민주공화국 대한민국의 뿌리가 되었다. 그 과정에서 연해주의 망명 우국지사들을 중심으로 결성된 '대한국민의회', 그리고 수많은 고려인 동포들의 헌신적 희생과 대일항쟁을 우리는 아직까지 충분히 평가하지 못했다. 고려인들의 이주역사가 19세기 중반부터 적극적으로 이루어져 왔음을 아는 사람들도 그리 많지 않은 실정이다.

유라시아 대륙 전역에 흩어져 살고 있는 '고려인', '고려사람', '카레이츠', '카레이스키'는 누구인가? 1990년 한소수교가 이루어지고, 1991년 소련이 해체되어 러시아를 비롯한 구소련 연방의 구성 공화국들이 각각 독립 국가를 선포하였다. 우리 고려인 동포사회에 큰 변화의 전환점이 마련되고 교류가 본격적으로 시작되면서 대한민국 사회는 미처 준비하지 못했던 새로운 성격의 재외동포 문제를 접하게 되었다. 이념의 장벽 때문에 오랫동안 단절되었던 러시아, 중앙아시아와의 새로운 만남은 새로운 재외동포의 존재를 알려 주었고, 재러 동포, 재중앙아시아 동포들과의 새로운 공존의 법칙을 고민하게 만들었다. 다민족, 다문화 사회로 이미 진입한 오늘. 이들과의 새로운 선진적 관계 설정은 앞으로의 100년을 규정하는 중요한 요인이 될 것이다.

김진규

고려대학교 노문과를 졸업하고 상트페테르부르크국립대학교에서 노어학으로 석사와 박사 학위를 받았다. 계명대학교 노문과 전임강사, 조교수, 부교수를 역임했고, 고려대학교 노문과 교수로 재직하고 있다. 저서로 『현대 러시아 읽기-러시아어 텍스트 강독』, 『초국가적 공간과 공동체로서의 동북아시아』(공저) 등이 있고, 논문으로 「루스키 미르 연차총회 주제의 인문학적 분석」, 「한-러 대학생 대화 행사를 통해 본 한-러 상호인식 및 정체성」, 「〈러시아센터〉를 기반으로 한 효과적인 러시아어 교수법 연구」 등이 있다.

1
비극을 넘어선
강인한 생명력의 역사

●   유라시아의 고려사람은 누구인가

유럽과 아시아를 동시에 아우르는 지리적 개념이면서 동시에 러시아의 지정학적 위치와 조건에서 연유한 정치사상적 개념이기도 한 '유라시아Eurasia'라는 단어는 19세기 말부터 많은 러시아 철학자들의 조명을 받아 온 중요한 역사철학 개념 중의 하나입니다. 여기서 유래한 '유라시아주의'는 '슬라브주의'와 '서구주의'의 양극단적인 대립을 변증법적으로 조화시키려 시도한 러시아 철학사의 의미 있는 결과물 중의 하나지요. 구한말과 일제강점 시기를 전후하여 여러 가지 이유로 유라시아 대륙으로 흩어진 우리 한민족의 역사는 고대 유대인의 바벨론 유폐 이후 흩어진 이산의 역사를 상기시킵니다. 그래서 유라시아 대륙의 우리 동포들을 '한인 디아스포라Korean Diaspora'라고 명명하게 되었고, 실제로 러시아어권의 많은 학자들이 우리 한인 동포들인 '고려인'을 그렇게 부르고 있지요. 그런데 정작 고려인 동포들은 스스로를 '고려사람'이라고 부르는 데 더 익숙해져 있습니다. 20세기 초반 연해주 지역에서 활동한 망명 우국지사 중 항일문학의 선봉에 섰던 작가 조명희가 한글신문 『선봉』에 발표한 「짓밟힌 고려」라는 항일 산문시와, 민족사학자 계봉우가 쓴 「고려문전 논쟁」, 「고려어 교수 문제에 관하여」라는 글에 등장해 구소련의 한인 동포사회에서 널리 권위를 얻게 된 '고려인', '고려사람', '고려말', '고려문학'이란 용어들은 지금까지 폭넓게 사용되고 있습니다.

2019년은 대한민국 역사에서 여러 가지로 의미가 많은 해였습니다. 100년 전인 1919년, 3.1운동을 계기로 국내외 각지에서 활발하게 임시정부 수립운동이 일어나고 그 결과로 상해에서 대한민국임시정부가 수립된 것이 오늘날 민주공화국 대한민국의 뿌리가 되었습니다. 그러나 그 과정에서 연해주의 망명 우국지사들을 중심으로 결성된 대한국민의회, 그리고 수많은 고려인 동포들의 헌신적 희생과 대일항쟁을 우리는 아직까지 충분히 평가하고 연구하지 못했습니다. 일차적인 이유는 그들의 노력이 상해와 중경의 임시정부와 유기적으로 연결되지 못했기 때문이고, 해방 후에는 조국의 분단 현실과 미국과 소련의 군정으로 우리의 역사에서 오랫동안 배제되어 왔기 때문일 것입니다. 시간을 좀 더 거슬러 올라가, 고려인들의 이주역사가 이미 19세기 중반부터 적극적으로 이루어져 왔음을 아는 사람들은 그리 많지 않은 실정입니다. '고려인', '고려사람', '카레이츠Kopeeц', '카레이스키Kopeйский'는 누구이며 유라시아라는 키워드와 이들은 어떻게 연결되어 있는 것일까요?

● 150년간의 이주

유라시아 대륙에 흩어져 있는 우리 동포들의 이민역사를 살펴보겠습니다. 초대 재외동포재단 이사장을 역임한 서울대 인류학과 명예교수 이광규는 시기별로 다음과 같이 분류했습니다.

① 1869년 이전의 '여명기'는 주로 '해삼위海參崴'로 불리던 블라디보스토크 인근 두만강 접경지역 너머로 최초의 이주가 시작된 시기이다.

② 1869~1905년의 '이주기'는 기사흉년(1869)을 기점으로 본격적인 이주가 시작되어 1884년 조로수호통상조약 체결로 이주민의 법적 지위가 체계적으로 분류되고 관리되던 시기이다.

③ 1905~1917년의 '시련기'는 러시아의 러일전쟁 패전과 러시아혁명 발발 사이에 망명 우국지사 중심의 활발한 독립운동이 연해주의 '신한촌'을 구심점으로 하여 전개된 시기이다.

④ 1917~1922년의 '혼란기'는 러시아혁명 이후 친볼셰비키파와 반볼셰비키파의 적백내전과 제국주의 열강들의 시베리아 간섭전쟁 와중에서 고려인들이 분열되어 혼란과 수난을 겪으면서 연해주 지역으

로의 마지막 이주가 완료된 시기이다.

⑤ 1923~1937년의 '평온기'는 적백내전의 종료로 러시아혁명이 완성되고 소비에트 체제가 수립되어 상대적으로 극동지역에 평화가 찾아오고 고려인들이 집단농장을 중심으로 생업에 전념할 수 있었던 생활의 안정기이다.

⑥ 1937~1945년의 '강제이주/재이동기'는 스탈린의 공포정치로 연해주 한인의 중앙아시아로의 집단적인 강제이주가 자행되어 처참하고 참혹한 민족의 대이동이라는 시련을 겪으며 중앙아시아 각 지역으로 흩어지게 된 시기이다.

⑦ 1945~페레스트로이카 시기(1985)의 '해방 이후기'는 고려인들이 북한 정권 수립에 적극적으로 기여함과 동시에 다수의 파견노무자들이 북한에서 러시아로 유입되는 등 쌍방향으로 북한과 러시아가 밀착하여 협력한 시기이며, 사할린이 소련의 영토로 편입됨으로써 4만여 명의 재사할린 한인이 발생한 비극적인 시기이기도 하다.

⑧ 페레스트로이카 시기(1985)~현재까지의 '연해주 재이주기' 및 '한국으로의 역디아스포라 시기'는 미하일 고르바초프의 등장으로 시작된 소련의 개혁, 개방 정책과 1991년 소련의 붕괴로 러시아와 중앙아시아 각국에 거주하던 고려인들의 복잡한 재이주 과정이 지속적으로 이루어진 기간이다. 21세기를 전후해서는 연해주로의 재이주 이외에도 역사적 조국인 한국으로의 귀환도 활발하게 이루어져서 현재 국내에 거주하는 고려인 동포의 수는 대략 5만여 명에 이르는

것으로 추산되고 있다.

　재외한인동포의 이민사를 150년이 넘는 긴 시간 동안의 과정으로 이해해야 하는 이유는, 1863~1864년으로 기록된 최초의 연해주 지역 한인들의 자발적 이주로부터 그 기원을 따져 봐야 하기 때문입니다. 조선왕조 후기에 삼정의 문란으로 먹고살기가 힘들어진 한반도의 백성들이 흉년과 기근을 피해서 어쩔 수 없이 식솔들을 거느리고 남부여대男負女戴하여 국경을 넘어야 했던 비극적인 유민流民의 역사, 기민棄民의 역사에 눈을 감고서는 그 어떤 희망찬 미래도 노래하기 어려울 것입니다.

　유라시아 대륙에 국한하지 않고 전 세계로 흩어진 디아스포라의 관점에서 보았을 때, 재외한인동포의 이민사 제1기는 1860년대부터 1910년 망국에 이르기까지 주로 러시아의 연해주 지역으로 이주해 간 농업이민과 애국지사들의 정치적 망명유민이라는 특징을 지니고 있습니다. 러시아 연해주 당국의 기록에 의하면 1863년에 최초로 한인 농민 13호 가량이 포시에트의 관유지에 거주하기 시작했다고 합니다. 포시에트는 두만강을 건너면 바로 접하게 되는 작은 항구마을입니다. 그렇게 시작된 자발적인 한인들의 유입이 1869년에는 776호로 대폭 증가하게 되는데 이는 그해에 함경도 지역을 강타한 대규모 흉년과 그로 인한 기근 때문이었습니다. 시간이 경과하여 1884년 조로수호통상조약을 체결한 이후 러시아 정부는 공식적인 이민을 인정하면서 한인들의 러시아 귀화를 추신했습니다. 이때 일정한 조건을 갖춘 한인들은 토지를 분배받고 세금과 군역의 의무를 지면서 비교적 여유 있는 생활을 하게 되었는데, 이들을 원호元戶라고 합니다. 한편 러시아 정부가 요구하는 일정한 기준을 충족하지 못한 사람들은 여호余戶라고 불리며 토지를 소유하지 못했기 때문에 타인의 농장에 고용되거나 다른 잡역에 종사하게 되었지요. 이 시기의 초기 유민은 농민이 주를 이루었으나, 점차 기울어 가는 나라의 운명을 걱정하던 우국지사들이 유민의 대열에 합류하면서 정치적 망명유민의 수가 증가했습니다. 특히 1905년 을사조약 체결로 조선이 외교권을 박탈당하고, 1910년 완전히 국권을 상실한 이후에 이러한 유민의 수는 급증했습니다. 이와 함께 1869년의 기사흉년을 기점으로 청나라의 '봉금령'에도 불구하고 많은 수의 한인 유민들이 중국으로도 이주하기 시작했지요. 이들 유민과 중국인의 마찰을 피하기 위해서 회령부와 훈남주가 두만강 대안지대를 중간지대라는 의미의 간도間島라 부르게 되었고 이것이 이 지역의 명칭이 되었습니다. 연해주뿐만 아니라 중국으로 정치적 망명을 하는 우국지사가 등장한 시기가 바로 1910년까지의 이민사 제1기라고 볼 수 있겠습니다. 또한 1902년부터 1905년 사이에 이루어진 하와이 사탕수수 농장으로의 농업이민 7천여 명이 재미동포 사회의 효시가 되었다는 점은 이 시기 이민사의 중요한 특징입니다. 1905년에는 멕시코 메리다주의 애니깽 농장으로 천여 명 규모의 한인 계약노동자가 이주했는데, 이것이 남미 한인동포사회 형성의 효시입니다.

　재외한인동포의 이민사 제2기는 1910년부터 1945년 조국해방이 될 때까지의 일제강점 대일항쟁 시기로, 이때 수많은 한인들이 러시아의 연해주와 중국의 만주, 미국, 일본 등지로 이주했습니다. 일제로부터 토지와 생산수단을 빼앗긴 농민과 노동자들이 만주와 일본으로 이주했고, 정치적 난민과 독립운동가들이 대거 중국, 러시아, 미국으로 건너가 독립운동을 전개했던 시기이기도 하지요. 특이한 사항은 1931년 만주사변 이후 만주국 건설을 계기로 만주지역의 개발을 위해 한인들의 대규모 집단이주가 실시되었는데, 이 때문에 1930년대 후반 만주지역의 한인인구가 약 50만 명 정도 증가했다는 사실입니다. 또한 1937년 중일전쟁과 1941년 태평양전쟁을 계기로 본격화하기 시작한 강제징용과 강제징집도 이 시기 이민사의 중요한 특징인데요, 해방 직후인 1945년 8월에는 재일한인의 규모가 최대 230만 명 가까이 이르기도 했습니다.

　재외한인동포의 이민사 제3기는 1945년부터 1962년까지로, 해방 후 분단과 한국전쟁을 겪으면서 발생한 입양, 결혼, 유학, 취업 등의 다양한 원인으로 이주기 이루어진 시기였습니다. 1962년은 대한민국 정부가 처음으로 이민정책을 수립한 해입니다. 이 시기 1만 5천여 명 가량의 미군 배우자 결혼여성, 전쟁고아 및 혼혈아, 입양아동, 유학생들이 북미지역으로 이주했고, 이들은 1965년 미국으로의 이민문호가 활짝 개방되었을 때 가족들을 초청하여 연쇄이민의 기틀을 마련하는 중요한 역할을 담당했습니다.

재외한인동포의 이민사 제4기는 1962년부터 지금까지의 현대사에서 우리가 경험하고 목도한 일련의 농업이민, 취업이민, 유학이민 등의 형태가 주를 이루고, 정착을 목적으로 하는 공식적인 이민이라는 특징을 보입니다. 1962년에 수립된 정부의 이민정책으로 남미, 서유럽, 중동, 북미 지역으로의 집단이민과 계약이민이 본격적으로 시작되었습니다. 브라질과 아르헨티나 등 남미지역으로의 농업이민 및 투자이민과, 경제개발을 위한 차관제공 및 기술협력을 목적으로 한 대규모 광산근로자와 간호사들의 서독 이주는 이 시기 이민사에서 가장 드라마틱한 장면이라고 할 수 있겠습니다. 1988년 서울올림픽과 1997년 외환위기를 기점으로 국외로의 한인 이민은 정점을 찍었고, 이후 감소하기 시작하다가 다시 증가하는 롤러코스터 현상을 보이기도 했습니다. 한편 '역이민' 현상도 증가하였고, '역디아스포라'로 불릴 만한 고려인, 조선족 동포들의 국내 노동시장 유입이 새로운 사회문제를 야기하기도 했습니다.

● **고려인의 항일투쟁과 '대한국민의회'**

우리가 애써서 기억하지 않으면 점차 희미하게 잊혀 갈 조선 말, 대한제국, 일제강점 대일항쟁 시기의 이민역사는 그 규모나 역동성 면에서 해방 이후의 공식적 이민사에 비하여 결코 뒤지지 않는 연구대상이어야 합니다. 특히 연해주 지역에서의 다양한 형태의 무장독립투쟁과 교육을 통한 구국항쟁의 역사는 지금보다 더 큰 비중으로 역사교과서에 반영해서 후대에게 가르쳐야 할 것입니다. 구한말 일제강점 시기로부터 1920년대 초반 러시아혁명 후의 적백내전과 시베리아 간섭전쟁이 끝날 때까지 고려인 동포사회가 보여 준 끈질긴 항일무장투쟁과 교육문화운동을 통한 강인한 생명력, 한인으로서의 정체성 유지는 우리가 보다 적극적으로 발굴하고 알려서 널리 공유해야 할 소중한 우리 역사의 한 페이지인 것이지요. 이 시기에 고려인들은 조국을 구하기 위한 의병활동의 선봉에 섰고, 이들에게 연해주는 만주, 간도와 함께 국외 구국항쟁의 본거지이자, 러시아에 속해 있지만 제2의 조선 땅이나 다름없는 마음의 고향 같은 곳이었습니다. 간도관리사였다가 연해주의 노보키예프스크에서 '창의회'를 조직하고 청년들을 모아 의병대를 조직한 이범윤, 연해주의 '주인옹' 역할을 하며 안중근 의사의 의거를 돕고 '권업회'를 이끌며 독립운동자금의 조달에 힘쓴 고려인의 대표적 민족지도자 최재형, 헤이그 밀사 이상설과 이위종, 권업회 결성의 주역 이종호, 신흥학교의 설립자 이동녕, 항일무장투쟁의 영웅 홍범도, 대한제국 무장 출신의 혁명가 이동휘, 매서운 필봉의 논객이자 역사학자인 신채호와 장도빈, 일본 육사 출신으로 '백마 탄 김 장군'으로 불리며 연해주에 망명해 항일유격대를 이끈 김경천, 고려인 항일유격대의 걸출한 두 영웅 김유천과 한창걸, 고려인 최초의 볼셰비키 당원이자 여성 혁명가였던 김알렉산드라, 엄인섭, 유인석, 문창범, 단지동맹…. 계속해서 거명할 수 있고 또 언급되어야 할 수많은 이름들과 사건들이 우리의 역사교과서에서 차지하는 비중은 고작 몇 줄 혹은 한두 페이지에 불과합니다. 20세기 초에 연해주 지역에서 의병활동에 참가한 고려인은 연인원 10만 명이 넘었고, 일본군과 벌인 전투는 무려 1700여 회에 달했지만, 당시 국내 언론에서는 이들 의병을 폭도와 비류라고 폄하했습니다. 그러나 연해주의 한글신문인 『해조신문』은 당당하게 의병이라고 부르면서 거의 매일 이들의 의병활동을 상세하게 보도했지요. 1909년 10월 26일 안중근 의사의 이토 히로부미 척결사건도 블라디보스토크의 고려인 신문사인 '대동공보사'에서 최재형 사장의 도움으로 거사 준비가 이루어졌고, 안중근과 동지들의 단지동맹 결성식이 이루어진 곳도 블라디보스토크 근교의 얀치혜(煙秋), 즉 크라스키노 마을이었습니다.

　1917년 러시아의 2월혁명과 10월혁명은 차르 전제정치의 압제하에 박해받던 소수민족인 고려인에게도 러시아인과 동등한 사회적, 민족적 권리를 회복할 수 있는 기회로 인식되었습니다. 1차 세계대전 중에 러시아군에 징집되어 독일과 싸웠던 젊은 고려인들은 대다수가 사회주의 이념에 매료되어 전후 '원동Far East(극동)'으로 돌아와 러시아 공산당에 입당했습니다. 1918년 4월 28일 하바로프스크에서는 볼셰비키를 지지하는 이동휘, 김알렉산드라 등이 한인사회당을 창설했는데, 이는 한국 근대사에 최초로 출현한 공산주의 정당이라고 볼 수 있습니다. 3.1운동 직전인 1919년 2월 25일 연해주 내륙의 중심도시 니콜스크에서 모인 문창범, 최재형, 이동휘 등 민족지도자들은 임시정부 조직과 독립선언 방안을 논의한 끝에 '대한국민의회'를 출범시켰습니다. 대한국민의회는 모든 조선인의 중앙기관이자 임시정부임을 자임하며 3월 17일 독립선언서를 발표하는 데 이릅니다. 이 대한국민의회 임시정부는 3.1운동 이후 국외에서 선포된 최초의 해외 임시정부로서 중국 상해에서 4월 11일에 수립된 대한민국 임시정부보다 한 달여 앞선 것이었습니다. 대표적인 두 개의 임시정부가 통합을 위해 노력하였으나 노선과 주도권을 둘러싼 이견을 좁히지 못하고 무산된 사실은 두고두고 역사의 아쉬움으로 남습니다.

● **척박한 땅에서 옥토를 일구다**

또 하나의 중요한 역사적 사건이 있습니다. 바로 1937년 스탈린 정권에 의해 강제로 집행된 연해주 지역 고려인 약 18만 명의 중앙아시아 강제이주입니다. 이는 해방 전 이주역사에서 가장 비극적인 사건이라고 할 수 있습니다. 고려인 동포들이 소비에트 정권의 수립에 전적으로 헌신하고 기여한 까닭은 오직 그 길이 조국해방에 도움이 되는 길이라는 확신 때문이었습니다. 그러나 소비에트 정권은 대규모의 숙청을 거치며 스탈린 중심의 일당 사회주의 독재체제로 변질되어 갔고, 잔혹한 국가 테러리즘의 희생양으로 여러 소수민족들이 강제이주 등의 피해를 입었으며, 우리 고려인 사회는 가장 처참한 희생제물이 되고 말았습니다. 역설적이게도 이 비극적인 강제이주의 결과로 고려인 사회는 구소련 영토의 전역에서 뿌리를 내리게 되었고, 오늘날까지도 타의 추종을 불허하는 영민함과 근면함으로 가장 모범적인 소수민족의 위상을 떨치며 현지사회의 엘리트로서 큰 역할을 담당하고 있습니다.

약 18만 명에 달하는 우즈베키스탄 고려인들은 수도 타슈켄트를 중심으로 고려인협회 활동을 적극적으로 하고 있으며, 특별히 소련 시절에 큰 명성을 떨쳤던 집단농장인 '정치국 콜호스'와 '김병화 콜호스'는 현지 농업생산력 향상에 크게 기여하여 사회주의 노동영웅 훈장을 여러 차례 수여받았습니다. 10만 명 정도의 카자흐스탄 고려인들도 옛 수도 알마티를 중심으로 고려인협회 활동을 활발히 진행하고 있습니다. 이처럼 집단농장인 '콜호스'와 협동농장인 '솝호스'를 중심으로 발달한 벼농사와, '쌀생산왕'이란 노동영웅 칭호를 얻은 김만삼(1882~1964)의 사례를 통하여 알 수 있듯이 많은 고려인 노동영웅들의 업적이 현지사회에서도 높이 평가받고 존경을 받고 있습니다.

구소련이 원동이라 칭하는 하바롭스크와 연해주 지역의 블라디보스토크를 중심으로 형성된 한인사회의 생활상과 특성은 중앙아시아의 한인사회와 비교해 볼 때 사뭇 결이 다른 양상을 보입니다. 특히 최근 자유무역특구 형태의 발전을 꾀하는 이 지역에 진출한 우리 정부와 기업의 활약상이 눈에 띕니다. 그리고 이곳 한인들과의 발전적 상호관계 구성은 다가올 통일한국 시대에 한민족 공동체의 평화적 상생을 위해서도 매우 중요한 과제라고 할 수 있습니다. 더욱이 4만 명에 이르는 사할린 지역 한인들의 민족정체성과 사회구성은 매우 독특하고 복잡해서 이런 갈등요소를 미래지향적으로 해결하지 못하면 상당히 어려운 상황을 맞이하게 될 수도 있습니다.

우랄산맥 서쪽에 위치한 전형적인 유럽풍의 수도 모스크바와, 제정러시아 시대의 수도 상트페테르부르크를 중심으로 형성된 한인사회의 특성과 생활상도 특별히 주목해 볼 필요가 있습니다. 모스크바에는 현재 대한민국 대사관이 설치되어 있고, 상트페테르부르크는 구한말 최초의 대한제국 공사관이 있었던 곳으로 우리에게 알려져 있습니다. 우리 기업과 정부의 여러 사업이 이곳의 고려인협회와 어떤 관련이 있는지 파악하고, 앞으로 어떤 발전적 전망을 보일지 예측하여 전면적인 교류와 협력을 위해 철저히 준비하는 것이야말로 21세기 신북방정책을 추진하고자 하는 우리가 반드시 갖춰야 할 기본소양이 아닐까요?

2

왜 고려사람을
주목해야 하는가

●   **꿈에도 못 잊을 고향 땅**

고려인 혹은 고려사람으로 불리는 러시아 및 중앙아시아의
한인동포들, 조선족으로 불리는 재중 한인동포들의 국적은 분명 대
한민국도, 조선민주주의인민공화국도 아닙니다. 국적으로만 봐서는
재외 한인동포와 아무런 관련이 없을 수도 있지요. 그러나 역사적으
로, 민족적으로, 정서적으로, 그리고 무엇보다도 양심적으로 우리가
그들을 재외동포의 범주에서 제외해 버릴 수는 없습니다. 그들의 아
버지와 할아버지와 증조할아버지는 가족들을 지켜 내고 삶을 이어
가고자 국경을 넘고, 황무지를 개간하고, 무장독립투쟁에 직접 참여
하고, 일제에 대항하기 위한 무기와 식량을 사도록 군자금을 조달한

조선의 남정네들이었으며, 그들의 어머니와 할머니와 증조할머니는 온갖 피눈물 나는 역경과 고난 속에서도 밥과 김치와 시래기된장국과 떡과 국시를 지켜 낸, 단지 말만 조금 어눌할 뿐인 우리 한인동포들이기 때문입니다.

1990년 한소수교가 이루어지고, 1991년 소련이 해체되어 러시아를 비롯한 구소련 연방의 구성 공화국들이 각각 독립 국가를 선포하면서 우리 고려인 동포사회에 큰 변화의 전환점이 마련되었습니다. 1992년 한중수교를 통하여 연변자치주를 포함한 동북3성 조선족 동포사회와의 교류가 본격적으로 시작되면서 대한민국 사회는 미처 준비하지 못했던 새로운 성격의 재외동포 문제를 접하게 되었지요. 이념의 장벽 때문에 오랫동안 단절되었던 러시아와 중국과의 새로운 만남은 새로운 재외동포의 존재를 알려 주었고, 재러 동포, 재중앙아시아 동포, 재중 동포들과의 새로운 공존의 법칙을 고민하게 만들었습니다. 다민족, 다문화 사회로 이미 진입한 오늘, 이들과의 새로운 선진적 관계 설정은 앞으로의 100년을 규정하는 중요한 요인이 될 것입니다.

여전히 재외동포 관련 법률의 혜택이 골고루 미치지 못하는 사각지대인 러시아와 중국의 수많은 고려인, 조선족 동포들은 차치하고라도, 소위 '역디아스포라' 현상의 대표로 우리 한국사회에서 힘겹게 살아가는 또 다른 수많은 고려인, 조선족 동포들의 현실은 보다 과감하고 적극적인 우리의 관심과 정책방향의 설정을 요구하고 있습니다. 시베리아 억류 포로생활에서 극적으로 귀환한 강제징집 피해자들의 모임인 '삭풍회'의 구성원들, 최인훈의 소설 『광장』 속의 주인공 이명준처럼 제3국행을 선택했다가 꿈에도 못 잊을 고향 땅을 밟지 못하고 숨겨 간 이역만리의 전쟁포로들, 강제징용으로 끌려가서 사할린의 고려인으로 남아 버린 수많은 한인들, 해외입양으로 어린 나이에 조국에서 버려진 수많은 '펠르랭'들, '라이따이한'이나 '코피노' 같은 이름으로 베트남과 필리핀 등지에 남겨진 채 정체성의 혼란을 겪는 한인의 후예들…. 21세기 유라시아 시대에도 디아스포라는 여전히 역동적으로 국경의 안팎을 넘나들며 계속 이어지고 있습니다.

● **21세기 유라시아, 통일한국의 시대**

2017년 9월 17일 경기도 안산에서는 제1차 고려인대회가 열렸습니다. 이 자리에서 전국 각지에서 모여든 국내 거주 고려인들은 잠정 추산 5~8만이라고 집계되는 고려인들을 위한 결사체의 필요성을 확인하고 재한고려인협회의 결성을 선포했습니다. 동시에 비극적인 고려인 강제이주 80주기를 추모하며 80인의 대표들 이름으로 고려인선언을 채택하여 낭독했고, 고려인특별법 개정을 촉구하면서 국내 거주 고려인 4세 청소년들의 강제출국 금지와 재외동포법상의 동포로서 인정하여 재외동포비자를 발급해 줄 것을 강력하게 주장했습니다. 그리고 카자흐스탄 출신 재즈음악의 대부인 고려인 작곡가 한 야코프가 직접 작곡한 〈고려아리랑〉을 무대에서 합창으로 선보이며 역사적 조국의 국민들과 아리랑으로 하나 되어 함께하는 한민족임을 호소했습니다. 역사의 한 페이지를 장식하고도 남을 만한 순간이었다고 감히 평가하고 싶습니다. 제1차 고려인대회의 대미를 장식한 고려인 선언문의 낭독은 대표자 임이고리 외 79명이 다 함께 러시아어로 진행하였고, 연이어서 고려아리랑의 합창이 시작되었습니다. 이주역사 150년이 넘어서 조상의 고향을 다시 찾아온 고려인 4, 5세 후손들은 애석하게도 선조들의 모국어가 아닌 자신들의 모국어인 러시아어로 선언문을 호소할 수밖에 없는 아득한 세월의 간극을 간직하고 있었던 것입니다. 하지만 〈고려아리랑〉을 우리말로 다 같이 부르는 순간만큼은 그 어떤 언어장벽도 아리랑으로 하나 되는 고려사람들과 조선사람들과 한국사람들을 가로막을 수 없었습니다.

고려인 80인 선언문 전문

우리는 고려사람입니다.

우리 고려사람은 한국의 영웅들과 영예로운 아들들—신채호, 안중근, 이동휘, 이범윤, 이상설, 최재형, 홍범도, 계봉우 외 많은 애국지사들—의 후손입니다.

우리 고려사람은 연해주에서 '신한촌'을 개척하고 일제의 강탈자들로부터 조선의 독립을 위해 투쟁한 단체인 '권업회'와 '성명회'를 조직하고 '해조신문' 등을 발행한 분들의 후손입니다.

우리 고려사람은 80년 전 스탈린의 탄압으로 중앙아시아와 카자흐스

탄으로 강제이주되었으나, 이곳의 사막과 메마른 초원을 개척하고 살
아남은 분들의 후손입니다.

소련이 붕괴되자 우리 고려사람은 또다시 큰 혼란을 겪어야만 했습니
다. 우리 고려인 가족들은 15개의 신생국 국민들로 갈라지게 되었던
것입니다. 이로 인해 정신적, 물질적 문제 및 주거문제와 문화적 문제
등 많은 문제들이 발생했습니다. 한반도는 이미 수십 년째 둘로 갈라
진 상태입니다.

우리는 우리의 뿌리를 잃어버렸습니다.

80년이라는 세월과 조성된 상황들로 인해 우리는 우리의 모국어를 잊
었습니다. 그러나 우리는 항상 민족의 전통을 숭고하게 여겨 왔고 여
전히 고려사람으로 남아 있습니다. 우리에게는 우리 조상들이 물려준
정신이 살아 숨 쉬고 있습니다. 국적과 태어난 곳은 다를지라도 우리
는 우리 조상들의 조국을 생각하며 살아가고 있습니다.

우리 고려사람은 우리의 형제들—대한민국의 국민들, 대한민국 국회
와 정부—에게 호소합니다! 흩어진 우리 고려인 가족들을 통합하는 데
도움을 주십시오.

우리를 피를 나눈 형제, 즉 우리가 우리들의 뿌리인 역사적 조국으로
돌아올 수 있는 권리가 있는 동포로 인정해 주십시오. 그리하면 전 세
계가 대한민국의 너그러움을 보게 될 것입니다. 우리는 우리 고려사람
들을 동포로서 법적, 사회적 지위를 인정하는 문제에 대해 긍정적으로
결정해야 할 시기가 이미 성숙되었다고 생각합니다.

대한민국에서 일하고 공부하는 우리들을 도와주십시오.

모국어와 모국의 문화 및 역사를 다시 잘 알 수 있게 도움을 주십시오.

이곳 조상들의 조국에서 가족 및 지역단체를 만들 수 있도록 도와주십시오.

지금까지 우리 고려사람들은 근면함과 일에 대한 열정 덕분에 살아남았습니다. 고려사람들의 농업, 과학, 문화 및 예술 등 다양한 활동영역에서의 업적은 전체적으로는 모든 한민족의 업적입니다. 우리는 우리가 획득한 것들이 대한민국에 필요하고 유용하게 쓰이길 기대합니다.

우리 고려사람은 다음과 같이 선언합니다.

첫째, 우리는 무너진 우리의 삶을 스스로 그리고 협력하여 새롭게 복구할 것이다. 우리는 우리가 한인이라는 자의식과 정체성을 공고히 할 것이다.

둘째, 우리는 대한민국의 헌법, 한국의 문화와 역사를 존중하고 이를 공부할 것이다.

셋째, 우리는 우리의 형제들과 함께 살 것이며 대한민국 사회의 소중한 구성원이 될 것이다.

—임이고리 외 고려사람 79인

김병학 시인은 전남 신안 출신으로 카자흐스탄에서 거주하며 한국문화센터 소장으로 25년 이상 일했고, 한글학교 교사, 고려일보 기자 등으로 활동하며 적극적으로 고려인의 문화예술을 발굴하고 소개해 왔습니다. 김병학 시인이 작사하고 한야코프가 작곡한 3절로 구성된 〈고려아리랑〉의 가사를 아래에 소개합니다.

1절: 원동 땅 불술기에 실려서 카작스탄 중아시아 라씨야

뿔뿔이 흩어져 살아가도 우리는 한 가족 고려사람

2절: 진펄도 갈밭도 소금밭도 땀 흘려 일구니 푸른 옥토

모진 고난 이기고 일어서니 우리는 한 민족 고려사람

3절: 아버님 남기신 선조의 얼 어머님 물려준 조상의 말

가꾸고 다듬고 지키리라 우리는 한 겨레 고려사람

후렴: 아리랑 아리랑 아라리요 아리랑 아리랑 고려 고려 아리랑

대한민국 임시정부 수립 100주년의 위대한 여정을 뒤돌아보며 새로운 도약의 미래 100년을 준비하고 설계하면서 우리가 잊지 말아야 하는 최우선의 가치는 인권의식에 기초한 인간존중의 인문정신이어야 할 것입니다. 좌우의 이념이나 사상적 대립도, 국가 간의 역학관계도, 복잡한 국제정세도 모두 이 보편적이고 정언명령적인 휴머니즘으로 수렴되어 자기 자리를 잡아 나갈 때, 복잡할 것 같던 법적, 제도적, 외교적 제약을 극복할 수 있는 방안들이 도출되리라고 믿습니

다. 그리하여 21세기 유라시아의 시대에 신실크로드를 개척하고, 러시아의 신동방정책과 대한민국의 신북방정책이 만나는 중앙아시아, 시베리아, 극동의 연해주, 한반도에서 이미 오랫동안 뿌리를 내리고 각 분야의 전문가로서 자랑스럽게 활약하고 있는 고려사람들과 조선사람들과 한국사람들이 '중립의 초례청 앞에 서서 부끄럼 빛내며 맞절'을 하는 통일한국 시대가 오는 그날을 기다립니다. 한라에서 백두까지, 연해주에서 중앙아시아까지, 시베리아에서 모스크바까지 서로 굳게 잡은 손을 놓치지 않고 함께 걸어가는 꿈을 매일매일 꾸다 보면 언젠가는 우리의 후손들이 그 꿈을 일상의 현실로 누리게 되는 날이 반드시 오지 않겠습니까?

김게르만, 『나는 고려사람이다』, 국학자료원, 2013.

김윤배, 『시베리아의 침묵』, 문학과지성사, 2013.

김호준, 『유라시아 고려인 디아스포라의 아픈 역사 150년』, 주류성, 2013.

서대숙 · 이서구, 『소비에트 한인 백년사』, 태암, 1989.

신연자, 『소련의 고려사람들』, 동아일보사, 1988.

윤인진, 『코리안 디아스포라: 재외한인의 이주, 적응, 정체성』, 고려대학교출판부, 2004.

이광규, 『동포는 지금』, 집문당, 2005.

이광규, 『러시아 연해주의 한인사회』, 집문당, 1998.

이광규 · 전경수, 『재소한인在蘇韓人: 인류학적 접근』, 집문당, 1993.

임영상 · 황영삼 외, 『소련 해체 이후 고려인 사회의 변화와 한민족』, 한국외국어대학교출판부, 2005.

한길사 편집부, 『러시아와 독립국가연합을 아는 사전』, 한길사, 1992.

강대국을 통치하는 힘은 무엇인가,

중국공산당

이 강의는 명실상부한 강대국이 된 중국을 깊이 있게 이해하기 위해 기획되었다. 우리 한반도는 중국과 가장 가까운 인접국으로서 역사적으로 매우 긴밀한 관계를 맺어 왔으며, 오늘날에도 최대의 경제 교역국으로 정치·군사·외교 등 모든 면에서 큰 영향을 받고 있다. 예나 지금은 물론 장래에도 중국 대륙에서 일어나는 변화가 우리 삶에 직접적인 영향을 준다는 점에서 한국인에게 중국 이해의 필요성은 백번 강조해도 좋을 것이다.

동아시아를 비롯한 전 세계의 질서에 미칠 중국의 힘에 관한 많은 논의가 있지만, 본 강의에서는 오늘의 중국을 가능케 한 중국공산당의 역사를 통해 중국을 이해해 보고자 한다. 세계 인구의 1/5에 이르는 약 14억 명의 중국인을 통치하며 9천만 명에 육박하는 당원을 가진 세계 최대의 정치세력, 중국공산당이 갖고 있는 특유의 생명력과 탄력성의 비결은 무엇일까? 우리는 중국공산당의 100년 역사를 되짚어 보면서 공산당이 어떠한 혁명 과정을 거쳐 오늘의 중국을 통치하게 되었는지 생각해 볼 것이다. 과거 역사에 대한 성찰이야말로 오늘의 중국공산당 권력과 공산당이 지도하는 중국의 부상을 온전히 이해하기 위한 유력한 통로가 되리라 본다.

박상수

고려대학교 사학과를 졸업하고 동 대학원에서 석사 학위를 받았으며, 중국사회과학원 근대사
연구소, 남경대학 역사계에서 연수했다. 프랑스 사회과학고등연구원에서 역사학으로 박사 학
위를 받았다. 고려대학교 아세아문제연구소 연구교수, 부소장을 역임했고 고려대학교 사학과
교수로 재직하고 있다. 중국 정치-사회사, 중국 근현대 도시사, 중화인민공화국사, 동아시아
초국가적 공간 등에 관한 연구를 진행해 오고 있다. 저서로 『중국혁명과 비밀결사』 등이 있
고, 역서로 『중국현대사: 공산당, 국가, 사회의 격동』 등이 있다. 논문으로 「20世紀三四十年
代中共在陝甘寧邊區與哥老會關係論析」, 「중화인민공화국 초기 북경 기층 거버넌스 체제의
구축」, 「중국 근현대 국가-사회 관계의 함수」 등이 있다.

1

타협과 원칙의
균형

● **중국공산당의 역사로 이해하는 중국**

불과 얼마 전까지만 해도 우리는 중국을 덩치 큰 약한 나라로만 생각했습니다. '메이드 인 차이나'와 함께 흔히 떠오르던 짝퉁의 천국! 값싸고 저열한 상품을 생산하는 '세계의 공장'! 그러나 이제 더는 그러한 이미지가 적합하지 않아 보입니다. 첨단의 5G 통신 기술을 수출하는 뛰어난 기술력, 프랑스 포도주 양조장을 사들이는 고급스런 취향의 부유한 중국인들, 미국의 패권을 넘어 새로운 세계질서를 추구하는 신형 대국으로서의 면모는 중국이 이제 어느 때보다도 강하고 큰 나라, 명실상부한 '강대국'이 되었음을 부정할 수 없게 합니다.

중국의 부상은 중요한 글로벌 이슈가 되었고, 그만큼 동아시아를 비롯한 전 세계의 질서에 미칠 중국의 힘에 관한 많은 논의가 이루어지고 있습니다. 우리 한반도는 중국의 정치 중심지와 가장 가까운 인접국으로서 역사적으로 매우 긴밀한 관계를 맺어 왔으며, 오늘날에도 최대의 경제 교역국으로 정치·군사·외교 등 모든 면에서 큰 영향을 받고 있습니다. 예나 지금은 물론 장래에도 중국 대륙에서 일어나는 변화가 우리 삶에 직접적인 영향을 준다는 점에서 한국인에게 중국 이해의 필요성은 백번 강조해도 좋을 것입니다.

중국은 어떻게 동아시아를 넘어 세계의 강대국으로 급속히 부상하게 되었을까요? 전통 문명대국으로서의 남다른 역량, 막대한 노동력과 천연자원의 보유, 경제 발전에 유리한 대외 경제 상황의 전개, 중국 인민의 창의성과 적극성의 발휘 등 여러 요인을 꼽을 수 있을 것입니다.

이렇게 다양한 요인 가운데 중국공산당의 역할을 빼놓을 수 없을 것입니다. 중국공산당은 거대한 영토, 막대한 인구, 미국을 넘어설 경제 규모, 다채로운 문화 다양성을 갖는 중국이라는 대국의 유일한 70년 장기 집권세력으로서 최근의 모든 변화들을 주도하고 있기 때문입니다. 중국공산당은 약 100년에 이르는 당의 역사를 거쳐 오면서 오늘날 9천만 명에 육박하는 당원을 보유하게 된 세계 최대의 정치세력이기도 합니다.

많은 사람들이 공산당 일당체제('일당독재')가 갖는 긍정적 또는 부정적 효과에 대해 논쟁을 벌여 왔습니다. 어떤 이들은 공산당의 일당 통치가 국내 정치 안정을 보장함으로써 국민 여론을 결집하여 장기적인 국가발전 전략을 차질 없이 수행하는 데에 유리한 조건이 된다고 주장합니다. 다른 이들은 공산당의 권력 독점이 불러오는 관료들의 부패, 그로 인한 비효율, 민주주의와는 거리가 먼 인권탄압 등이 중국의 발전을 가로막고 있다고 비판합니다. 현재의 중국공산당이 중국을 언제까지 통치할지에 대해서도 서로 대립하는 의견들이 존재합니다.

이 글에서는 공산당의 중국 통치를 둘러싼 당면 문제들을 넘어 중국공산당의 역사에 주목하려 합니다. 과거를 탐구하는 역사학의 목적은 변화무쌍한 현실 이슈들의 역사적 기원을 살펴봄으로써 그 문제에 대한 설득력 있는 답안을 제시하려는 것이겠지요. 더욱이 우리가 살고 있는 현재가 과거로부터 연유한다고 할 때, 가까운 과거를 돌아보는 것은 현실을 파악하는 좋은 방법이라고 할 수 있습니다. 우리는 중국공산당이 어떻게 창당되었고 어떠한 혁명 과정을 거쳐 오늘의 중국을 통치하게 되었는지 되짚어 보면서 공산당의 파란만장한 경험에 주목해 보고자 합니다. 과거 역사에 대한 성찰이야말로 오늘의 중국공산당 권력과 공산당이 주도해 온 중국의 부상을 온전히 이해하기 위한 유력한 통로가 될 수 있을 것입니다.

강대국을 통치하는 힘은 무엇인가, **중국공산당**

● 공산당의 창당

　　1921년 7월 하순 중국의 최대 도시 상하이에서 중국공산당
제1차 전국 대표대회(전국 대의원 대회)가 개최되어 중국공산당 창당이
선언되었습니다. 오늘날 중국공산당은 세계 최대의 정치세력이지만,
그 창당은 매우 초라했다 할 수 있겠습니다. 당시 4억 명을 조금 넘는
중국 전체 인구 가운데 단지 57명만이 공산당 당원이었고, 그 가운데
13명이 대의원('대표')으로서 창당대회에 참가했을 뿐이니까요. 게다가
당시 중국에서는 공산당과 같은 혁명당을 불법으로 간주했기 때문에
대의원들은 경찰의 눈을 피해 여기저기 옮겨 다니며 창당대회를 치
를 수밖에 없었습니다. 창당대회에 관한 공산당의 공식 기록도 찾아
볼 수 없을 정도지요. 그러나 이제부터 살펴볼 것처럼, 공산당의 시
작은 초라했으되 그 미래는 영광스러운 것이었습니다!

　　중국공산당은 다른 국가의 '공산당', '사회당', '노동당' 등 마르크
스-레닌주의를 따르는 여러 정치 세력들과 마찬가지로 노동자 계급
을 대변하는 정당으로서, 혁명을 일으켜 노동자의 권익이 온전히 대
변되는 국가, 즉 사회주의 프롤레타리아 국가를 수립하는 것이 일차
목표였습니다. 혁명의 최종적인 도달점은 모든 계급이 사라지는 공
산주의 사회를 건설하는 것이었지요.

　　공산당이 노동자 사회 건설을 목표로 삼았지만, 창당의 주역들은
노동자 계급 출신이 아니었습니다. 당시 대학교수, 작가, 언론인 등
문화 계몽운동을 주도하던 지식인들 가운데 일부가 1917년 러시아

혁명의 영향을 받아 급진화하면서 공산주의를 받아들여 공산당 조직에 나섰던 것이지요. 급진적 지식인들은 마르크스-레닌주의에 대한 이해가 깊지 않았음에도 그것이 중국의 변혁을 위한 유력한 수단이 될 수 있다고 믿었습니다. 그들은 특히 레닌의 볼셰비키 정당과 같이 혁명을 지도하는 전위당의 역할에 주목했고, 당 조직의 건설이 시급하다는 점에 깊이 공감했습니다.

급진 지식인들에 의해 주도되었지만, 그 밖에도 창당을 가능케 한 여러 조건들이 있었습니다. 무엇보다도 공산당이 노동자 권익의 중요성을 내세울 수 있었던 것은 당시 상하이를 비롯한 중국의 대도시에서 노동자 계급이 빠르게 성장하고 있었기 때문이었습니다. 당시 노동자들은 자신들의 임금 인상과 노동 조건의 개선 등 '계급의 이익'을 위해 파업을 벌였을 뿐만 아니라, 제국주의 열강들의 중국 주권 침해에 항의하는 각종 민중 시위에도 참여하면서 '국가의 이익'을 위한 행동에도 적극 나서고 있었습니다. 노동자 계급을 대변할 수 있는 정당의 필요성이 요구되고 있었던 것입니다.

중국공산당의 창당에는 혁명에 성공한 러시아의 직접적 지원도 매우 중요한 힘이 되었습니다. 러시아는 '코민테른'이라는 공산주의 국제조직을 통해 중국의 공산주의자들에게 혁명당 창당에 필요한 조직 기술을 전수해 주었을 뿐만 아니라, 많은 활동 자금과 물자를 보내 주었습니다. 세계 혁명의 일환으로 각국의 노동자 세력과 공산주의 운동을 지원하고 있던 코민테른의 적극적인 도움이 없었다면, 아마도 공산당의 창당은 불가능했거나 더 훗날로 미뤄졌을지도 모릅니다.

창당 직후부터 공산당은 그 이념에 따라 노동운동 지도에 심혈을 기울였습니다. 노동자의 권익 옹호를 위한 노동조합을 조직하고, 노동자에게 정치적 권리 의식을 심어 주기 위해 야학을 열었으며, 각종 출판물을 발간하여 새로운 노동자 사회의 건설이라는 정치적 이상을 선전해 나갔습니다. 공산당의 지도에 따라 노동운동은 전에 없이 활발히 전개되기 시작했지요. 그뿐만 아니라 공산당은 인구의 절대다수를 차지하는 농민 문제에도 주목하고, 농민협회를 조직하여 지주에 맞서 소작료 인하 운동을 전개하기 시작했습니다.

창당 초기의 공산당 지도부는 당의 목표를 자본가 계급에 대한 비타협적 투쟁과 프롤레타리아 독재 국가의 수립으로 설정했지만, 곧 그것을 쉽게 달성할 수 없는 중국의 현실을 깨닫습니다. 중국 혁명은 러시아에서처럼 주요 도시에서의 폭력적 행동에 의해 단시일 내에 달성될 수 없었습니다. 공산당의 실력은 매우 취약했고, 당시 중국을 지배하고 있던 '군벌' 세력과 그것을 지원하며 이권을 챙기던 제국주의 열강의 힘은 공산당을 압도하고 있었습니다. 창당 후 불과 2년 만에 중국공산당은 자신의 정치적 이상에 걸맞지는 않지만, 새로운 전략을 통해 생존을 도모하고 혁명운동을 펼쳐 나가지 않을 수 없게 됩니다.

●　　역경에서 얻은 성공의 비결

　　중국공산당은 자본가 계급을 타도하고 프롤레타리아 독재 국가인 노동자 사회를 건설하고자 했지만, 그러한 목표에 이르기까지 약 30년의 오랜 혁명 과정을 거쳐야 했습니다. 다른 나라의 공산주의 혁명에서는 그 유래를 찾아볼 수 없는 중국공산당의 이 장기적인 투쟁의 역정이 그들만의 독특한 성격을 형성하는 데 중요한 기여를 했다고 할 수 있겠습니다. 혁명 과정에서 투쟁과 타협의 전략적 전환을 거듭하면서 중국공산당이 체득한 생존, 발전, 쇠락, 재기, 성공의 다채로운 경험은 오늘날 중국공산당이 중국을 통치할 수 있게 만들어 준 소중한 발판이 되었습니다. 이제부터는 공산당이 1921년 창당된 후 1949년 집권당이 되기까지 오랜 시간 축적해 온 풍부한 역사적 경험을 한 걸음씩 더 다가가 들여다보도록 합시다.

　　우선, 공산당 창당에 즈음한 시기에 중국은 국가적으로 어떠한 문제들을 안고 있었던 것일까요? 당시 중국은 청 왕조가 붕괴되고 중화민국이라는 공화제 국가가 수립된 지 꼭 10년이 된 해였지만, 새로운 국가는 그 이름에 걸맞은 민주적인 자주독립 국가가 되지 못했습니다. 중국은 '군벌'로 불리던 군사 독재자들의 분할 통치에 신음하고 있었고, 청 왕조 말기에 중국을 강제로 개항하고 각종 이권을 빼앗아 갔던 제국주의 세력이 중국의 주권을 더욱 위협하고 있었지요. 군벌을 타도하고 제국주의를 몰아내는 것은 중국이 새로운 독립 자주의 근대 국가로 재탄생하기 위해서 반드시 해결해야 할 과제였습니다.

당시 위 두 과세의 실현을 위해 노력한 여러 정치세력 가운데, 쑨원이 이끄는 중국국민당이 매우 큰 영향력을 행사하고 있었습니다. 국민당은 광둥성 광저우를 중심으로 독자적인 정권을 세우고 군벌 세력들을 타도하여 전국을 통일하고자 했습니다. 그러나 국민당의 실력도 그 많은 군벌들에 대항하기에는 아직 역부족이었고, 쑨원은 국민당의 정치적 영향력 확대와 독자적인 무력 확충의 방안을 백방으로 모색하고 있었습니다.

공산당은 창당과 함께 노동자 국가의 건설을 당의 목표로 내걸고 노동자 지원에 전력을 기울였지만, 군벌의 가혹한 탄압으로 노동운동은 급속히 사그라져 갔습니다. 공산당의 입지가 크게 약해지자 공산당은 쑨원의 국민당 및 국민당이 대변하던 자본가 계급과의 연합이라는 새로운 전략 변화를 통해 위기를 극복해 보고자 했습니다. 노동자 계급을 대변하는 공산당이 타도의 대상이었던 자본가 계급과 연합하여, 군벌과 제국주의를 몰아내야 한다는 시대적 과제의 해결을 위해 힘을 합쳤던 것입니다.

1924년부터 본격화한 국민당과의 '국공합작'을 통해 공산당원은 공산당 당적을 보유한 채 국민당원으로 가입하는, 이중 당원의 신분으로 세력을 확대해 갈 수 있었습니다. 공산당은 국민당 정권이 장악하고 있던 광둥성 내에서 합법적으로 활동할 수 있었을 뿐만 아니라, 상하이, 우한, 창사 등 대도시의 노동운동과 농촌 지역의 농민협회 운동을 지도하여 자신들의 힘을 키워 나갔습니다. 하지만 국민당에 가입했다고 해서 공산당이 자신의 독자성을 잃고 국민당이 되어 버린 것은 아니었습니다. 창당 당시 57명에 불과했던 공산당원은 6년 후인 1927년에 약 6만 명에 육박했습니다. 자본가 계급과의 연합이라는 최초의 전략적 전환은 공산당의 급속한 발전에 크게 기여한 성공적 결과를 가져왔던 것입니다.

그러나 시대적 과제의 해결을 위한 노동자 계급과 자본가 계급의 연합, 그것을 정치적으로 실현한 국민당과 공산당의 합작은 오래 지속되지 못했습니다. 국공합작을 통해 두 당이 함께 군대를 일으키고 노동자-농민 대중을 조직하여 파죽지세로 군벌을 격파해 가면서 군벌 타도의 목표가 실현되어 가고 있었지만, 두 당 간에는 대립과 갈등이 발생하고 있었던 것이지요. 공산당의 빠른 성장과 노동자 및 농민을 동원한 대중운동의 확대는 국민당의 불안과 우려를 불러일으켰습니다. 국공합작을 주도했던 지도자 쑨원이 병환으로 사망하자 국민당 내에서는 공산당을 몰아내려는 우파 세력이 본격적으로 고개를 들었습니다. 그들 가운데 장제스가 국민당 군대를 장악하고 공산당에 대한 대대적인 무력 탄압을 가함으로써, 1927년 중반 국민당과 공산당의 연합은 결정적으로 붕괴해 버리게 됩니다.

1928년 전국을 통일하고 난징에 국민정부를 수립한 국민당의 극심한 탄압으로 공산당 세력은 다시 급속히 쇠락해 갔습니다. 1928년 당원 수는 4만 명으로 감소했고, 노동운동과 농민운동도 가차 없이 진압되었습니다. 국민당 통치 아래에서 다시 불법화된 공산당은 지하로 잠적하기나 통제가 약한 지역으로 숨어들었습니다. 이제 공산당은 또 한 번 혁명 전략의 전환을 꾀하지 않을 수 없게 됩니다.

국공합작의 붕괴 후 공산당이 채택한 새로운 전략은 국민당 및 자본가 계급과의 연합 전략을 폐기하고 노동자와 농민에 기초한 공산당만의 독자적인 정권을 세우는 것이었습니다. 특히 공산당은 국민당의 탄압이 극심한 도시 지역을 피해 농촌을 무대로 혁명운동을 전개해 나갔습니다. 농민 출신의 마오쩌둥이 농촌 혁명가로서 두각을 나타낸 것도 이 시기부터였지요. 마오는 중국 혁명에서 노동자보다는 농민의 중요성을 강조하면서 농민을 동원하여 공산당의 붉은 군대 '홍군'을 건설하고, 농촌의 일정 지역을 장악하여 '혁명 근거지'를 구축하는 독특한 전략을 고안해 냈습니다. 공산당은 농촌 혁명을 수행하면서 지주의 토지를 몰수하여 토지가 적거나 없는 농민에게 분배해 주는 '토지혁명'을 통해 농민의 지지를 얻고자 했습니다.

1930년대 초반, 중국 남부의 농촌 여기저기에 많은 혁명 근거지들을 건설하면서 다시 성장해 가는 공산당 세력을 향해 국민당의 장제스는 대대적인 포위 토벌전을 벌였습니다. 공산당의 홍군은 진격해 오는 국민당 군대의 우세한 무력을 유격전으로 물리치면서 오히려 혁명 근거지들을 통합하여 공산당 국가를 수립하는 데 이르게 됩니다. 1931년 11월 장시성 루이진을 수도로 삼아 수립된 '중화 소비에트 공화국'은 중국공산당이 창당 이후 최초로 영토와 인민을 통치하는 독자적인 정권을 세워 국가 운영의 경험을 쌓기 시작했다는 의미가 있습니다. 그러나 이 공산당 국가는 모든 자본가 계급과 지주를 배제하고 오직 노동자와 농민 계급에만 정치적 권리를 부여하여 자신의 지지기반을 스스로 좁혀 버린 문제점을 안고 있었습니다.

국민당의 공산당 근거지에 대한 지속적인 포위 토벌전은 1934년 들어 효과를 보기 시작했습니다. 이제 국민당 군대는 단순한 군사적 진격보다는 경제봉쇄를 병행하여 공산당 근거지로 가는 모든 물자를 차단하고, 조금씩 군사적 포위망을 좁혀 들어가면서 공산당을 압박하기 시작했지요. 공산당은 이제 영토와 인민을 보유한 국가 정권을 수립한 마당에 더는 유연한 유격전술을 구사하기 어렵게 되었습니다. 결국 공산당은 그해 10월 국민당 포위망의 약한 고리를 돌파하여 머나먼 군사적 행군에 나서지 않을 수 없었습니다. 후일 이 행군은 혁명을 위한 위대한 '장정'으로 불리게 되지만, 사실은 약 10만 명의 거대한 '도주' 행렬로 시작되어 1년 후 단지 4천 명만 살아남은 참혹한 사건이었습니다.

2만 5천 리에 이르는 장정을 거쳐 척박하기 이를 데 없는 서북 변경 지역(산시성 북부)으로 옮겨 간 중국공산당과 홍군의 핵심 세력들은 다시 생존을 위한 또 한 번의 전략 전환을 모색하지 않을 수 없었습니다. 국민당은 이제 한 줌밖에 남지 않은 산악 지대의 공산당을 토벌하기 위한 군사작전을 멈추지 않았습니다. 절체절명의 위기 속에서 공산당은 새롭게 전개되는 정세의 변화에 놀랍게 적응해 갔습니다. 일본이 중국 침략을 더욱 노골화하면서 중국의 들끓는 항일 여론이 국민당의 공산당 토벌을 비난하며 '일치 항일'을 요구하고 있었던 것이지요. 중국공산당은 항일을 명분으로 다시 국민당과의 연합이라는 쉽지 않은 전략 변화를 선택하게 됩니다.

이렇게 또 한 번의 전략 전환으로 중국공산당은 다가올 승리의 중요한 기틀을 다질 수 있었습니다. 1937년 7월 중일전쟁이 발발한 직후 공산당은 국민당과 '제2차 국공합작'의 길로 들어섰습니다. 공산당이 수립한 노동자-농민 국가인 '중화 소비에트 공화국'은 취소되었고, 공산당이 통치하던 옌안을 중심으로 한 서북 변경 지역은 국민당 국민정부 산하의 변경 구역 정부(변구 정부)로 편입되었습니다. 공산당은 지주 토지의 몰수와 분배라는 농촌의 토지혁명 정책도 폐기했고, 지주든, 자본가든, 국민당이든, 어떤 당파이든 항일을 위해서라면 가능한 한 폭넓게 연합한다는 전략을 채택했습니다. 이른바 '항일 민족 통일전선' 전략이 그것입니다. 공산당이 직접 통치하는 변구 정부 내에서는 18세 이상이라면 소속 당파와 출신 계급을 가리지 않고 선거권과 피선거권의 정치적 권리를 부여했는데, 공산당이 실시한 보통 선거는 국민당이 통치하던 지역의 국민당 일당독재와 대비되어 공산당의 민주적 이미지를 만들어 내는 데 크게 이바지했습니다.

이러한 전략 변화는 8년간의 '항일전쟁' 기간 동안 노동자-농민에 국한하지 않고 다른 계급과 정치세력까지 포괄하여 공산당의 지지기반을 넓히는 데 결정적으로 기여했습니다. 1945년 중반 일본의 패전이 다가올 즈음 공산당은 서북 변경 지대를 넘어 화북의 농촌 지역으로 '항일 근거지'를 확대해 갔습니다. 공산당원은 121만 명으로 증가했고, 농촌 근거지의 인구 1억 명 이상을 통치하게 되었으며, 공산당 정규 병력은 약 100만 명에 육박하게 됩니다. 이 시기 공산당의 놀라운 성장은 곧 전개될 국민당과의 전쟁에서 승리를 거머쥘 수 있는 단단한 토대가 되어 주었다고 할 수 있겠습니다.

항일전쟁의 종결로 일본이 물러간 후 국공합작은 자연히 폐기되고 두 당의 명운을 건 최후의 결전이 다가오고 있었습니다. 1946년 중반 국민당의 선제공격으로 시작된 국공내전은 초반에는 국민당군이 우세했으나, 1년 후부터 공산당 쪽으로 전세가 기울기 시작했습니다. 공산당 인민해방군의 기강과 사기는 미국의 지원을 받던 부패한 국민당군을 압도해 갔습니다. 소련의 지원으로 공산당이 장악하게 된 동북의 만주 땅은 해방군에게 든든한 후방 기지가 되어 주었지요.

국공내전이 시작된 후 공산당이 단행한 또 다른 전략 전환은 승리를 결정지은 주된 요인이 되었습니다. 당시 농촌에 근거지를 두고 있던 공산당은 농민의 지지를 확고히 하기 위해 그간 폐기되었던 지주 토지의 몰수와 분배를 다시 꺼내 들었습니다. 점차 해방군이 주요 도시를 장악해 가자, 공산당은 도시 자본가 계급에 대해서는 지주와는 다른 온건한 정책을 채택했습니다. 기업가들에게 영업의 자유를 보장해 주었고, 전쟁으로 피폐해진 생산시설을 복구하여 공장이 다시 돌아갈 수 있도록 했습니다. 정치적으로도 공산당은 앞으로 수립될 새로운 국가는 공산당이나 노동자-농민 계급이 권력을 독점하지 않고 여러 계급과 당파가 함께 참여하는 '연합정권'이 될 것을 천명했습니다. 이러한 전략 전환은 국민당을 고립시키고 공산당에 대한 여론의 신망과 기대를 높이는 데 크게 기여했다고 할 수 있겠습니다.

1949년 10월 중화인민공화국의 수립은 중국공산당에게는 약 30년에 걸친 전대미문의 장기적 혁명 역사의 총결산이기도 했습니다. 만화경과 같은 투쟁과 연합의 반복 속에서 공산당은 다른 정치세력들을 제거하거나 배제하기보다는 그들을 포용하여 자신의 세력을 확대하는 자양분으로 삼았습니다. 특히 항일전쟁 때부터 중국공산당의 전략 속에 깃든 점진성, 온건성, 포용성이야말로 성공의 중요한 비결로 평가할 수 있을 것입니다. 물론 공산당은 수많은 타협과 전환의 과정 속에서도 줄곧 '공산당'으로서의 정치적 독자성과 독립성을 잃지 않았고, 사회주의 국가 건설의 목표를 포기한 적은 한 번도 없었다는 점을 기억할 필요가 있겠습니다.

2

새로운 개척의 시대

●   자본주의에도 계획이 있듯이, 사회주의에도 시장이 있다

중국공산당이 추구해 온 혁명의 목표는 사회주의 프롤레타리아 독재 국가의 건설이었지만, 1949년 수립된 중화인민공화국이 곧 사회주의 국가는 아니었습니다. 공산당이 혁명 시기에 체득해 온 점진성, 온건성, 포용성은 건국 초기의 전략에도 그대로 나타났습니다. 정권의 구성에서 여러 정치세력의 인사들이 주요 국가 직위에 임명되어, 공산당원이 권력을 독점하지 않는 '연합정권'이 출범했습니다. 계급의 관점에서 보아도 노동자-농민 이외에 자본가 계급이 함께 '인민'으로서 국가의 구성원을 이루었습니다.

국가의 경제 체제는 '혼합 경제'였습니다. 농민의 사유 토지 경작

과 자본가의 사유 기업 경영 등 사적 부문의 존재를 전면적으로 인정해 주었지만, 국영 기업과 협동조합 등 공적 부문이 경제 운용의 주도권을 쥐고 있었다는 점에서 자유 시장 경제는 아니었습니다. 공산당은 이를 자본주의도 사회주의도 아닌 새로운 민주주의, 즉 '신민주주의' 국가라고 불렀습니다. 건국 초기의 정치적 안정과 경제 회복에 기여한 신민주주의 체제는 오랜 기간 지속될 것으로 예상되었습니다.

그러나 건국한 지 1년도 되지 않아 발발한 한국전쟁과 뒤이은 미국의 개입이 불러일으킨 위기의식은 공산당이 신민주주의 체제를 서둘러 끝내고 사회주의 체제로 나아가도록 만들었습니다. 1953년부터 개인 소유의 모든 생산수단의 사회화(공유화)를 위한 사회주의 개조가 단행된 것이지요. 농민 소유의 토지는 집단 농장으로 수용되었고, 사유 기업은 공영 기업에 흡수되었습니다. 불과 3년 후인 1956년에 기본적인 사회주의 개조를 달성했을 정도로 급속히 추진된 사회주의 국가로의 전환은 당시 위기의식 속에 공산당이 예외적인 조급성을 드러냈다고 할 수 있겠습니다.

사회주의로의 급속한 전환이라는 전략 변화는 공산당 건국 초기 3년간의 경험에서 나온 자신감 덕분이기도 했습니다. 8년간의 항일 전쟁과 3년간의 국공내전 등 오랜 전쟁을 거치면서 피폐해진 경제와 사회적 병리 현상들을 해결하고, 단시일 내에 국가 질서를 본궤도에 올려놓은 효율적인 국가 경영의 성과로 공산당은 중국 인민의 많은 지지를 받았고 그 정치적 권위는 매우 커져 있었습니다. 그 권위의 중심에 있던 공산당 최고 지도자 마오쩌둥은 공산당 고유의 혁명 목표를 앞당겨 달성하고자 했습니다. 점진적이고 온건한 추진을 주장하는 공산당 지도부 내의 다른 목소리들은 마오의 카리스마에 압도당했고, 마오의 주도 아래 사회주의 개조가 서둘러 단행되었던 것입니다.

사회주의 개조를 통해 사회주의 국가가 되었지만, 국가 경제 수준은 보잘것없었습니다. 서방 선진 자본주의 국가와는 비교도 되지 않을 정도로 열악한 경제 규모와 생활 수준은 '사회주의' 이름에 걸맞지 않았습니다. 공산당 이론에 의하면 사회주의 사회는 자본주의 발전을 거친 후에 오게 되므로 생산성의 수준도 자본주의보다 더 나은 것이어야 했지만, 중국의 현실은 전혀 그렇지 못했습니다. 이에 마오는 사회주의 '개조'를 이룬 후 곧바로 산업 생산성을 끌어올리기 위한 사회주의 '건설'을 밀어붙였습니다. 1958년부터 시작된 '대약진' 운동과 함께 생산성의 도약을 목표로 각 분야에서 대대적인 증산을 위한 급진적인 조치들을 강행했습니다. 그러나 생산력 증진을 위해 투입할 수 있는 숙적된 자본과 기술은 턱없이 부족했습니다. 사회주의를 먼저 경험하고 있던 소련의 원조는 1957년부터 중소 관계의 악화로 기대할 수 없게 되었고, 냉전의 고착화로 선진 서방 국가와의 관계도 완전히 단절되어 버렸습니다.

공산당은 마오의 주도 아래 독자적인 방식으로 단시일 내에 서방 선진국의 산업 생산 수준을 넘어서겠다는 목표를 세웠습니다. 그러나 산업 발전에 필요한 현대적인 정밀한 기술과 가용 자원이 결핍된 조건 속에서 기댈 수 있었던 것은 인구 대국의 풍부한 노동력뿐이었습니다. 마오쩌둥이 전면에 나서 '백지 상태에서도 의지만 있다면 무엇이든 가능하다'라고 역설하면서, 농촌과 도시를 가리지 않고 '인민공사'라는 대규모의 집단 노동 조직을 통해 노동력을 동원했습니다. 남자든 여자든 노인이든 노동 능력이 있는 사람이면 누구나 노동 조직에 편입되어 밤낮없이 생산에 나서야 했지요. 그러나 대부분의 노동 생산 대가는 노동하는 사람에게 돌아간 것이 아니라 재투자를 위해 축적되었기 때문에 노동의 열의를 충분히 끌어낼 수 없었습니다. 대규모 노동조직을 효과적으로 관리하기 어려웠고, 동원된 노동력은 적재적소에 안배되지 못해 낭비가 만연해졌습니다. 결국 노동력 동원에만 기대어 생산성을 높이고자 했던 급진적인 '중국식' 사회주의 건설 전략은 그 목표를 달성하지 못했고, 오히려 1959년부터 시작된 3년간의 대기근으로 약 3천만 명이 굶어 죽는 대재난을 불러오고야 말았습니다.

'대약진' 정책이 실패로 돌아갔지만, 공산당이 사회주의 건설 전략을 포기한 것은 아니었습니다. 1960년대 전반 마오쩌둥이 일선에서 잠시 후퇴한 시기에 류사오치와 덩샤오핑이 대신 나서 경제정책을 조정하기 시작했고, 마오가 주도한 급진적 방식보다는 온건하고 점진적인 방식으로 사회주의를 추구하고자 했습니다. 인민공사의 비효

율성을 반성하고 보다 작은 단위로 노동조직을 재편했고, 농민들은 국가로부터 토지 사용권을 얻어 개인적으로 농산물을 경작하기 시작했으며, 이를 내다 팔 수 있는 자유시장도 허용했습니다. 도시에서도 일부 개인적 상업 행위를 허용했습니다. 공동 노동 조직 자체를 폐기하지는 않았지만, 인민의 물질적 동기를 자극하여 생산성을 회복하려 한 것입니다. 마오는 자신의 급진적 사회주의 건설 전략이 수정되어 가는 것에 불만을 품었고, 새로운 정책이 자본주의의 부활을 불러올 것이라며 비난했습니다.

1966년 마오쩌둥은 문화대혁명을 발동하여 정치적 반대파들을 숙청함으로써 점진적 사회주의 건설 방식을 폐기하고 다시 급진적 사회주의 건설 전략으로 선회합니다. 그러나 여전히 근대적인 산업 발전에 필요한 자본과 기술 문제는 해결하지 못했습니다. 인민공사 조직은 유지되었지만, 생산성의 향상은 기대할 수 없었지요. 10년 후 마오가 사망하고 문화대혁명이 끝날 때까지 '사회주의' 중국의 경제 수준은 건국 직후의 상황에 머물고 있었습니다. 집권 후 약 30년 동안 중국공산당이 마오의 지도 아래 추진해 온 급진적 방식이 사회주의 건설에 유효하지 않다는 점은 누구의 눈에도 분명한 것이었습니다.

1970년대 말 덩샤오핑의 집권과 함께 시작된 '개혁 개방' 정책은 공산당의 사회주의 건설 전략에 획기적 전환을 이루었습니다. 농촌의 공동 노동조직인 인민공사가 전면적으로 해체되어 개별 농가가 생산의 주체가 되었습니다. 자유 시장에서 상품을 교환할 수 있게 되었고, 공적 부문 이외의 사적 부문의 영업이 허용되었습니다. 이것이 국내 '개혁'이었다면, 대외 '개방'도 새로운 전략을 구성하는 불가결한 요소였지요. 외국의 기업이 투자할 수 있도록 문호를 연 것은 중국의 고질적인 자본과 기술 결핍문제를 해결하는 데 결정적으로 이바지했습니다. 개혁 개방이라는 새로운 전략은 곧바로 효과를 보기 시작하여 1980년대 들어 경제 성장률이 두 자릿수를 넘어섰고, 산업 생산은 아주 빠르게 발전해 갔습니다.

중국을 관찰하는 많은 사람들은 중국공산당이 개혁 개방 정책을 실시하면서 고유의 사회주의 목표를 포기하고 자본주의로 전환하기 시작했다고 여깁니다. 국가의 계획 경제가 아닌 자유 시장에 가격 결정의 기능을 맡긴 것, 공적 부문을 축소하고 사적 부문의 비중을 높여 간 것, 개인 소유 기업을 허용한 것 등을 그 증거로 간주하곤 하지요. 그러나 중국공산당은 시장 경제의 여러 요소들을 허용했으되 '자본주의'를 도입했다고 말하지 않습니다. 개혁 개방의 '총설계사' 덩샤오핑은 "자본주의에도 계획이 있듯이, 사회주의에도 시장이 있다"라고 역설하면서 '사회주의 시장 경제'의 채택이 사회주의 건설의 또 다른 전략임을 천명한 바 있습니다.

1987년 중국공산당은 공식적으로 당시 중국이 처한 발전 수준을 '사회주의 초급 단계'로 정리했습니다. 마르크스와 레닌은 사회주의 원리와 이론을 제시했으되 사회주의가 현실 속에서 실제로 어떻게 실현되고 운용될 것인지를 구체적으로 제시한 적은 없었습니다. 소련은 현실 속에서 사회주의 국가를 건설하기 위해 다양한 전략을 써 보았지만, 결국 붕괴해 버리고 말았지요. 이제 중국공산당은 사회주 의가 장기간의 건설 기간을 거쳐 점진적으로 완성될 것으로 전망하 면서 사회주의 국가의 단계적 발전론을 제시했다고 보아도 좋을 것 입니다. 공산당은 2020년 현재까지도 중국이 사회주의의 초보적 단 계에 있다고 말합니다. 장래 어느 시점에서 중국의 사회주의가 초급 을 넘어 중급으로, 그리고 고급 수준으로 나아갈 수 있을까요? 그 단 계를 나누는 기준은 또 무엇일까요? 사회주의 건설과 관련된 이 모든 문제는 현재의 중국공산당도 쉽게 답할 수 없는 매우 도전적인 과제 가 분명합니다.

● 　공산당의 집권은 언제까지 가능할까

지금까지 살펴본 것처럼 약 100년에 걸친 역사 속에서 중국 공산당은 수많은 우여곡절을 겪었습니다. 초기 약 30년간의 험난한 혁명 투쟁을 통해 단련된 혁명 정당이 집권 후 70년 동안 사회주의 건설을 위해 다양한 길을 추구해 왔습니다. 공산당이 걸어온 전체 역 사를 찬찬히 되짚어 보면 오늘의 공산당을 이해하고 중국의 미래를 전망해 볼 수 있습니다.

공산당의 혁명 역사는 정세 변화를 예민하게 포착하는 공산당의 민감성을 잘 보여 줍니다. 공산당의 창당 시기부터 오늘에 이르기까 지 한 세기 동안 전개된 세계정세와 중국 국정의 변화는 매우 극적입니다. 공산당 성공의 한 비결은 초기부터 급변하는 시대 변화에 뒤지지 않고 능동적인 자세로 매우 민첩하게 대응한 점에서 찾을 수 있을 것입니다.

공산당의 민첩한 대응은 거듭된 전략 전환에서 확인됩니다. 공산당에게 자본가 계급과 국민당은 타도의 대상이었지만, 목표를 이루기 위해 완고한 비타협적 투쟁으로만 일관하지 않았습니다. 혁명 과정에서 보여 준 투쟁과 연합의 이중주는 이념의 굴레에 속박되지 않는 공산당 고유의 유연한 성격 형성에 기여했습니다.

공산당은 거듭되는 전략 전환 속에서 자신의 힘을 키워 가는 노하우를 체득했던 것으로 보입니다. 공산당은 이질적인 세력들을 배제하거나 제거하기보다는 포용의 방식으로 지지층을 확대해 갔습니다. 공산당이 수립한 중화인민공화국이 연합정권으로 출범했던 것은 노동자를 대변하는 혁명당이 노동자에 국한되지 않는 다양한 정파와 계급의 지지 위에 집권했음을 의미합니다.

혁명 과정에서 체득해 온 변화에 대한 민감성, 전략 전환의 유연성, 그리고 지지층 확대를 위한 포용성이 공산당의 성격을 이루었지만, 함께 주목해야 할 것은 공산당이 줄곧 공산당으로서의 정체성과 독자성을 강고하게 유지해 왔다는 점입니다. 거듭되는 정치적 타협과 전략 전환의 우여곡절 속에서도 공산당은 사회주의 건설의 목표를 버린 적이 없었습니다. 현재의 시장 경제와 같은 '자본주의' 요소의 도입을 두고 공산당이 자기 고유의 목표를 포기한 증거로 삼는 것은 성급한 판단으로 보입니다. 중국공산당은 다른 국가들이 가지 않은 길을 자기만의 방식으로 개척해 가고 있는지도 모릅니다.

중국공산당의 역사는, 공산당이 향후에도 중국을 통치하는 집권 세력으로서 그 힘을 유지하기 위해서는 고유의 정체성을 잃지 않고, 시대 변화에 능동적이고 유연하게 대처하면서, 지지층의 폭을 넓혀 가는 것이 필요하다는 점을 잘 일깨워 줍니다. 공산당이 자신의 경험을 잘 살려 간다면 장기 집권을 전망할 수 있겠지만, 최근 많은 언론 보도가 지적하고 있는 시진핑의 무리한 권력 강화와, 시대에 뒤떨어진 경직된 정책이 중국 인민들의 지지를 잃어 가는 것을 보면, 그러한 전망은 매우 불투명하다고도 할 수 있을 것입니다.

의미의 시공간을 확장하다,
한자와 한문

청량리 경동시장에 과일을 사러 가다가 횟집이 모여 있는 곳을 지나가게 되었다. 허름한 문에 '회膾'라는 한자가 적혀 있었다. '膾'라면 육회와 생선회를 통틀어 말하되, 대개 육회를 말한다. 생선회는 고기 어魚 변의 '鱠'가 옳을 것이다. 이 사실을 알고 그 글자를 썼을까? 아무도 군말을 하지 않았나 보다. 한자는 기호의 역할을 할 뿐이므로 글자의 본뜻은 상관없이 기호로서 기능하면 그만이라는 생각을 하는 사람도 있다. 최근 인기 있었던 예능 프로 '유학 소녀'가 있다. 우리나라에 유학 온 외국 학생들의 기지를 보여 주는 내용이라고 한다. 그 프로그램의 선전 포스터에 '유학'을 '儒學'이라고 적었다. 외국 학생들이 우리나라의 유학 전통에 특별히 관심을 두어서 그렇게 표현했을 리는 없다. '遊學'이라고 써야 할 것을 잘못 쓴 것이다. 이것도 기호로 기능한다고 할 수 있을까?

한글과 한자한문은 오랜 기간 서로 기워 가면서 우리의 언어문자생활에서 서사書寫 기능을 담당해 왔다. 하지만 최근에는 한자한문이 시야에서 사라지고 말았다. 우리가 살아온 지역사회, 우리가 구축해 온 역사는 한글과 한자한문이 함께 이룩해 온 의미의 시공간이다. 글로 적을 때 한글만으로도 충분히 내용을 전달할 수 있는 깃은 사실이시지만, 그 의미의 시공간에 접근하려면 최소한의 한자한문 상식이 필요하리라. 이 글은 그러한 문제의식에서 평소 생각한 것을 조금 적어 본 것이다.

심경호

서울대학교 국문과를 졸업하고 동 대학원에서 석사 학위를 받았으며, 일본 교토대학에서 문학박사 학위를 받았다. 고려대학교 한문학과 교수로 재직하고 있으며, 고려대학교 한자한문연구소 소장, 근역한문학회 회장으로 있다. 저서로 『강화학파의 문학과 사상』(공저), 『조선시대 한문학과 시경론』, 『국문학연구와 문헌학』, 『다산과 춘천』, 『한문산문미학』, 『김시습평전』, 『간찰: 선비의 마음을 읽다』, 『산문기행: 조선의 선비 산길을 가다』, 『참요』, 『한국한문기초학사』, 『한시의 성좌』, 『내면기행: 옛 사람이 스스로 쓴 58편의 묘비명 읽기』, 『김삿갓 한시』, 『안평』 등이 있고, 역서로 『주역철학사』, 『금오신화』, 『서포만필』, 『삼봉집』, 『기계문헌』, 『심경호 교수의 동양고전강의: 논어』 등이 있다.

1
우리나라와
한문

● **회기동은 왜 회기동일까**

한자는 B.C.2~3세기에 우리나라의 고대국가에 유입되어 서
면 문자로 사용되었습니다. 이후 한민족의 역사, 문학 작품 등이 한
자, 한문으로 기록되었고, 한민족의 언어를 한자로 기록하기도 했지
요. 신라시기에 사람들이 자기 언어를 한자로 표기한 이두吏讀가 그
대표적인 예입니다. 한문 문법은 주어-서술어-목적어 체계이지만
한국어는 주어-목적어-서술어 체계라는 점을 알고 계실 것입니다.
따라서 한자의 음音과 훈訓을 빌려 구어를 표기하는 방법이나, 한문의
주요 문장 성분 다음에 토吐를 붙여 읽는 방법이 발달했습니다.

이후 세종대왕이 표음문자를 창조하고 그 원리를 책으로도 설명

했는네, 이것이 바로 『훈민정음』, 즉 현재의 '한글'입니다. 우리나라는 몇 세기에 걸쳐 실생활에서 한글과 한자를 병용했으나 이후 한자의 위상이 점차 낮아지다가, 1948년에 '한글 전용법'을 반포하여 모든 공문서에 한글을 사용하도록 규정했습니다. 이로써 법적으로 한글의 정통성을 확정한 셈이지요. 다만 한문교육을 위해서 1951년에 한국 문교부가 교육한자 1천 자를 제정했고, 1957년에는 「임시제한한자일람표」 1300자를 정했습니다. 1972년에는 중등학교의 한문교육을 부활시켜, 8월 16일에 한문교육용 기초한자 1800자를 공표하기도 했습니다. 2000년 12월 30일에 이르러 교육부는 1800자 가운데 44자를 변경하되, 교과서 편찬의 연속성 때문에 본래의 44자를 그대로 가르치도록 했고, 따라서 현재 한국의 '한문교육용 기초한자'는 1844자가 되었습니다.

그런데, 현대에 와서 한자 표기를 하지 않아 그 어원을 모르게 된 것이 많습니다. 이를테면 지명이 갖는 의미를 모른 채 생활하고 있는 것이지요. 예를 들면 서울 동대문구의 회기동은 한자로 표기하면 대개 '回基洞'이라고 적습니다만, 이것은 '懷基洞'에서 변화한 것입니다. 회懷는 '품다', '그리워하다'의 뜻인데, 여기서는 '그리워하다'는 뜻으로 쓰였습니다. 본래 연산군의 생모 윤씨의 묘를 회묘懷墓라 했는데, 뒤에 회릉으로 승격되었고 그 회릉이 있던 터라는 뜻에서 '회기'라고 한 것입니다. 회릉은 1969년에 경기도 고양시 서삼릉 경내로 옮겨 갔지만, 지명은 이곳에 회릉이 있었음을 알려 줍니다.

지명이 원래 한자어였는데, 한자를 사용하지 않아서 본래의 의미를 잃어 가는 것은 한자문화권이었던 베트남의 현재 사정과 같다고 볼 수 있습니다. 베트남은 '월남越南', 하노이는 '하내河內', 하롱베이는 '하롱下龍 베이Bay(만)'입니다. 월남은 '중국 월 땅의 남쪽에 위치한 곳'이라는 뜻이고, 하내는 '강 안쪽'이란 뜻으로 송꼬이Song Coi(紅河) 강 안쪽이란 뜻이며, 하롱베이는 하노이에서 하늘로 올라갔던 용이 새끼를 데리고 내려와 다도해를 만들었다는 뜻입니다. 하노이의 옛 이름은 용이 하늘로 올라갔다는 뜻의 탕롱Thăng Long(昇龍)입니다.

현재 한자문화권에서 통용되는 한자어는 과거의 의미를 그대로 사용하는 편은 아닙니다. 예를 들어 '주인공主人公'이란 말은 본래 한 몸의 주인인 마음을 가리키는 '주인옹主人翁'과 비슷한 말이었지만 지금은 뜻이 완전히 달라졌지요.

● 　한자한문의 역사적 전개

한민족은 한자를 받아들이면서 한문 문장의 표현법도 받아들였습니다. 한국 한문은 다음 4종으로 나눌 수 있습니다. 첫째는 문체적 개념의 고문古文을 말하는 '한문漢文'입니다. 둘째는 우리 어법에 따라 한문의 문장 성분을 도치해 쓴 '한국어 어법의 한문'인데, 나라에 대한 충성을 맹세하는 내용을 새긴 신라 시대 비석인 임신서기석壬申誓記石의 글을 예로 들 수 있습니다. 셋째는 신라 시대에 한자의 음과 훈을 빌려 노래를 표기한 '향찰鄕札'입니다. 이 향찰로 기록한 가요를 향가鄕歌라고 하지요. 마지막은 토吐나 구결口訣이라 부르는 문법 요소를 사용해 쓴 '이두식 한문'입니다. 한국식 한자어를 많이 사용하며, 주로 문서용으로 사용했습니다. 이 중 널리 사용한 것은 '한문'과 '한국어 어법의 한문'으로 보입니다.

(1) 완전한 한문 문장으로 된 고대 기록

그렇다면 우리는 언제부터 완전한 형태의 '한문'을 사용했을까요? 고대 기록을 살펴보면 한민족은 적어도 5세기 무렵부터 완전한 한문 문장을 사용했음을 알 수 있습니다. 414년에 세워진 고구려 광개토대왕비와, 6세기 전반에 건립된 백제 무령왕릉의 지석誌石과 매지권買地券이 대표적인 예입니다.

무령왕과 왕비의 지석은 1971년 왕릉 널길 입구에서 발견되었습니다. 무령왕이 523년 사망하자 가매장했다가 2년 3개월 뒤 능에 안치할 때 왕의 묘지墓誌, 간지도干支圖, 매지권을 만들었고, 그 후 526년에 왕비가 죽자 역시 삼년상을 치르고 안치하면서 매지권을 뒤집어 왕비의 묘지를 새겼으리라 추측됩니다. 석록암에 해서체로 글을 새겼는데, 왕의 지석 뒷면에는 간지도가, 왕비의 지석 뒷면에는 매지권이 새겨져 있습니다. 간지도는 방위도方位圖, 매지권은 무덤에 쓸 토지를 지신地神으로부터 사들인다는 문건입니다. 무령왕릉 출토 지석과 매지권의 내용은 아래와 같습니다.

지석: 영동대장군 백제 사마왕이 62세 되는 계묘년(523) 5월 7일에 돌아가시매, 을사년(525) 8월 12일 대묘에 안장하고 이와 같이 적는다(寧東大將軍. 百濟斯麻王. 年六十二歲, 癸卯年, 五月丙戌朔, 七日壬辰崩, 到乙巳年八月癸酉朔, 十二日甲申, 安厝登冠大墓, 立志如左).

매지권: 돈 1만 문, 우 1건. 을사년(525) 8월 12일 영동대장군 백제 사마왕은 상기 금액으로 토왕·토백·토부모와 상하 중관과 이천 석 벼슬의 지신들에게 보고하고 신申(서서남)의 토지를 사서 무덤을 쓰므로, 증서를 작성하여 증명으로 삼는다. 율령에 구속되지 않는다(錢一万文, 右一件. 乙巳年八月十二日, 寧東大將軍, 百濟斯麻王, 以前件錢, 訟詣土王土伯土父母上下衆官二千石, 買申地爲墓, 故立券爲明. 不從律令).

(2) 우리말 어순으로 바꾼 변격 한문

앞서 두 번째로 '한국어 어법의 한문'을 언급했었지요. 즉 우리말 어순으로 바꾼 변격 한문을 말합니다. 예로 들었던 임신서기석의 내용을 잠깐 소개하겠습니다. 경주박물관에 있는 임신서기석은 길이 34㎝의 돌에 5행 74자가 새겨져 있습니다. 임신년은 진흥왕 때인 552년이나 진평왕 때인 612년으로 추정됩니다. 우리말의 '두 사람이 함께 맹세하고 기록한다'를, 우리말 순서대로 한자로 옮겨서 '이인병서기二人幷誓記'라고 적었지요.

임신년 6월 16일 두 사람이 함께 맹서하어 쓰고, 하늘 앞에 맹서한다. 지금부터 3년이 지나도록 충도를 굳게 지키고 과실이 없기를 맹서한다. 만약 이 일을 어기면 하늘로부터 큰 죄를 얻을 것을 맹서한다. 만약 나라가 불안하고 세상이 크게 어지러워지더라도 반드시 행할 것을 맹서한다. 또 따로 앞서 신미년 7월 22일에 크게 맹서했듯이 시·상서·에 기·춘추전을 차례로 습득해서 3년 동안 하기로 맹서한다(壬申年六月十六日, 二人幷誓記, 天前誓. 今自三年以後, 忠道執持, 過失無誓. 若此事失, 天大罪得誓. 若國不安大亂世, 可容行誓之. 又別先辛未年七月廿二日大誓, 詩尙書禮傳倫得誓三年).

(3) 이두식 한문

한편 관청과 민간에서는 문서를 이두식 한문으로 작성했습니다. 서리나 백성들은 관청에 탄원할 때 '소지所志'(혹은 白活, 즉 '발괄'이라고도 한다)를 작성했는데, 이 소지를 관청에 올리면 관원이 처분을 내렸습니다. 이를 '뎨김(題音)' 또는 '제사題辭'라고 불렀지요. 그 처분의 글은 소지의 왼쪽 하단 여백에 쓰되, 여백이 없으면 종이 뒷면에 계속해 쓰거나 별도로 종이를 덧대기도 했습니다. 소지의 서식은 『유서필지儒胥必知』라는 매뉴얼 서적에 많은 예가 남아 있습니다. 개인이 여러 사람의 이름으로 관에 올리는 것을 '등장等狀', 사대부가 친히 관에 올리는 것을 '단자單子'나 '상서上書'라고 한답니다. 죄인·가족·노비 등이 관에 제출하는 진정서는 '원정原情'이라고 하고요. 국립중앙도서관 소장 『요람要覽』에 수록된 「노비 개똥의 원정(奴狗同原情)」 일부를 보겠습니다.

밑줄 친 부분에서 이두의 용법을 확인할 수 있습니다.

반비班婢 묘금은 <u>저의</u> 소임이 쥐를 잡는 일 하나에 지나지 아니<u>하옵거</u>늘 몸은 둔하고 마음은 나태하여 자는 것을 즐겨 버릇이 되어 버린 지가 오래여서 쥐가 자식을 거느리고 무리를 이루어 찬을 도둑질하고 옷을 쏠며 이른 아침부터 밤늦게까지 출몰하여 방자해 거리낌이 없는데도 다만 그것을 예사로 보아 편안히 있으면서 염려하지 않을 <u>뿐 아니라</u> 찬육이 보관된 곳을 미리 기억<u>하였다가</u> 틈을 타서 도리어 스스로 훔쳐 먹으니, "도둑으로 도둑을 지킨다"는 것은 바로 이것을 이른 것<u>이옵니다</u>(班婢猫今段, 其矣所任, 不過捕鼠一事是<u>白去乙</u>, 体鈍心懶, 嗜睡成癖久, 而有鼠賊率子成群, 盜竊饌, 咬破衣裳, 夙夜出沒, 縱恣無忌, 而非但視之尋常, 恬不顧念<u>叱不喩</u>, 饌<u>叱</u>所藏處<u>乙</u>, 預爲記念爲有如可, 乘其間便, 反自偸食, 以盜守盜, 正謂此也是<u>白齊</u>).

(4) 훈민정음 해례본

세종은 1443년 한글을 창제하고 이를 상세하게 설명한 '훈민정음 해례본'을 한문으로 작성했는데, 일부 언해가 『석보상절』 앞에 붙어 전합니다. 이보다 앞서 1442년에 집현전 학사들이 『용비어천가』 125장을 편찬하기 시작하여 1445년 4월 원고를 세종에게 바쳤고, 이후 주해를 붙여 1447년 2월에 10권 5책으로 완성, 10월에 간행했습니다. 한글 창제 후 최초로 한글로 엮은 책이며, 원문 다음에 한역시漢譯詩와 언해를 달았습니다. 아시다시피 한국의 1만 원짜리 신권에는

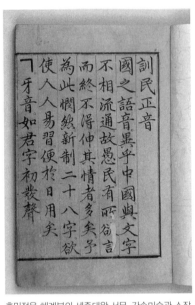

훈민정음 해례본의 세종대왕 서문. 간송미술관 소장

『용비어천가』 제2장이 인쇄되어 있지요. "뿌리 깊은 나무는 바람에 아니 흔들려, 꽃 좋고 열매도 많나니./샘이 깊은 물은 가물에 아니 그쳐서, 내를 이루어 바다로 가나니."

훈민정음의 제자 원리와 용례를 해설한 훈민정음 해례본에서는 한자음의 파독破讀을 일일이 밝혔습니다. 여섯 부분으로 구성된 해례 가운데 제자해制字解, 초성해初聲解, 중성해中聲解, 종성해終聲解, 합자해合字解에는 결訣이 있습니다. 용자례用字例는 결이 필요하지 않았고요. 각 해의 끝에 내용을 요약해 놓은 결은 산문이 아니라 7언시 형태의 운문입니다. 결을 수록할 때에는 산문의 서사와는 다르게 꼭대기에서 세 글자를 낮춰 적어서, 한 줄에 7자씩 써 내려갔습니다. 한 줄을 모두 채워 쓰면 13자를 적을 수 있는데, 각 구절 7자를 전체의 중간에 위치시키기 위해 그렇게 한 것이지요. 훈민정음 해례본에 사용된 결은 한시를 적을 때보다는 압운押韻 방법이 느슨합니다. 또 하나의 결 안에서 운자韻字를 바꾸기도 하면서 의미상의 단락과 잘 맞추어 나갔습니다.

● 근세 이전 한문의 쓰임

(1) 시문

우리나라는 삼국 시대 이후 근세에 이르기까지 지식층이었던 유학자와 승려가 한문을 서사書寫 문체로 활용했습니다. 고려 시대에는 불교가 성했으나, 과거科擧를 도입하며 점차 유학의 이념을 실천하고자 하는 지식층이 형성되었지요. 1392년 조선 시대에 들어와서는 정치적으로 유학자가 지식층의 최상부에 위치하게 되었습니다. 이들은 과거를 통해 관료가 되어 정치 이념을 실현하거나, 향촌에 머물면서 내면의 가치를 완성하는 것을 목표로 삼았습니다. 이때 한시와 한문을 통하여 그러한 지향을 드러냈습니다.

17, 18세기부터는 정치에서 소외된 지식층, 체제 바깥의 독서인, 사대부 여성과 기녀, 중인 출신 문인들이 나타나 문학이 다채로운 모습을 띠게 되었습니다. 일부 지식인들은 현실의 모순을 비판하고 새로운 가치관을 모색하는 한편, 더욱 한국적인 학문과 문학을 실현하고자 했습니다. 이와 더불어 한글 서사와 한글 문학도 점차 세력을 불려 갔습니다.

하지만 근대 이전에는 대체로 한문과 한시를 읽고 쓰는 능력을 가장 중시했습니다. 심지어 고전 한글 문학에서도 운문을 존중했지요. 걸작 『춘향전』에 보면, 이도령이 춘향과 이별하고 한양으로 가서 과거를 치루는 대목이 있는데, 창경궁 춘당대春塘臺에서 열린 과거에서 나온 시제詩題가 바로 "춘당춘색고금동春塘春色古今同"입니다. '춘당대의

의미의 시공간을 확장하다, **한자와 한문**

봄빛이 예나 지금이나 다름없다'라는 뜻이지요. 춘당대는 창경궁을 대유代喩하므로 결국 궁궐 안, 온 나라 안을 뜻하는 것입니다. 즉 태평성대를 예찬하라고 요구한 셈입니다. 그런데 이 시제의 한자들을 보면 소리의 배열이 다음과 같습니다.

春塘春色古今同
평평평측측평평

한자는 평성과 측성으로 나뉘는데, 평성은 평온한 소리, 측성은 된소리입니다. 위에서 두 번째, 네 번째, 여섯 번째 글자만 보면 '평-측-평'입니다. 이것은 실은 한시의 정형시인 근체시近體詩(혹은 금체시今體詩)의 규칙을 충실하게 지킨 것입니다. 이 시구의 마지막 글자인 '동同'은 평성 '동東'의 운자에 속합니다. 이 시제는 한시를 지을 줄 알았던 사람이 '삽입'하여 둔 것으로 보입니다. 다만 그가 한시를 정말 잘 지었다면, 두 번째, 세 번째, 네 번째 구도 지어 '이도령이 이런 시를 지어 장원급제하였다'고 했을 테지만 『춘향전』에는 이도령의 답안이 제시되어 있지 않습니다.

유명한 어사출도 대목에는 "금준미주는 천인혈이요(金樽美酒千人血)"의 4행시가 있습니다. 이것은 명나라 구준丘濬이 지은 희곡 작품인 『오륜전비기伍倫全備記』에 나오는 긴 노래의 일부를 잘라서 사용한 것입니다. 『오륜전비기』는 이미 중종 연간 때도 두루 읽혔고, 후기에는 통역과 번역을 맡아 보던 사역원의 한학 교재로 더욱 많이 읽혔으니, 그 정장시가 널리 회자되다가 『춘향전』 속에 삽입된 것으로 보입니다.

(2) 출판물

조선의 국왕은 신하들에게 국가에서 간행한 서적을 하사하면서 승정원 관리에게 표지 안쪽에 내사기(內賜記)를 적게 했습니다. 즉 내사기가 적힌 책은 국왕이 신하나 중요 기관 등에 하사한 서적인 내사본(內賜本)이라고 보면 되겠습니다. 일본 교토대학 문학부에 있는 조선 목판본 『주자어류(朱子語類)』 50책의 첫 책 표지 안쪽에는 효종이 송시열에게 세자시강원 찬선(贊善)의 관직을 제수하면서 이 책을 하사한다는 내사기가 쓰여 있는데, 내용은 아래와 같습니다.

숭정(崇禎) 정유년(1657, 효종 8) 7월 초4일, 세자시강원 찬선 송시열에게 주자어류 1건을 하사한다. 굳이 사은할 필요는 없다고 명하셨다. 행 도승지 신 홍.

원문에는 '순치(順治) 14년'을 지우고 '숭정 정유년'을 덧쓴 흔적이 있습니다. 1636년 후금(뒷날의 청나라)의 제2차 침공에 굴복한 조선 조정은 청나라에 사대 외교를 행해야 했고, 공문에도 청나라 연호를 사용했습니다. 하지만 조선의 일반 지식인들은 스스로를 중화문화의 정통 계승자로 여겨 청나라 연호를 사용하지 않고 명나라의 마지막 연호인 숭정을 계속해서 사용했지요.

『주자어류』첫 장에는 시강원 장무서리 장시건張侍鍵이 보내는 고목告目이 끼워져 있습니다. 내사기는 한문 고문 문체이고, 고목은 이두식 한문 문체입니다. 고목의 내용은 "대전大殿이 반사頒賜한『주자어류』1건 50책,『격양집擊壤集』4책 및 『정사政事』1도度를 봉과상송封裹上送하므로 책 수를 확인하여 알려 달라"라는 것입니다.

(3) 서찰

조선 시대 지식층의 삶에서는 공적 문장이나 사적 시문을 작성하는 문필 활동이 대단히 큰 비중을 차지했습니다. 공적, 사적으로 작성하는 시문을 흔히 통틀어서 '문자'라고 했는데, 그 문자에는 상행문자와 하행문자의 공적 문자 이외에 개인적 문자와 수평적 교환 문자도 포함되었습니다. 오늘날 보기에 조선 시대에 작성된 각종 문자는, 아무리 개인적인 것이라고 해도 그 속에는 현실 대응의 정서적·이성적 논리를 담고 있고, 거꾸로 공적인 것이라고 해도 개인의 심리·욕망·지향을 숨겨 둔 예가 적지 않습니다.

조선 시대 지식층은 서찰을 작성할 때의 길이 및 문체를 고려해서 일상의 문필생활에 활용했습니다. 신정하申靖夏는 '본심을 말하고 산수를 묘사하려면' 구양수·소식의 간결한 척독 문체를, '의리를 논설하려면' 주자의 정밀한 서한 문체를 사용해야 한다고 했습니다. 또 구양수와 소식의 척독은 특히 '본마음을 말하고 얼굴을 마주하는 일을 대신하는' 가치가 있다고 덧붙였습니다. 한편 조선 시대의 지식층은 정치적인 견해를 피력하고 학술상의 논쟁이나 추인을 위해 장편의 서찰에 별지를 첨부하기까지 했습니다.

세종대왕은 짧은 서찰이 활달한 사유 양식을 드러내고 서정성이 농후하다는 점을 높이 평가하여 즉위 전부터 『구소수간歐蘇手簡』을 읽어 외웠다고 합니다. 『구소수간』은 본래 금나라 말 두인걸杜仁傑이 구양수와 소식의 서찰 가운데서도 극히 짧은 간찰을 모아 편집한 것입니다. 구양수는 호를 취옹醉翁, 또는 육일거사六一居士라 하고, 소식은 호를 동파東坡라 하는데, 둘 다 66세를 살아 '구소'로 병칭합니다. 『구소수간』은 조선에서는 1393년 경상도 보주甫州, 즉 예천에서 처음 목판으로 간행되었다가 1450년 청주에서 증보되어 나왔으며 이 증보판은 일본에 전해졌습니다.

허균許筠은 척독을 서신과 구별했고, 다른 여러 문인이나 학자들도 짧은 길이의 서신으로 자신의 감정과 사상을 간명하게 제시했습니다. 허균의 문집인 『성소부부고惺所覆瓿藁』에는 긴 길이의 서찰과는 별도로 제20권과 제21권에 척독만 수록되어 있는데, 1610년(광해군 2) 허균이 권필權韠에게 보낸 척독 하나를 아래 소개합니다.

형이 강도江都(강화도)에 계실 때는, 한 해에 두어 차례 서울에 오실 때마다 저의 집에 줄곧 머무르면서 술을 마시고 시를 읊었으니, 인간 세상에서 매우 즐거웠던 일이었소. 그런데 온 가족을 이끌고 서울에 오신

뒤로는 열흘도 한가롭게 어울린 적이 없어서 강도에 계시던 때보다도 못하니, 도대체 무슨 까닭입니까? 못에는 물결이 출렁이고 버들 빛은 한창 푸르며, 연꽃은 붉은 꽃잎이 반쯤 피었고, 녹음은 푸른 일산에 은은히 비치는구려. 이 가운데 마침 동동주를 빚어서 젖빛처럼 하얀 술이 동이에 넘실대니, 즉시 오셔서 맛보시기 바라오. 바람 잘 드는 마루를 벌써 쓸어 놓고 기다리오.

(4) 외교 문서

근대 이전 동아시아의 외교에서는 공식적 문서에 정통 한문을 사용했습니다. 문체상으로는 고문과 함께 변려문騈儷文을 사용했지요.

1642년(인조 20) 2월 18일, 일본은 일광산日光山 도쿠가와 이에야스의 권현당權現堂 곁에 새로 사당을 건립하고는 왜차倭差 다이라 유키나리平幸成를 보내 와서 편액과 시문을 청하고 종鍾과 서명序銘을 구했습니다. 또 관백이 아들을 얻은 사실을 알리면서 통신사 파견을 요청했지요. 인조는 동종을 주조하고 명문을 새기게 했는데, 이명한李明漢이 서序를 짓고 이식李植이 명銘을 지으며 오준吳竣이 글씨를 쓰게 했습니다. 일본 일광산 동조궁東照宮 동남쪽에 있는 동종을 보면 서문과 명을 모두 이식이 작성한 것으로 되어 있습니다. 이 「일광산 종명 병서」의 내용은 다음과 같습니다.

일광 도량은 동조 대권현을 위해 설치했다. 대권현은 무량공덕을 지니고 있으므로 무량숭봉을 해야 한다. 구조의 웅대함은 미증유의 것이므로 조상의 업적과 뜻을 조술하는 효가 선열(선조)을 더욱 드러낸다. 우리 왕께서 듣고 감탄하고 가상히 여겨 법종(범종)을 주조해 영산에 삼보를 공궤하는 것을 보태었다. 그리고 신 식植에게 명하여 종에 명문을 쓰게 했다. 명은 이러하다.

영렬英烈을 크게 현창하고

영진靈眞을 처음으로 열어서

현도관玄都觀(사찰)을 힘써 경영하매,

보배로운 종을 이에 진설하여

이 일에 참여하여 승연勝緣을 닦고

이것을 바탕 삼아 명복冥福을 천거하나,

고래의 소리요 사자의 울부짖음이라

혼미한 자가 깨어나고 마귀는 엎디누나.

그릇이 중해서가 아니라

오로지 효자가 드리는 것이로다.

용천龍天(천룡팔부天龍八部)이 보호하여

크나큰 복조를 함께 취하리로다.

숭정崇禎 임오 시월 모일, 조선국 예조참판 이식 지음, 행 사직 오준 씀.

(5) 묘비와 묘지

전통 시대에 묘비墓碑와 묘지墓誌는 특수한 돌을 사용하여 만들었습니다. 사대부 양반과 왕가에서는 고령토에 글을 새겨 그것을 구워 낸 청화백자로 묘지를 만들기도 했습니다.

국립중앙박물관에 「유명조선국사도세자묘지」라는 것이 있습니다. 영조가 1762년(영조 38) 7월 사도세자를 위해 쓴 묘지를, 청화백자에 새긴 것입니다. 우선 사도세자의 일생을 간략히 살펴보도록 하지요.

사도세자 이선李愃의 자는 윤관允寬, 호는 의재毅齋입니다. 1735년(영조 11) 1월 21일 영조의 둘째 아들이자 영빈 이씨의 소생으로 태어났습니다. 영조는 즉위 전에 정빈 이씨에게서 효장세자를 얻었지만 1719년(숙종 45) 2월 15일 9세로 요절했고, 이후 사도세자가 9년 만에 태어났습니다. 세자는 1743년(영조 19) 1월 3월 관례를 치르고, 11월 13일 홍봉한의 둘째 딸 홍씨와 혼례를 올립니다. 1750년 8월 27일, 첫 아들 의소세손懿昭世孫 정琔을 낳았으나 3살이 된 1752년 그를 잃고, 같은 해 9월 22일 둘째 아들 성祘을 낳습니다. 1761년 4월 2일부터 22일까지 평안도 지방을 여행하고 돌아왔는데, 넉 달 후 영조가 그 일에 대하여 추궁합니다. 1762년 5월 22일, 나경언이 세자의 결점과 비행을 10여 조에 걸쳐 고발했고, 같은 해 윤5월 13일, 임오화변이 일어납니다. 8일 뒤 윤5월 21일 세자는 뒤주 안에서 최후를 맞습니다.

묘지의 내용을 아래에 소개합니다.

사도세자 휘는 선이요, 자는 윤관이라. 재위 11년 을묘년(1735) 정월 21일 탄생했는데 영빈이 낳았다. 나면서 남달리 영특했고 자라면서 문리 역시 통해 조선을 차지하리라 희망했거늘, 아아 성인을 배우지 않고 태갑의 욕망과 방종으로 패한 일을 배우다니 아아. 『훈유』, 『자성편』, 『심감』으로 타일렀으나 소인배 무리를 가까이해 나라를 망칠 지경이었다. 오호, 자고로 무도한 임금이 어찌 없으랴만 세자 때 이런 자는 나 들은 바 없었다. 근본은 넉넉하고 좋게 태어났으나 마음을 잡지 못해 미치는 데로 흘렀다. 새벽부터 밤까지 태갑의 뉘우침 같은 것을 바랐으나 마침내 만고에 없는 일에까지 가서 머리 흰 아버지에게 만고에 없는 일을 저지르도록 했구나. 오호라, 애석한 것이 그 자질이요. 한탄스러운 것이 이 저술이다. 슬프다, 이 누구의 잘못이란 말인가? 내 그를 옳게 가르칠 수 없어 이런 일까지 이르렀으니 네게 무슨 잘못이 있으랴? 슬프다, 13일의 일은 어찌 내가 즐거워서 했으리오. 즐거워서 했으리오. 너 만약 일찍 돌아왔다면 어찌 이런 시호 있으리.

세손강서원에서 여러 날 지키는 것이 어찌 종사를 위하며 백성을 위한 것 아닐까. 이것이 잘되길 바라고 소식 없길 바랐는데 9일 만에 숨길 수 없는 소식을 들었다. 너는 어찌 칠십 애비가 이 지경에 이르도록 했느냐. 이에 이르니 참지 못하노라. 해를 적으면 임오년이요, 여름 윤 5월하고 21일이라. 이에 도로 호를 회복하고 특별히 시호를 내리니 '사도'라. 슬프다. 근 30년 아비로 은의를 베푼다는 것이 이에 불과하구나. 이것이 모두 널 위한 것이구나. 아아, 신축년(1721, 경종 1) 혈맥의 교명에 다만 세손이 있으니, 이것이 종국을 위하는 뜻이로다. 7월 23일 양주 중랑포 유향(서쪽) 들판에 장사 지냈다. 슬프다! 다른 시혜 없이 세자빈의 호를 혜로 내려 주었다. 이것이 빈에게는 전부다. 이것은 신하에게 대신 짓게 한 것이 아니다. 누워 불러서 내 뜻을 옮겼다. 삼십 년의 의리다. 슬프다 사도여. 이에 글 지으니 내게 원한 품지 말아라.

임술년(1742) 입학, 계해년(1743) 관례, 갑자년(1744) 가례를 하는데, 풍산 홍씨를 취했는데 영의정 봉한의 여식이었다. 영안위 주원의 5대손이다. 빈은 2남 2녀를 낳았는데 하나는 의소세손이고 하나는 현재 세손이라 가례는 청풍 김씨, 즉 참판 시묵의 딸과 했다. 부원군의 5대손이다. 장녀는 청연군주이고 차녀는 청선군주이다. 측실 역시 3남 1녀다.

숭정기원후 135년(1762) 임오 칠월 일.

(6) 그림

옛 그림의 화폭에서 종종 눈에 띄는 것은 그림이 완성된 후 화가가 그림의 주제나 그림 그릴 때의 심경을 화폭 한구석에 시문으로 써서 밝히기도 하고 제3자가 소감을 화면의 빈 공간에 적기도 한 점입니다. 또한 그림을 감상한 문인이 그림의 창작 경위를 밝히거나 스스로의 감상 평어를 별도의 종이나 비단에 적는 경우가 많았습니다. 이것들을 통틀어 제화題畵 혹은 화찬畵贊이라고 하지요. 이 가운데 화폭에 직접 써넣은 시문을 한정하여 화찬이라고 합니다. 그림의 제목인 화제畵題를 간단히 적어 두는 것과 달리, 화찬은 그림의 주제를 선명하게 밝히고 회화 이해의 방향을 지시해 줍니다.

또 어떤 그림들은 이미 널리 알려진 시문에서 의미를 취하여 이미지로 나타내어, 화가나 감상자가 본래 시문의 어구를 화폭에 적어 두기도 했습니다. 이러한 어구는 그림의 제목이란 점에서는 화제와 같으나, 유명한 시문의 어구를 따서 제시한 점에서는 명구 화제名句畵題라고 한정할 수 있습니다. 명구 화제가 시구일 때 그 그림을 시의도詩意圖라 하고, 시구가 아닐 때 문의도文意圖라고 합니다.

이뿐만이 아닙니다. 그림을 화축이나 화권으로 제작할 때, 혹은 그림과 함께 화찬을 화첩이나 화권으로 제작할 때, 화가나 별도의 문인이 시문을 첨부하여 그림의 미학적 구도와 창작 동기, 배경뿐 아니라 화첩이나 화권을 제작하는 의의를 밝히기도 했습니다. 또한 그림이 이루어진 후 별도의 문인이 그것을 감상하고 그림의 제작 과정, 그림의 입수 경위, 그림에 얽힌 여러 사항들을 시나 산문으로 서술하기도 했는데, 이것들을 독화시문讀畵詩文이라고 총괄할 수 있을 듯합니다. 그 가운데 단형의 경발驚拔한 산문을 화기畵記라고 합니다.

이처럼 그림과 일체로 감상되는 화찬, 명구 화제, 독화시문, 화기 등은 동양의 인문정신이 예술분야에 발현된 독특한 방식입니다. 몇 폭의 그림과 그 제화를 통해 구체적인 내용을 살펴볼까요?

신윤복의 〈미인도〉는 미인을 그린 것이 아닙니다. 이 그림에 〈미인도〉라는 화제를 붙인 것이 애당초 잘못입니다. 이 그림은 '여성'을 그렸습니다. 왜 여성을 그렸을까요? 풍요로운 힘을 상징적으로 보여주려고 했기 때문입니다. 제화는 다음과 같습니다.

호탕한 가슴속에 봄기운 같은 생명력.
붓끝으로 어찌 물상을 전신할 수 있으랴?

신윤복, 〈미인도〉, 간송미술관 소장

이 그림은 여백의 미를 강조한 것이 아니라, '반박흉중盤礴胸中'의 상태를 구상화한 것입니다. 좌우 화면을 가득 채울 듯이 부풀어 오른 치마의 풍성함은 바로 여인의 가슴속에 들어 있는 생명력을 외현시켜 이미지로 드러낸 것이지요. 품이 잘 맞는 저고리, 위로 솟은 트레머리, 약간 뒤튼 자세는 확산하는 힘과 응축시키는 힘의 긴장을 담고 있습니다.

김홍도의 그림 가운데, 강기슭에 정박한 배에서 붉은 도포를 입은 노인이 안개 속에 피어난 꽃을 바라보는 그림이 있습니다. 노인은 하단에 있고 바위 위의 꽃은 상단에 위치하므로, 노인이 위쪽을 애틋하게 올려다보는 구도로 되어 있습니다. 노인의 앞에는 간단한 주안상이 있고 그 앞에 종자가 추위 때문인지 웅크리고 앉아 역시 바위 위의 꽃을 바라보되, 그 시선은 무심하기만 하지요. 이 그림은 흔히 〈주상관매도〉라든가 〈선상관매도〉라고 부릅니다. 하지만 바위 위의 꽃을 매화로 보는 것은 잘못입니다. 다음 제화에 주목해 봅시다.

김홍도, 〈주상관매도〉, 개인 소장

늙은 나이에는 꽃도 안개 속에 보는
듯하여라.

이 구절은 두보杜甫의 시 「소한식 날 배 안에서 보며(小寒食舟中看)」 가운데 함련의 바깥짝입니다. 소한식은 한식절의 세 번째 날, 한식절의 마지막 한식날입니다. 동지 이후 105일째를 한식이리 하고, 그 세 번째 날을 소한식이라고 했답니다.

버턴 왓슨Burton Watson(1925~2017)은 다음과 같이 영역했습니다.

blossoms of my old age, seen as though through mist.

「소한식 날 배 안에서 보며」는 두보가 770년 담주潭州에 있을 때 지은 시라고 합니다. 그 봄에 장인 최위崔偉가 침주郴州의 녹사참군錄事參軍이 되어 부임하는 도중에 담주에 들러 두보를 만나 보았습니다. 두보는 장인을 전송하고 담주에서 두 번째 한식을 맞았습니다. 그리고 그 해 겨울 동정호의 배 안에서 객사하고 말았지요. 당시 59세였습니다.

김홍도는 이 그림에서 정녕 매화를 그렸던 것일까요? 그림에서 노인이 욕망에 차서 바라보는 꽃은 덤불을 이루고 있으므로 매화라 보기 어렵습니다. 흐드러지게 핀 꽃이지요. 버턴 왓슨도 영역하면서 꽃을 'blossoms'라 했을 뿐입니다.

김홍도는 두보의 시를 사랑했으나, 은둔자인 듯한 기분을 드러내지 않았으며 표박에서 느끼는 향수도 강조하지 않았습니다. 단지, 노경에 접어든 사람이 느낄 청춘에의 추억과 마지막 남은 삶의 생명력을 강조했지요. 그렇기 때문에 안개 속에 피어난 꽃은 아름답다 못해서 슬픈 것입니다.

한편 김시습金時習(1435~1493)은 우리나라에 현전하는 가장 오래된 자화상을 남겼습니다. 곧, 김시습의 「자

사진찬自寫眞贊」이, 17세기 초 기자헌奇自獻(1562~1624)이 간행한 『매월당시사유록梅月堂詩四遊錄』의 가장 앞부분에 있습니다. 김시습은 '귀계鬼界의 시인'이라 일컫는 당나라 이하李賀(790~816)에 견주어졌습니다. 그는 자화상을 그리고 스스로 찬을 지어 그림에 적어 넣었습니다. 이때 진晉나라 사곤謝鯤이 "조정에서 백관을 부리는 일은 유량庾亮보다 못하지만 구학丘壑에서 마음대로 사는 일은 내가 더 낫다"라고 한 말, 고개지顧愷之가 사곤의 초상화를 그린 뒤 "깊은 골짝 속에 두어야 한다"라고 한 말을 회상합니다. 산골짜기에서 본성대로 살리라고 다짐한 것이지요.

이하를 내리깔아 볼 만큼

해동에서 최고라고들 말하지.

격에 벗어난 이름과 부질없는 명예가

네게 어이 해당하랴.

네 형용은 아주 작고

네 말은 너무 지각없기에,

마땅히 너를 두어야 하리라

골짜기 속에나.

2

우리 곁의 한자문화

● **이름과 한문고전**

우리나라의 근대 이전 사람들은 각 시기마다 새로운 이름을
가지고 새롭게 태어났습니다. 즉 태어나서 부여받는 명名과 성년이
되어서 갖게 되는 자字 이외에도, 삶의 전기를 맞아 호號를 지어 가졌
으며, 때로는 삶의 각 단계마다 호를 새로 짓기도 했습니다. 남에게
자를 지어 주는 사람은 자설을 작성해 주어 앞길을 축복했는데, 이때
고전의 전거나 교훈을 인용했습니다. 자조적이거나 해학적인 어휘를
고르기도 했지요. 호의 경우 의미를 풀이하는 호설을 스스로 짓거나
타인에게 부탁하는 경우가 많았습니다. 그리고 서재와 같은 일상의
거처에 특별한 이름을 붙여 스스로를 경계하는 뜻을 드러냈는데 실

호, 재호, 헌호, 당호 등이었습니다. 실에 붙이는 호를 실호, 헌(마루)에 붙이는 호를 헌호, 집 전체에 붙이는 호를 당호라 했습니다. 한편, 시호諡號는 생전의 업적을 참작해 몇 개의 글자로 나타낸 것으로, 시호로 쓸 수 있는 글자와 각 글자가 담고 있는 의미를 규정해 놓은 것을 시법이라 합니다.

거북선으로 왜적을 무찌른 이순신李舜臣의 이름은 '순임금의 신하'란 뜻입니다. 아버지는 이정李貞인데, 그 부인 변씨卞氏가 이순신을 낳기 전 꿈에, 이순신의 조부가 나타나 '순신'이라고 이름을 지으라 했답니다. 이순신 4형제는 희신羲臣·요신堯臣·순신·우신禹臣입니다. 각각 복희·요·순·우 등과 같은 성군의 신하가 되라는 말입니다. 이순신의 자는 여해汝諧인데, 『서경』에서 순임금이 여러 관리들을 임명할 때 "너희가 그들과 잘 화합해서 하라(汝諧)"라고 한 데서 따왔습니다.

정조의 호는 홍재弘齋가 가장 널리 알려져 있습니다. 홍弘의 뜻은 『논어』에서 따왔으리라 생각됩니다.

- 증자가 말했다. 사람은 도량이 넓고(弘) 뜻이 굳세지(毅) 않으면 안 된다. 짐이 무겁고 길이 멀기 때문이다. 인仁을 자기 책임으로 삼았으니 막중하지 않은가. 죽은 뒤에야 그만둘 것이니 멀지 않은가. (『논어』, 「태백泰伯」)

- 사람이 도를 크게(弘) 할 수 있는 것이지, 도가 사람을 크게 할 수 있는 것이 아니다. (『논어』, 「위령공衛靈公」)

● 주거공간의 이념

　우리나라의 정원은 단순히 시각적인 아름다움만을 지닌 것이 아닙니다. 정원을 포함한 주거공간은 독특한 '의미의 세계'를 이루었습니다.

　이를테면 1519년(중종 14) 기묘사화로 조광조趙光祖(1482~1519)가 사약을 받고 죽자, 17세의 제자 양산보梁山甫(1503~1557)는 전라도 담양군으로 귀향해서 정원을 짓기 시작했습니다. 후손 때 전체를 완성하고 정원의 모습을 목판으로 새겼습니다. 정원의 이름은 소쇄원瀟灑園인데 소쇄는 '아주 맑고 상쾌하다'는 뜻입니다. 북송 때 주돈이周敦頤는 '광풍제월光風霽月' 기상氣象을 인간의 최고 이념으로 간주했기에 소쇄원은 애양단愛陽壇, 오곡문五曲門, 제월당霽月堂, 광풍각光風閣이 전체의 중심이 됩니다. 1755년 목판으로 간행된 〈소쇄원도〉는 한국 전통 정원의 구조적 특성을 잘 보여 줍니다.

　입구에는 '소쇄처사양공지려瀟灑處士梁公之廬'라는 글씨가 석판에 새겨져 있고, 이어서 '애양단愛陽壇'이라는 글씨가 있습니다. '애양'은 양웅揚雄의 『법언法言』「효지孝至」에 있는 다음과 같은 말에서 왔습니다. "오래 영구히 할 수 없다는 것은 양친을 섬기는 일을 두고 하는 말이다. 효자는 날이 가는 것을 애석해한다(不可得而久者, 事親之謂也. 孝子愛日)." 즉 '애양'은 '애일愛日'과 같은 말로, 부모에게 효도할 날이 줄어들어 날이 가는 것을 애석하게 여긴다는 뜻이지요. 효를 백행百行의 근본으로 생각하는 관념을 주거공간에 실현해 둔 것입니다.

● 지역공간이 이루는 의미 세계

우리나라 전국 각지의 주요 건축물은 사실상 지명에서 특별한 의미의 세계를 이루고 있습니다. '의미의 코스몰로지'라고 할 수 있을 것 같습니다. 몇 가지 예를 보겠습니다.

서울은 옛날 이름이 한양漢陽이었습니다. 이것은 '한강의 북쪽'이란 뜻입니다. 옛 풍수지리의 관념에서 보면, 산의 남쪽, 강의 북쪽을 양이라고 합니다.

서울의 옛 도성에서 가장 핵심인 공간은 경복궁景福宮입니다. 경복궁의 '경'은 서울을 뜻하는 '京'이 아닙니다. '경'은 '크다'라는 뜻이고, '경복'은 '큰 복'이라는 뜻입니다. 유학의 주요한 경전 가운데 하나인 『시경』은 옛날 노래들을 모아 둔 것인데, 그 가운데 국가 행사에 주로 사용한 노래들을 모은 '대아大雅' 부분이 있습니다. 그 속에 「기취既醉」라는 제목의 노래가 있는데, "술로 취하고 은덕으로 배불렀으니, 군주께서는 만년토록 당신의 큰 복을 크게 누리리다(既醉以酒, 既飽以德, 君子萬年, 介爾景福)"라고 했습니다. 바로 '당신의 큰 복을 크게 누리리다'라는 구절에서 '큰 복'이라는 말을 따온 것입니다.

한편 조선 시대에는 전국이 여덟 개의 도道로 나뉘어 있었지요. 도는 중국의 '노路', 일본의 '현縣'에 해당하며, 지방을 행정구역으로 나눌 때 큰 단위의 지역을 가리키는 말입니다. 그런데 팔도의 각 이름은 그 도의 대표적인 두 고을의 이름 가운데 한 글자씩을 따서 한데 합하여 만들었습니다. 이를테면 '경상도慶尙道'는 경주와 상주에서 한 글

사씩 따온 것이지요. '전라도全羅道'는 전주와 나주에서 한 글자씩 따온 것이고요.

한자나 한문은 현재로서는 쓰기도 어렵고 읽기도 어려운 것이 사실입니다. 하지만 우리의 지명이나 주요 건축물, 그리고 우리 선대 어른들의 이름은 대부분 한자를 사용해서 뜻을 나타냈습니다. 한자와 한문은 우리가 숨 쉬며 살아가는 시공간의 의미를 확장해 주는 기능을 해 왔다고 할 수 있습니다. 그 의미의 세계를 이해한다면, 우리 문화와 관습의 뿌리를 이해하게 되고 미래의 발전 방향을 모색할 수 있을 것입니다. 여러분들도 한자 한문에 조금 관심을 가지고 그 의미의 세계를 이해하시게 되길 바랍니다.

몸과 언어,
채호기와 이재무의 시

시적 언어는 시인의 육화된 의식과 사물이 만나 교섭하는 틈새에서 그 잉여물로 빚어지는 결정체이다. 선행하는 언어의 장 속에서 어떤 특정한 언어의 회로와 특정한 몸의 회로가 만나 상호 공명할 때 비로소 시인이 고유한 자신의 시적 언어를 획득한다고 말할 수 있다. 이 강의는 이러한 시적 언어의 존재 방식을 기본 전제로 채호기의 시집 『수련』(문학과지성사, 2002)과 이재무의 시집 『위대한 식사』(세계사, 2002)를 '몸'과 '언어'의 모티프를 중심으로 비교 분석한다.

독자들은 이 강의를 통해 시인들의 시 창작 체험에 개입하는 '몸'과 '언어'의 상호 침투적 작용에 대해 이해할 수 있다. 그리고 이를 전제로 다음과 같은 내용을 이해할 수 있다. 채호기의 시와 이재무의 시는 그 출발점과 지향점 및 특성이 상이하지만, 공통적으로 '몸'과 '언어'의 모티프를 통해 시를 창작한다. 채호기 시인이 '물', '빛', '공기' 등의 교호 작용 속에 '언어'를 촉매로 사용하여 '수련'을 빚어낸다면, 이재무 시인은 상실과 폐허의 몸에 자연의 생명력과 식욕을 결합하여 정화와 신생의 차원을 열어 놓는다.

오형엽

고려대학교 영문과를 졸업하고 동 대학원 국문과에서 석사와 박사 학위를 받았다. 고려대
학교 국문과 교수로 재직하고 있으며 문학평론가로 활동 중이다. 1994년 『현대시』 신인상,
1996년 『서울신문』 신춘문예 평론부문으로 등단했다. 제3회 젊은 평론가상, 제6회 애지문학
상 평론부문, 제21회 편운문학상 평론부문, 제24회 김달진문학상 평론부문을 수상했다. 저서
로 『한국 근대시와 시론의 구조적 연구』, 『현대시의 지형과 맥락』, 『현대문학의 구조와 계보』,
『문학과 수사학』, 『한국 모더니즘 시의 반복과 변주』 등이 있고, 역서로 『이성의 수사학』 등이
있다. 비평집으로 『신체와 문체』, 『주름과 기억』, 『환상과 실재』 등이 있다.

1
시적 언어의
존재 방식

● **언어와 몸이 만날 때**

　　시적 언어는 몸과 정신, 혹은 감각과 의식이 겹쳐지는 접점에서 생성됩니다. 시인의 창작 체험 속에서 몸과 정신, 감각과 이성은 서로의 경계를 확연히 구분 지을 수 없을 만큼 상호 침투되어 육화된 의식의 차원으로 유동합니다. 이 육화된 의식과 시적 대상, 즉 사물과의 관계는 어떠할까요? 모든 의식은 무엇에 대한 의식이므로 사물은 의식에 의해 포섭되어 있지만, 몸은 동일한 지각장 속에서 지각 대상으로서의 사물과 얽혀 있으므로 사물의 형태와 색과 향기를 나누어 가집니다. 따라서 몸이 의식을 감싸며 생성된 육화된 의식은 주체와 대상의 구분을 무화시키며 사물을 품어 안습니다. 시인은 몸과 정신, 혹은 삼각과 의식이 겹쳐지는 집점에서 이미 시적 대상과 상호 침투하는 혈연관계를 맺고 있다고 말할 수 있습니다. 그러므로 시적 언어는 시인의 육화된 의식과 사물이 만나 교섭하는 틈새에서 그 잉여물로 빚어지는 결정체입니다.

그러나 한편으로 언어는 시인의 몸과 정신 이전에 존재하며 시적 대상으로서의 사물 이전에 존재합니다. 언어의 구조가 주체로서의 인간의 의식을 지배하고 결정한다는 것은 구조주의적 사유의 기본 전제이지요. 언어가 우리 몸속에 잠재되어 있는 무의식을 호명할 때 비로소 의식이 형성됩니다. 라캉은 무의식까지도 언어처럼 구조화되어 있다고 말했습니다. 그렇다면 선행하는 언어의 구조가 주체로서의 시인의 몸과 정신, 감각과 의식을 동일하게 지배하고 결정한다고 말할 수 있을까요? 언어의 구조는 고정 불변의 명제처럼 입법화되어 있지 않고 시간과 장소의 차이에 따라 변화하며, 더 나아가 상이한 주체의 육화된 의식의 차원과 만날 때 다양한 구조로 변이되고 파생됩니다. 결국 우리는 선행하는 언어의 장 속에서 어떤 특정한 언어의 회로와 특정한 몸의 회로가 만나 상호 공명할 때 비로소 시인이 고유한 자신의 시적 언어를 획득한다고 말할 수 있을 것입니다.

이처럼 시적 언어의 존재 방식을 상기하는 것은 채호기와 이재무의 시를 함께 고찰하는 데 어떤 전제가 되기 때문입니다. 채호기는 관능적 에너지의 역동적인 흐름을 통해 자신의 몸과 타인의 몸을 합일하려는 사랑을 집요하게 모색해 온 시인이며, 이재무는 소외된 농촌의 삶에 대한 분노와 불우한 도시적 삶의 애환을 진솔하게 노래해 온 시인입니다. 두 시인의 시적 출발점과 위상이 상이한 만큼 그 지향점도 상이합니다. 이처럼 상이한 특징을 지닌 두 시인이 각각의 시적 전개과정에서 상재한 시집 『수련』(문학과지성사, 2002)과 『위대한 식사』(세계사, 2002)를 함께 읽으며 저는 하나의 공통분모를 찾았습니다. 그것은 '몸'의 모티프인데, 이제 저는 시적 대상으로서의 사물과 만나는 두 시인의 몸의 자세를 고찰함으로써 어떻게 다른 시적 개성을 확보하는지 살펴볼 작정입니다. 이 작업은 두 시인이 각기 상이한 언어게임의 장 속에서 어떻게 자신의 독특한 감각과 의식을 그것과 상호 공명시켰는지 고찰하는 작업이 될 것입니다.

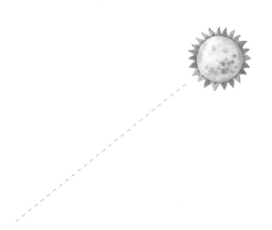

2

채호기와
이재무

● **채호기, 몸과 시선**

　채호기의 네 번째 시집 『수련』은 수련에 공명하는 몸의 언어로 가득 차 있습니다. 시적 자아는 시적 대상인 수련을 응시하며 그 몸과 상호 침투하고자 합니다. 이 상호 침투를 통한 합일은 그러나 타인과의 합일을 추구하는 사랑이 현실에서 불가능한 만큼 지난한 일이 되지요. 채호기의 시에서 수련은 물, 빛, 공기의 신비한 교호 작용의 산물로 피어나는데, 이 수련과의 상호 침투를 통한 합일의 불가능성은 우선 물과 빛의 미끄러짐으로 표현되고 있습니다.

　수면 위에 빛들이 미끄러진다

사랑의 피부에 미끄러지는 사랑의 말들처럼

수련꽃 무더기 사이로
수많은 물고기들의 비늘처럼 요동치는
수없이 미끄러지는 햇빛들

어떤 애절한 심정이
저렇듯 반짝이며 미끄러지기만 할까?

영원히 만나지 않을 듯
물과 빛은 서로를 섞지 않는데,
푸른 물 위에 수련은 섬광처럼 희다

「수면 위에 빛들이 미끄러진다」 전문)

평범한 듯 보이는 이 한 편의 시에는 시집 『수련』의 전체적 의미 구조가 응축되어 있습니다. 이 시는 1~3연의 전반부와 4연의 후반부로 구성됩니다. 1~3연의 주어는 "빛들"입니다. "빛들"은 "수면 위"를 미끄러지는데, 그것은 1, 2, 3연에서 각각 "사랑의 말들" "물고기들의 비늘" "어떤 애절한 심정"으로 비유되고 있습니다. 수련이 피어 있는 물 위를 반짝이며 미끄러지는 '햇빛'은 사랑의 말들처럼 피부에 미끄러지고 물고기의 비늘처럼 요동치는 시적 화자의 애절한 심정이라고 볼 수 있겠습니다. 4연은 전반부의 전개가 한 점으로 응집됩니다. "영원히 만나지 않을 듯/물과 빛은 서로를 섞지 않는데"와 "푸른 물 위에 수련은 섬광처럼 희다" 사이에 놓인 쉼표는 이율배반성을 내포합니다. "섬광처럼" "푸른 물" 위에 희게 피어난 수련은 물과 빛의 결합체이기 때문입니다. 상호 침투를 통한 합일의 불가능성이라는 현실 위에서 성립하는 상호 침투를 통한 합일, 그 신비한 물과 빛의 연금술이 바로 채호기의 「수련」 연작시입니다. 이처럼 불가능성을 가능성으로 바꾸어 놓는 동인은 무엇일까요? 그것은 '말'과 '섬광' 속에 숨어 있는데, 이 비밀의 속살을 함께 더듬어 보기로 하지요. 여기서 '섬광'이 의미하는 '빛'의 이미지 속에는 어떤 다른 눈길이 스며들어 있습니다. 이 시선의 정체를 밝혀내는 작업이 채호기 시를 이해하는 데 중요합니다. 그리고 물과 빛의 미끄러짐이 '말'과 '심정'으로 비유되고 있음에 유의해야 합니다. '말'은 무엇이고 '심정'은 무엇일까요?

저 투명한 슬픔 위에 무엇이 비치는가?

연못에는 수련만 피어 있는 것이 아니다.
흰 구름꽃과 거울 같은 파란 하늘 전체가 피어 있다.
그리고 그 모든 것들을 응시하는 시선이
수면에 반사되는 빛처럼
반짝이는 보석으로 피어 있다.

수련꽃이여

수련꽃이여

흰 손이여, 붉은 입술이여

파란 비단 천 위에 네가

아무렇게나 벗어놓은

옥빛 보석들이여

저 수련은 꽃 피는 식물이 아니라 물의 반죽이다.

(「저 투명한 슬픔 위에」 전문)

　1연에서 "투명한 슬픔"으로 제시되는 수련은 시인의 내면 감정의 투영이며, 앞의 인용 시에 제시된 "어떤 애절한 심정"과 대응됩니다. 시적 대상으로서의 수련은 이미 시인의 내면과 상호 작용하고 있으며, 따라서 단순한 사물의 자리에서 벗어나 하나의 감정 혹은 의식이 됩니다. 그것이 애절하고 슬픈 이유는 "영원히 만나지 않을 듯/물과 빛은 서로를 섞지 않"기 때문입니다. 더구나 '물'은 유동하면서 "물방울처럼 부스러지고"(「물에로의 끌림」) '안개'로서 휘발하며 "가라앉아도, 가라앉아도" "바닥이 없"는 심연이자 미궁입니다. '빛'은 그 자체가 시간의 옷을 덧입고 있으므로 변해 가는 유한성 속에서 덧없는 순간성을 지닙니다. "물은 밤에 우울한 수심水深이었다가 새벽의 첫 빛이/닿는 순간 육체가 된다. 쓸쓸함의 육체!"(「물과 수련」)를 보십시오.

몸과 언어, 채호기와 이재무의 시

이처럼 덧없는 육체인 수련과 시인의 내면을 상호 침투하게 하는 것은 2연에 나타난 "시선"입니다. 연못에는 수련만 피어 있는 것이 아니라 흰 구름꽃과 파란 하늘 전체가 피어 있습니다. "그 모든 것을 응시하는 시선"에 주목하면, 수련을 포함한 모든 사물들은 그것을 응시하는 시선의 작용을 통해서만 시적 풍경으로 현현한다는 것을 알 수 있지요. "너의 시선이 닿는 순간 수련은 피어난다./잔잔한 백지의 수면 위로,/네 의식의 고요한 수면 위로"(「백지의 수면 위로」)에서 보듯, '시선'은 시지각이라는 감각 작용이지만 그 속에 주체의 의식이 개입되고 있습니다. 채호기 시의 중요한 특징은 이 '시선'이 단순히 감각과 의식의 주체에게만 속하는 작용이 아니라 상호 주관성의 계기를 함축하는 데 있습니다. 인용 시에서 '시선'은 "수면에 반사되는 빛처럼/반짝이는 보석으로 피어 있"는데, 대상을 응시하는 주체의 시선은 어느새 "빛처럼" 외부 현상으로 전이되고 결국 "반짝이는 보석으로" 피어나고 있습니다. "반짝이는 보석"은 다름 아닌 '수련'의 상징입니다. 그러므로 시선은 주체의 감각 및 의식 작용에 국한되지 않고 시적 대상으로서의 수련의 몸으로 다시 태어나는 것입니다. 「수면 위에 빛들이 미끄러진다」의 마지막 행 "푸른 물 위에 수련은 섬광처럼 희다"에서 "섬광처럼"에 숨어 있는 것은 이처럼 시적 대상으로서의 수련과 교호 작용하는 주체의 시선이지요.

"물은 생기다 만 새벽의 색채로 그녀를 응시한다"(「잠자는 수련을 응시하는 물」)에서도 나타나는 이 상호 응시의 '시선'은 사물에 관능적 신체성을 부여하는 중요한 계기가 됩니다. 3연에 제시된 "흰 손이여, 붉은 입술이여"는 이러한 상호 응시의 시선을 경유하여 얻어진 수련의 관능적 몸입니다. 자신의 몸과 타인의 몸을 합일시키려는 채호기 시인의 추구는 시적 대상과 한 몸을 이루려는 에로티시즘의 차원으로 전개됩니다. 그러나 수련의 몸과 합일하려는 시인의 추구는 미완의 시도에 그칠 수밖에 없습니다. 이 불가능을 무릅쓴 사랑의 추구가 "어떤 애절한 심정"과 "투명한 슬픔"의 원인이 되는데, 그것이 불가능한 이유는 4연의 "저 수련은 꽃 피는 식물이 아니라 물의 반죽이다"에서도 제시되어 있습니다.

앞서 언급한 물과 빛의 미끄러짐, 그리고 물의 유동성과 빛의 순간성뿐만 아니라 수련과의 합일이 불가능한 또 하나의 이유가 있습니다. 그것은 "한 여인이 수련처럼 물 밖으로 피어난다"(「한 여인」)에서 보듯, 수련이 '여성'으로 현현하는 데 비해 시인은 '남성'의 속성으로 그와 만나고 있기 때문입니다. "꽃과 잎, 그리고 줄기와 뿌리를 가르는 그 세계는 또한/수련의 삶과 수련을 찾아온 남자의 삶을 갈라놓고 있"(「수련은 커다란 거울 위에」)는 것입니다. 수련은 커다란 거울이 되어 물 밖의 세계를 비추는 동시에 물속의 세계를 감추고 있습니다. 안과 밖의 경계인 이 거울은 수련과 시인, 여성과 남성을 갈라놓기도 합니다. "그가 들여다볼 수 없는 그녀의 꿈"은 "어둡고 고독한 심연" 속에서 "다채롭고 느닷없고 불안"(「한 여인」)하며, "언어로도 표현하지 못하는 여름의 비밀, 시간의 비밀,/삶의 비밀"(「수련의 비밀 2」)을 지닙니다.

이 비밀의 깊이 속에는 녹색의 회로와 플러그가 잠겨 있는데, 수련은 이 물속 비밀을 물 밖 세계에 알리는 메신저입니다. 이 물속의 비밀이 수련으로 하여금 여성의 몸으로 태어나게 하고 "모든 세계를 닦는 흰 수건처럼" 정화의 속성을 지니게 합니다. '물'과 '빛' 이외에 수련의 육체를 만들어 내는 또 하나의 요소는 '공기'입니다.

> 대기 중에 무수히 뚫린 수분의
> 좁은 통로를 통해, 수련의 초록 구멍을 더듬어 발굴된
> 저 갓 피어난 말들!
> 물에 젖은 퍼덕거리는 말들의
> 뿌리처럼 얽힌 갱도 속에서 수면 밖으로
> 떠오르며, 온전한 제 부피의 탄력으로
> 공기를 팽창시키는 저 육감적인
> 흰 수련!

(「흰 수련」 부분)

'물'은 '빛'과의 연금술을 통해 수련을 낳지만, '공기'와의 상호 작용을 통해서도 수련을 잉태합니다. "대기 중에 무수히 뚫린 수분의 좁은 통로"에는 '물'과 '공기'의 상호 침투가 진행되고 있으며, 그 결과 수련은 제 부피의 탄력으로 다시 공기를 팽창시킵니다. '물'과 '빛'과 '공기'의 연금술이 수련을 잉태하는 것이지요. 이 연금술에는 촉매가 필

요한데, 그것은 다름 아닌 '말'이고 '언어'입니다. '말'은 연금술의 촉매이자 그 결과물이기도 합니다. 인용 시에서 "물에 젖은 퍼덕거리는 말들"은 공기와 물의 합성에 개입되는 촉매의 기능을 담당하며, "저갓 피어난 말들!"은 그 합성의 결과물입니다. "햇빛의 뾰족한 끝에서 공기가 흘러나오면/투명한 수면 위에 수련이 기록된다"(「수련의 비밀 1」)라는 문장은 물과 빛과 공기의 교호 작용을 통해 빚어지는 수련이 곧 말이기도 함을 선명히 보여 줍니다.

　① 많은 언어들이 저 물 속에 잠겨 있다.

　　많은 생각들이 공기 속에 녹아 있고
　　많은 말들이 햇빛 속에 숨어 있다.
　　무얼 기다리는가 당신은
　　수련 앞에서

(「많은 언어들이 저 물 속에 잠겨 있다」 부분)

　② 수련을 발음하기 위해
　　혀는 햇빛을 받아야 하고
　　공기의 침대에서 뒹굴어야 하며
　　물의 맛들을 음미할 수 있어야 한다.

(「캄캄한 밤하늘에」 부분)

언어를 통해서만 수련은 시적 육체를 얻습니다. ①은 물과 공기와 햇빛의 각각에 언어가 삼투되어 있으며, 그리하여 물과 공기와 햇빛의 교호 작용을 통해 생성되는 수련이 곧 언어들의 작용 없이는 성립되지 않음을 보여 줍니다. ②에서 우리는 이 언어들의 작용이 시인의 몸을 경유하여 진행됨을 알 수 있습니다. 수련을 발음하는 혀는 햇빛, 공기, 물을 각각 시각, 촉각, 미각 등의 감각 작용으로 체현하는 것입니다. 이러한 차원에 이르면 시적 대상으로서의 수련은 시인의 몸의 감각을 통과하여 표현되는 언어와 한 몸을 이루게 됩니다. "종이 위에 '수련'이란 글자를 쓰자마자/종이는 연못이 되어 출렁이고/자음과 모음은 꽃잎과 꽃술이 되어 피어난다"(「수련의 비밀 1」)를 보십시오.

그러나 언어에는 구멍이 뚫려 있습니다. 시적 대상으로서의 수련을 몸이 빚어내는 언어로 체현하려는 채호기의 시도는 불가능한 이상을 향해 되풀이되는 도전과도 같습니다. "백지의 자궁으로 잉크가 흘러들고/수련을 잉태하고 있는 흰 백지에/분만을 준비하는 글자들의 구멍"(「백지의 수면 위로」)을 통해 빠져나가는 수련처럼, "손끝에 만져지는 언어는/물방울처럼 부스러지고/햇빛처럼 녹는"(「물에로의 끌림」) 것입니다. 피었다 지는 안개처럼 "백지 위에 썼다 지우고/덧씌워 쓰는 글자들처럼"(「눈」) 시적 언어로 구현된 수련은 영속하지 못하고 시들고 맙니다. 이 무정형의 신체는 그래서 아름답고도 덧없습니다. "어떤 애절한 심정"과 "저 투명한 슬픔"은 이러한 언어의 속성에 말미암은 것이기도 할 테지요. 불가능한 사랑을 집요하게 추구하고 있는 채호기의 시적 여정은 투명하면서 애절한 아름다움을 보여 주며 흰 눈송이처럼 백지 위에 피어납니다.

● **이재무, 몸과 식욕**

이재무의 여섯 번째 시집 『위대한 식사』는 자연의 생명력을 통해 폐허의 슬픔을 딛고 일어나는 재생의 드라마를 보여 줍니다. 이재무 시의 근저에는 상실의 적막과 슬픔의 소용돌이가 자리 잡고 있습니다. 적요와 쓸쓸함에 침윤된 이 비애의 세계는 텅 빈 몸을 통과하면서 그늘을 형성합니다.

> 그녀는 달팽이.
> 그녀의 몸이 그녀의 집이다
> 보아라, 이것이 지난 계절
> 그녀가 삼킨 돌들이다
> 그들이 그녀의 몸 다 채울 때가
> 언젠가 오긴 올 것이다
> 바람 가르고 날쌘 몸으로 그들이
> 그녀의 몸에 와 박히는
> 그 짧은 순간에만 그녀는 크게
> 출렁거렸을 뿐이다 분주한
> 발자국들 돌아가고 폐허의

그녀는 지금, 한층 얇아진 물

흩어진 지푸라기 으스르지게

끌어안고 반짝반짝, 울고 있다

밤이면 그녀의 몸은 더 크게 열린다

오래 머물다 가는 것들, 부엉이

울음과 늦게 뜬 별과 하현이 있다

(「늪」 전문)

이 한 편의 시는 이재무 시 세계의 단면을 하나의 풍경으로 보여 줍니다. 달팽이의 몸은 그 비어 있음을 통해 돌들을 삼킵니다. 달팽이는 여성으로 제시되어 있으며, "바람 가르고 날쌘 몸으로" "그녀의 몸에 와 박히는" 돌들은 남성입니다. 지난 계절의 돌들을 삼켜 온 달팽이는 분주한 발자국들이 돌아간 지금 폐허로 남겨집니다. 흩어진 지푸라기 끌어안고 울고 있는 그녀의 몸은 그러나 밤이면 더 크게 열립니다. 이 열리는 몸속에 오래 머물다 가는 것들은 부엉이 울음과 늦게 뜬 별과 하현달입니다. 돌의 남성성에 상처받지만 그들을 모두 삼키고 지금은 폐허가 된 달팽이의 여성성은, 그 열린 몸을 부엉이와 별과 하현달에 내어 줌으로써 슬픔을 끌어안는 동시에 새로운 재생을 기약합니다.

이 시에서 주목할 대목은 여성으로 제시된 달팽이의 몸이 단지 시적 대상으로서의 사물이 아니라, 여성성을 매개로 시인의 내면세계

를 공간화하고 있다는 점입니다. 이 점에서 이재무의 시는 수련의 여
성성과 시인의 남성성이 수면을 경계로 상호 침투하는 채호기의 시
적 방법론과 차별성을 가집니다. 이재무에게 있어서 시적 대상으로
서의 사물은 전통적 서정시의 방식을 따라 시적 자아의 모습이 치환
된 양상을 띱니다. 그렇다면 인용 시는 시인의 내면세계가 달팽이의
몸을 빌려 여성성의 열린 공간으로 전환되고 있음을 보여 줍니다. 다
음의 시는 시인이 사유하는 텅 빈 몸의 세계를 팽나무에 비유하고 있
습니다.

잘 늙는 일이 결국 비우는 일이라는 것을

내부의 텅 빈 몸으로 보여주던 당신

당신의 그늘 안에서 나는 하모니카를 불었고

이웃마을 숙이를 기다렸다

당신의 그늘 속으로 아이스께끼장수가 다녀갔고

박물장수가 다녀갔다 당신의 그늘 속으로

부은 발등이 들어와 오래 머물다 갔다

우리 마을의 제일 두꺼운 그늘이 사라졌다

내 생애의 한 토막이 그렇게 부러졌다

(「팽나무가 쓰러, 지셨다」 부분)

마을의 가장 오래된 팽나무가 부러진 사태를 보며 시인은 "우리 마

을의 제일 오래된 어른 쓰러지셨다"라고 표현합니다. "오래된 어른"은 팽나무를 의인화한 것으로 1차적 비유에 해당하는데, 팽나무 "내부의 텅 빈 몸"은 다시 마지막 연에서 "내 생애의 한 토막"으로 치환되면서 2차적 비유를 형성합니다. 「늪」과 「팽나무가 쓰러, 지셨다」를 통해 우리는 이재무 시의 중요한 모티프로서 '몸'의 비유와 그 치환의 시적 방법론을 발견할 수 있습니다. 이 두 시에 나타난 '텅 빈 몸'의 이미지는 불우한 존재들을 감싸는 '그늘'의 의미와 더불어 상실로부터 비롯된 '폐허'와 그것을 통과하여 얻어지는 '신생'의 의미까지를 내포하고 있습니다. '그늘'-'폐허'-'신생'의 의미망을 따라 이재무 시의 향방을 추적해 보기로 하지요. 우선 몸의 모티프와 결합된 '그늘'의 의미망은 다음과 같은 대목에서 드러납니다.

> 내 유년의 샘물에 뜨던 눈빛, 달빛, 꽃잎,
>
> 풀벌레 울음, 그리고 어머니 지청구 같은 것
>
> 수목들 드리운 두꺼운 그늘 속으로 불룩한
>
> 몸 깊숙이 들이민다 불쑥, 서늘한 기운
>
> 달려들어 몸 물었다 뱉는다 이렇게 자꾸
>
> 몸 고치다 보면 어느 순간 생의 빛깔도
>
> 달라지리라

(「개심사開心寺」 부분)

시인에게 있어 유년은 "샘물에 뜨던 눈빛, 달빛, 꽃잎,/풀벌레 울음, 그리고 어머니 지청구 같은 것"으로서 자연과 어머니로 대표되는 영원한 평화와 안식의 공간입니다. 수목들이 드리우는 '그늘'은 바로 이 유년의 공간을 시인의 몸속에서 되살려 줍니다. "몸 깊숙이 들이민다"에서 몸은 능동태로서 자연의 '그늘'에 개입하기도 하지만, "서늘한 기운/달려들어 몸 물었다 뱉는다"에서 몸은 수동태로서 자연의 '그늘'에 의해 영향을 받습니다. 이러한 몸과 그늘의 상호 침투를 거쳐 "자꾸 몸 고치"는 생의 전환이 가능해지는 것입니다.

그런데 「팽나무가 쓰러, 지셨다」의 후반부와 "훤한 가지 사이를 날으는, 한 시절의 생의 동무였던 저 그늘/비낀 새 울음소리 상수리알처럼 단단해져서 나도/물 속 오래된 돌로 문득 적막하구나"(「늦가을 소로」)에서 보듯, 시인은 자신과 불우한 이웃들에게 위로와 휴식을 제공해 준 그늘의 한 시절이 사라지고 있음을 아쉬워합니다. 그리하여 이재무의 시에는 상실과 회한으로 점철된 폐허의 그림자가 드리워지게 됩니다. 앞에서 이재무 시의 근저에 상실과 슬픔의 정서가 자리 잡고 있다고 말했는데, 이번 시집에서 이 슬픔의 세계는 두 층위로 나누어지고 있는 듯합니다. 하나는 농촌의 현실과 노동의 피로 속에서 느끼는 존재론적 슬픔이며, 다른 하나는 그늘을 상실한 도시적 삶의 공간 속에서 본래적 자아의 순수성과 열정을 상실하고 있는 자신에 대한 환멸로서의 슬픔입니다.

① 살진 이슬이 내리는

늦은 밤 변두리 공터에는

세상 구르다 천덕꾸러기 된

갖은 슬픔이 모여 웅성웅성 타고 있다

서로의 몸 으스러지게 껴안고

완전한 소멸 꿈꾸는 몸짓,

하늘로 높게 불꽃 피워 올리고 있다

「모닥불」 부분

② 달의 얼굴에 금이 가 있다

오래 삶은 계란 껍질 같은 저 표정이 나는 전혀 낯설지 않다

오늘밤 나는 돌아가 또 동어반복의 페이지에 갇혀 지칠 것이다

나는 날마다 生의 채무자에게 납치되어 포박되는 꿈을 꾼다

하지만 이 허황된 꿈은 꿈으로서 끝날 것이다.

「밤의 산책」 부분

①에서 시인은 늦은 밤 변두리 공터에서 타고 있는 모닥불을 보며 슬픔을 호명합니다. "갖은 슬픔"은 완전한 소멸을 꿈꾸는 몸짓으로 불꽃을 피워 올립니다. "노동 끝낸 거친 손들이/상처에 상처 포개며/ 쓸쓸히 웃고 있다"로 마무리되는 후반부는 이 슬픔의 세계가 노동의 소외와 피로에서 빚어지는 상처와 쓸쓸함에 근거하고 있음을 보여 줍니다. 농촌 현실과 노동의 현장에서 촉발되는 슬픔과 비애는 "아름

다운 분노"(「사라진 분노를 위하여」)를 동반하지만, 시간의 물살을 건너와 불신과 배반의 재로 뒤덮인 현재에 이르러 시인은 분노를 잊고 살아가는 자신을 향해 비판을 시도하는 것이지요.

②는 부지런히 죄의 길을 걸어오는 동안 관습의 벽에 갇혀 슬픔과 분노의 날(刀)을 상실해 버린 시인이 바라보는 일상의 모습입니다. 금이 가 있는 달의 얼굴, 그 오래 삶은 계란 껍질 같은 표정은 바로 시인 자신의 표정일 것입니다. 동어반복의 페이지에 갇혀 생의 채무자에게 포박되어 가는 시인은 "영혼의 꽃 시든 지 오래/누군가 나를 함부로 짓밟아다오", "누군가 이 악취나는 목 부러진 꽃을 생의 안방에서/두엄자리로 옮겨다오"(「나는 어느새」)라고 말하며 자신을 채찍질합니다. 이처럼 현재의 벌거벗은 욕망과 추문과 스캔들에 환멸을 느끼며 자기반성을 시도하는 시인은, '산'과 '나무'로 대표되는 자연 속에 몸을 내맡김으로써 정화와 신생을 추구합니다.

　① 저 한없이 부드러운 산 그리메 속에

　　한 마리 거친 짐승으로 걸어들어가

　　달아오른 몸 씻는다

(「산사의 하루」 부분)

　② 내 몸이 우람한 나무 되어

　　강물 숨 크게 들이마신 후

　　골목 속으로 쿵쿵쿵 걸어가는 꿈꾼다

숲으로 세운 나라 푸하푸하,

나무로 웃는 웃음 바다처럼 시원하구나

「몽상」 부분)

한 마리 거친 짐승이 산속에 들어가 몸을 씻는 행위는 자연으로부
터 정화의 세례를 받는 것이고, 몸이 나무가 되어 숲으로 세운 나라를
꿈꾸는 것은 신생의 희망을 표현하는 것입니다. 이처럼 상실로 비워
진 폐허의 몸속에서 자연의 생명력을 수혈받는 시인은 정화와 신생
의 새로운 시적 차원을 열어 놓습니다. 이재무 시가 지닌 몸의 모티
프가 절정에 이르는 것은 이러한 자연의 생명력과 시인의 식욕이 결
합되어 '위대한 식사'를 벌이는 대목에서입니다.

뜨거운 우렁된장 속으로 겁없이

뛰어드는 밤새울음,

물김치 속으로 비계처럼 둥둥

별 몇 점 떠 있고 냉수 사발 속으로

아, 새까맣게 몰려오는 풀벌레 울음

베어문 풋고추의 독한,

까닭 모를 설움으로

능선처럼 불룩해진 배

트림 몇 번으로 꺼트리며 사립 나서면

태지봉 옆구리를 헉헉,

숨이 가쁜 듯 비틀대는

농주에 취한 달의 거친 숨소리

아, 그날의 위대했던 반찬들이여

(「위대한 식사」 부분)

식욕이 이재무 시에서 중요한 의미를 지니는 것은 먹는 행위야말로 원초적인 몸의 생리이며, 이 몸의 생리 속에 자연의 섭리가 교접하고 있기 때문입니다. 그러나 이재무의 시에서 모든 식사가 위대한 것은 아닙니다. "살면서 는 것은 체중과 식욕뿐이다/너무도 평안하고 행복, 무사하여 불결한 나날이여"(「밤의 산책」)의 식욕은 아름다운 분노를 상실한 채 관습의 늪에 빠져 있는 자신의 나태한 욕망이며, 이럴 때 "홀로 하는 눈물나는 오후의 때늦은 식사"(「오후의 식사」)나 "바다의 얼굴은/다 식어버린 국물처럼 흐리다"(「서해」)라는 표현이 생겨납니다. 한편 과거를 회상하며 슬픔에 잠길 때 "쌀밥 같은 등불 서럽게 반짝입니다"(「이제는 돌아가 기도할 때가 되었습니다」)라는 표현을 얻고, 생의 희망을 기약할 때 "어떤 날 강물은 밥알 같은 별 몇 섬//가슴에 동동 띄우며 흐른다"(「어떤 날 강물은」)라는 표현을 얻습니다.

이재무 시의 속살을 선명히 보여 주는 이 식욕 및 식사의 비유는 인용한 「위대한 식사」에서 과거 농촌의 건강한 삶의 풍경을 회상하며 그것을 현재적 재생의 자리로 옮겨 놓습니다. 물김치 속에 둥둥 뜬

별 몇 점, 냉수 사발 속으로 몰려드는 풀벌레 울음, 그리고 농주에 취한 달의 거친 숨소리가 모두 반찬이 되어 위대한 식사에 동참합니다. 이 식사를 통해 자연의 숨결과 생명력은 시인의 몸에 침투하고 저작과 소화와 배설 작용을 거쳐 다시 자연으로 되돌아가는 순환이 이루어집니다. 식욕이야말로 몸을 매개로 인간과 자연이 하나의 순환 고리로 연결되는 위대한 섭리가 아닐까요. 이재무 시인의 위대한 식사가 "잡풀들의 숨겨진 캄캄한 식욕"과 "식탐"(「외지外地에서」)을 뚫고 어디로 전개될지 자못 궁금해집니다.

삶을 위한 예술,
독일 서정시

문학의 죽음은 없다. 시는 살아 있다. 지구상에 사람이 살아 있는 한 시인과 세계와의 만남은 계속되고 만남의 내적 기록은 끊임없이 써질 것이다. 그러므로 시를 쓰고 읽는다는 것은 세상에 관여하는 일이다. 시를 읽으면서 우리는 은밀한 상상력을 전개한다. 시는 시인의 고백이며 기도이기 때문이다. 시를 읽는 것은 따라서 시인의 내밀한 세계를 엿보고 거기서 또 확장된 자기를 발견하는 것과 같다. 독일의 서정시는 괴테의 체험시론에서 엿보듯 영혼의 음악으로 반주하며 삶을 진술하게 그려 낸다.

김재혁

고려대학교 독문과를 졸업하고 동 대학원에서 석사와 박사 학위를 받았다. 고려대학교 독문과 교수로 재직하며 시인, 번역가로 활동하고 있다. 독일 튀빙겐대학교 한국학과 방문교수를 역임했다. 저서로 『릴케의 시적 방랑과 유럽여행』, 『서정시의 미학』, 『릴케와 한국의 시인들』 등이 있고, 시집 『딴생각』, 『아버지의 도장』, 『내 사는 아름다운 동굴에 달이 진다』 등을 지었다. 역서로 릴케의 『기도시집』, 『두이노의 비가』, 하이네의 『노래의 책』, 횔덜린의 『히페리온』, 그라스의 『넙치』, 노발리스의 『푸른 꽃』, 되블린의 『베를린 알렉산더 광장』, 슐링크의 『책 읽어주는 남자』, 괴테의 『파우스트』, 뮐러의 『겨울 나그네』, 카프카의 『소송』, 헤세의 『싯다르타』, 니체의 『네 가슴속의 양을 찢어라』 등이 있다. 오규원의 시집 『사랑의 감옥』을 독일어로 옮겼고, 세계릴케학회 정회원으로서 『Rilkes Welt』(공저)를 출간했다.

1
시인들은
왜 시를 쓰는가

● **인간과 세계의 만남**

　　문학은 우리에게 무엇일까요? 문학이 죽었다는 말을 들어 본 적 있나요? 사실 문학의 죽음을 알리는 말들이 세계 곳곳에서 떠돈 지 꽤 오래되었지만 독일에서는 지금도 하루에 3, 4권에서 많게는 10권이 넘는 시집들이 끊임없이 출간되고 있습니다. 이제는 매체가 많이 바뀌었기 때문에 기존의 방식뿐만 아니라 새로운 방식을 통해 많은 시인과 시인지망생들이 활동하고 있지요. 종이책으로 시집 한 권당 한 해에 250부에서 2,000부까지 찍고 있고, 문학을 좋아하는 독자들 역시 여전히 살아남아 지금도 아침저녁으로 시를 읽고 있습니다. 청중 앞에서 자작시를 낭송하는 경연대회인 '포이트리 슬램Poetry Slam'이

전국적으로 활성화되는 등 오히려 지금 독일에서는 서정시에 대한 사랑이 더욱 깊어지는 듯한 느낌입니다. 아무래도 유럽통합 이후 커진 독일의 경제적 힘과 안정이 한몫을 한 것 같습니다.

스피노자는 그의 『에티카』에서 주변세계의 행동에 반응하여 그 감정에 예속되지 말고 자신이 주체가 되어 참된 자아를 찾을 것을 권고하고 있지만 우리 인간은 주위에서 다가오는 갖가지 상황에 대해 그때그때 직관적으로 반응하기 마련입니다. 그 반응이라는 것은 이른바 우리가 외적으로 표출하는 감정이지요. 인간의 체험은 오관을 통해 외부의 자극에 반응하면서 만들어지는데, 이때 세계와의 만남을 문자로 상징적으로 기록하는 것이 바로 문학적 글쓰기입니다. 그중에서도 가장 밀도 있는 표현의 강도를 보이는 것이 서정시입니다.

● 예언자적 사명

인생 속의 체험을 자신의 창작의 기틀로 삼아 50년 넘게 독일문단을 주름잡았던 괴테(1749~1832)의 말을 들어 볼까요? "진정한 시는 세속적인 복음으로서 내적인 기쁨과 외적인 유쾌함을 통해 우리에게 지워져 있는 이승의 짐으로부터 우리를 해방시켜 주지요. 진정한 시는 열기구처럼 우리를 묶어 놓고 있는 바닥의 짐과 함께 우리를 더 높은 곳으로 들어 올려 우리 눈앞에 있는 지상의 뒤엉킨 미로를 새의 눈으로 바라보게 해 줍니다." 시는 시인에게 현실의 억압과 궁핍을 떠나 실존적 해방감과 기쁨을 준다는 말입니다. 시를 쓰면 공중을 훨훨 나는 새처럼 현실에서 멀리 떨어져 자신의 뒤엉킨 감정을 들여다볼 수 있게 되므로 현실과의 갈등으로 굳어진 마음을 녹일 수 있지요. 이 견해는 우리가 왜 시를 읽는가 하는 문제와 연결됩니다.

시인들이 시를 쓰는 이유는 이와 비슷한 관점에서 실존적 고통과 대결하기 위함이라고 할 수 있습니다. 독일어권의 대표적 시인인 라이너 마리아 릴케(1875~1926)는 인생에서 세 겹의 고통을 극복해야 했습니다. 세상에 태어나기 전에 불과 몇 달 살지 못하고 죽은 누나를 대신하여 손에 인형을 들고 어린 시절을 보내야 했고, 광신도적인 기독교 신앙을 가진 어머니의 희생물이 되어 마리아의 은총이라는 의미로 "마리아"라는 이름을 지녀야 했으며, 장교로 입신출세하지 못한 아버지의 꿈을 대신하여 5년 간 체질에 맞지 않는 군사학교 시절을 버텨 내야 했지요. 그의 시학을 우리가 '고통의 시학'이라고 부르는 것도 그 때문이고요. 실존적 불안에서 오는 그의 고통은 1912년 1월 이탈리아 트리에스테 해안의 두이노 성에서 쓴 『두이노의 비가』 제1비가에서 천사를 향한 울부짖음으로 표출됩니다. 이것은 구약성경 「시편」에서 응답 없는 신을 향해 울부짖는 듯한 다윗의 음조와 비슷합니다. 『두이노의 비가』는 한탄과 긍정의 물결 사이에서 움직이지요. 그 결정적인 국면을 보여 주는 것이 제10비가입니다.

언젠가 나 이 무서운 인식의 끝마당에 서서
화답하는 천사들을 향해 환호와 찬양의 노래를 부르리라.

내 심장의 망치들 중 어느 것 하나 부드러운 현이니,

의심하거나 격하게 물어뜯는 현에 닿는다 해도

맑은 소리 그치는 법 없으리라. 넘쳐흐르는 나의 얼굴이

나를 더욱 빛나게 하리라; 이 수수한 울음도 꽃피어나리라.

오 너희 밤들이여, 나 비탄에 겨워하던 밤들이여, 그러면

너희는 내게 얼마나 소중하랴. 너희 슬픔의 자매들이여,

왜 나는 너희들을 받아들이기 위해 더욱 세차게 무릎 꿇고

너희들의 풀어 헤친 머리카락 속에 나를 풀어 바치지 않았던가?

우리는 고통의 낭비자. 우리가 어떻게 슬픔을 넘어 응시할 수 있을까,

슬픔의 지속을, 언젠가 이것이 끝나지 않을까 바라면서. 그러나

고통은 우리의 겨울 나뭇잎, 우리의 짙은 상록수,

우리의 은밀한 한 해의 계절 중의 한 계절, 그런 시간일 뿐

아니라, 고통은 장소요 주거지요 잠자리요 흙이요 집이다.

"내가 이렇게 소리친들 천사의 대열 중 누가 내 목소리를 들어줄까!"라는 구절로 비가는 시작합니다. 한마디로 비탄이지요. 그러나 제1비가에서 느꼈던 천사와의 먼 거리를 시적 화자는 『두이노의 비가』의 뒤쪽으로 넘어오면서 스스로 극복하고 이제는 천사를 향해 환호와 찬양의 노래를 부르겠다고 다짐합니다. 그런 자신감은 어디에서 오는 걸까요? 시적 화자는 전에는 고통 속에서 헤어 나오지 못하고 있었습니다. 그의 긍정적 인식은 고통의 강물을 건너고서야 가능

해집니다. 고통은 모든 존재의 거울처럼 시적 화자 곁에 늘 함께합니다. 그것을 시인은 "고통은 우리의 겨울 나뭇잎, 우리의 짙은 상록수"라고 절실한 비유로 표현하지요. 고통은 늘 푸르게 시인과 함께합니다. 고통은 궁극적으로 시인이 거처하는 장소요 주거지요 잠자리요 흙이요 집입니다. 지상에 살아 있다는 것 자체가 고통으로 집을 짓고 사는 것과 같습니다. 비탄에 겨워하던 고통의 밤을 지나 고통을 자신의 것으로, 삶의 일부로 받아들이고 고통과 화해함으로써 비로소 고통을 느끼지 않게 된다는 무서운 인식의 궁극에 이르자 시적 화자의 울음은 이제는 수수한 꽃으로 피어날 수 있는 것입니다. 그의 심장의 망치가 때리는 현 소리는 청아함을 간직하게 되지요. 고통을 넘어설 때 시인의 목소리는 찬가로 바뀔 수 있습니다. 숱한 고통이 결국에는 하나의 반짝이는 진주로 태어나는 것이고, 고통과 불안이 시인으로 하여금 자신의 존재에 대해 성찰하게 하고 또 삶의 의미를 찾게 해 주는 것입니다. 『두이노의 비가』에서 보이는 예언자적 음조는 릴케가 『신시집』에 발표한 시 「무함마드의 부름받음」의 다음 구절과 비교해 볼 수 있습니다.

그런데 산꼭대기의 그의 은신처로
금방 알아볼 수 있는 자, 그 천사가, 꼿꼿이,
맑고 활활 타오르는 모습으로 찾아왔을 때:
그는 모든 요구를 거절하고, 그저

원래의 제 모습대로, 수많은 여행으로

마음이 어지러운 상인으로 남게 해달라고 하였다;

그는 전혀 글을 읽을 줄 몰랐다, 그리고

그러한 말은 현자라도 알 수가 없는 것이었다.

그러나 천사는 위엄 있는 태도로 그에게

종이에 적혀 있는 것을 가리키고 또 가리켰다.

조금도 굴하지 않고 끊임없이 읽으라고 하였다.

그때 그는 읽었고, 천사는 허리를 굽혔다.

그리하여 그는 이미 그 계시를 읽은, 또 읽을 줄 아는

그리고 순종하며 수행하는 자가 되어 있었다.

대상隊商이었던 무함마드가 610년에 메카 근방의 히라 동굴에 들어가 잠시 쉬면서 명상을 합니다. 이때 나타난 천사 가브리엘의 명에 따라 알라의 말씀을 읽는 광경을 형상화한 시작품입니다. 『두이노의 비가』는 천사의 목소리를 듣고 그것을 받아 적은 것이라고 릴케 스스로 밝힌 바 있습니다. 릴케는 북아프리카와 스페인 여행을 하면서 코란을 읽었지요. 릴케가 겪은 이런저런 여러 체험이 합쳐져 『두이노의 비가』의 목소리를 낸 것으로 보입니다. 1911년 5월 31일에 두이노 성의 성주로서 자신의 후원자였던 투른 운트 탁시스 후작 부인에게 보

낸 편지에서 릴케는 "예술가에게도 그것은 찾아올 겁니다, 적어도 무함마드에게 찾아왔듯이 말입니다"라고 하면서 시인의 시적 소명이 무함마드의 것과 동일하다고 말합니다. 릴케는 이것을 스스로 "언제나 앞에 있고 언제나 면밀하고 언제나 요구하는 과제"로 느꼈습니다. 그러므로 그의 『두이노의 비가』는 인간과 예술에 대한 시적 예언서라고 할 수 있습니다.

이처럼 시인이 시를 쓰는 이유로 예언자적 사명을 말할 수 있습니다. 물론 그 대표적인 시인은 릴케의 선배 격인 프리드리히 횔덜린(1770~1843)입니다. 1789년 프랑스혁명을 겪으면서 낙후된 독일의 현실에 실망한 횔덜린은 비가 『빵과 포도주』에서 앞으로 다가올 독일의 미래를 점치며 이렇게 노래합니다. 총 9편의 비가 중 일곱 번째를 읽어 보겠습니다.

그러나 친구여! 우리는 너무 늦게 왔다. 신들이 살아 있긴 해도
우리의 머리 위 저쪽 다른 세계에 살고 있다.
신들은 거기서 끝없이 힘을 미치며 우리 따위엔 관심도 없다,
우리를 무척 아끼는 그들이기는 하지만.
우리가 우리의 약한 그릇으로는 그들을 아무 때나 담아낼 수 없고,
아주 가끔씩 우리가 신들의 충만을 견뎌 낼 수 있기 때문이다.
그러기에 산다는 건 그들을 꿈꾸는 것일 뿐이다. 하지만 방황도
수면처럼 도움이 되며, 고난과 밤은 우리를 강하게 해 준다.

그리하여 영웅들은 청동의 요람에서 든든하게 자라나고,

심장들은 지난날 천상의 신들처럼 강한 힘을 얻으리라.

그 뒤에 신들은 소리치며 내려오리라. 그동안 동료들도 없이

혼자서 기다리는 것보다는 잠이나 자 두는 편이 더 나을 것 같다.

무엇을 행하고 무엇을 말해야 할지 나는 모르겠다.

궁핍한 시대에 시인들은 무엇을 위해 존재하는가.

하지만 그대는 말한다, 그들은 성스러운 밤에 이 나라에서

저 나라로 원정을 한 주신酒神의 성스러운 사제들 같다고.

릴케는 이 작품에서 큰 영향을 받았지요. 비가라는 장르가 그렇듯이 시인은 지금 이곳에 없는 신들을 아쉬워합니다. 이 비가에서는 릴케의 『두이노의 비가』에서처럼 천사가 아닌 신들과 우리의 관계가 문제시됩니다. 마찬가지로 시적 화자와의 거리가 멀기만 합니다. 신을 맞이하기 위해서는 시적 화자가 미리 준비가 되어 있어야 합니다. 『빵과 포도주』에서 시적 화자는 허전함과 무기력함에 빠져 있습니다. 고대 그리스의 전성기 시절처럼 인간들과 조화를 이루며 인간들에게 축복을 가져다줄 신들이 없다는 것이지요. 신들의 부재가 "궁핍한 시대"의 원인입니다. 궁핍한 시대에 시적 화자는 신들을 맞이할 수 있는 튼튼한 그릇이 못 됩니다. 궁핍한 시대에는 훗날을 위해 잠이나 자 두는 편이 좋지요. 릴케의 『두이노의 비가』에서 "고통"이었던 것이 휠덜린에게서는 "궁핍한 시대"로 나타납니다. 이 어두운 시절을 견디

어 내고 극복해야 합니다. 이 시에서 시인은 주신酒神의 사제가 됩니다. 시인에게는 궁핍한 시대에 사제가 되어 백성을 위한 "빵과 포도주"와 같은 시를 써서 백성들의 영혼을 살찌워야 하는 사명이 부여되는 것이지요.

휠덜린의 시에서 자주 등장하는 것은 강물 모티프입니다. 그의 상상 속에서 강물은 독일의 남서쪽 지방 튀빙겐에서 고대의 그리스로 직접 연결됩니다. 강물은 이질적인 문화와 문화를 연결시켜 주는 역할을 합니다. 독일의 강물은 흑해로 흘러 들어가 그곳에서 그리스까지 이어집니다. 문화적 교류를 머리로 그려 본 것이지요. 그것은 지리학적 상상력의 발현입니다. 그러나 강물이 그런 연결 기능만 하는 것은 아닙니다. 무심하게 흐르는 강물을 보고 있으면 인간은 무상감에 빠집니다. 이런 무상감을 극복하기 위하여 시인은 시를 씁니다. 그것을 우리는 릴케의 『두이노의 비가』에서 발견하지요. 시인은 제7비가에서 "이승에 존재한다는 것만으로도 멋지지 아니한가"라고 선언합니다. 무상함의 극복과 더불어 시인은 자기실현의 길을 모색하는 것입니다.

●   서정시와 경험

서정시의 원류를 찾는다면 아마도 인류의 문화와 함께해 온 주술呪術에서 찾는 것이 마땅하다고 생각합니다. 불을 피우며 신을 불러내는 제의나, 제사를 지내며 지방을 써서 조상신을 불러내는 의식이나 이른바 '명명하기'에 토대를 두고 있습니다. 서정시에는 그만큼 주술적 효과에 기반한 명명하기가 기본요소로 자리 잡고 있는 것이지요. 서정시는 '시적 환기'가 가장 주된 특징이라는 말입니다. 시적 명명과 시적 환기는 대상과의 교감을 전제로 합니다. 시적 환기는 듣는 이의 마음에 어떤 심적 상태를 불러오는 것이며, 이때는 이성보다는 감성이 우위적 역할을 합니다. 서정시의 장르 구분과 관련하여 괴테가 한 다음 언급은 시대를 떠나 늘 유효합니다. "문학의 진정한 자연형식은 세 가지가 있어요. 즉 분명하게 이야기하는 형식이 있고, 열광적으로 감동하는 형식이 있으며 그리고 몸소 행동하는 형식이 있습니다. 바로 서사와 서정시 그리고 드라마이지요." 괴테의 장르 구분은 인간의 타고난 근본적 성정에 바탕을 두고 있습니다. 따라서 시대의 변화에 따라 달라지는 것이 아니고 인간이 존재하는 한 함께 존재할 표현형식으로 나타납니다. 서정시는 주체와 세계 간의 정서적 만남을 언어를 통해 예술적으로 표현한 것이라고 정의할 수 있습니다.

대상과의 교감을 통해 시인은 사물의 신비성을 드러냅니다. 교감은 외부세계와의 만남에서 시인이 가져야 할 기본적 자세입니다. 그 것을 우리는 '경험'이라고 합니다. 릴케는 『말테의 수기』에서 생로병사의 전 과정을 겪어 본 사람만이 진정한 시를 쓸 수 있다고 다음과 같이 말합니다.

아, 하지만 시라고 하는 것은 너무 어린 나이에 쓰면 보잘것없는 것이

되고 만다. 사람은 무릇 기다려야 한다. 사람은 평생을 두고, 가능하면 오래 살아, 우선 꿀벌처럼 꿀과 의미를 모아들여야 하며, 이를 거름 삼아 아마 생의 끝에 가서 열 줄 정도의 좋은 시를 쓸 수 있을지 모르겠다. 시라는 것은 사람들이 보통 생각하듯이 (젊었을 때 넘치도록 갖는 그러한) 감정이 아니라 경험이다. 한 줄의 시구를 얻기 위하여 많은 도시, 온갖 사람들, 그리고 여러 가지 사물을 알아야만 할 것이다. 동물들도 알아야 하고, 새들이 어떻게 나는지 느껴야 하며, 아침에 피어나는 작은 꽃들의 몸짓을 알아야 한다. 미지의 고장의 길들과, 예기치 않았던 만남과, 멀리서 다가오는 것을 보았던 이별들, 아직도 깨끗이 걷히지 않은 어린 시절과, 자식을 기쁘게 해 주려고 했지만 자식이 제대로 이해를 하지 못해 마음에 상처를 받을 수밖에 없었던 부모(다른 사람 같았으면 그것을 기쁨으로 여겼겠지만)와, 그토록 많은 깊고 심각한 변화와 함께 야릇하게 시작되었던 어린 시절의 병과, 조용하고 차분한 방에서 보낸 날들과, 바닷가에서 맞이했던 아침과, 바다 그 자체와, 여러 바다와, 머리 위로 흩날려 별들과 함께 날아가 버린 여행의 밤들을 돌이켜 생각해 보아야 한다. 이 모든 것을 생각하는 것만으로는 충분치 못하다. 각각이 유달랐던 숱한 사랑의 밤들과, 진통 중인 임산부의 울부짖음과, 이제는 몸을 풀고 가벼워진 몸으로 흰 옷 차림으로 잠들어 있는 산모들에 대한 기억을 가지고 있어야 한다. 그리고 또 죽어 가는 사람들의 방에도 있어 보아야 하고, 창문은 열려 있고 주기적으로 소리가 들리는 방에서 주검 옆에도 앉아 보았어야 한다. 그러나 기억을 가지고 있는 것만으로는 충분치 않다. 기억이 많아지면 그것들을 잊을 수 있어야 한다. 그러다가 기억들이 다시 돌아올 때까지 기다릴 줄 아는 커다란 인내심을 가져야 한다. 왜냐하면 기억 그 자체로는 아직 시라고 할 수 없기 때문이다. 이 모든 것에 대한 기억이 우리들의 가슴속에서 피가 되고, 눈길이 되고, 또 몸짓이 되어, 더 이상 우리와 구별할 수 없을 정도로 이름이 없어졌을 때 비로소 아주 진귀한 순간에 그 기억의 한가운데에서 시구의 첫마디가 떠오를 수 있는 것이다.

우리에게 이제는 너무나 익숙한 구절이지요. 시인은 여기서 꿀벌처럼 열심히 경험을 쌓아서 그것을 가지고 생의 끝에 가서 열 줄 정도의 시를 쓸 수 있지 않을까 하고 다소 과장된 표현을 하고 있습니다. 릴케가 열거한 시인의 경험 속에는 이별과 여행, 사물의 관찰, 부모와의 관계, 병 등 모든 인간사가 다 들어가 있습니다. 죽음이 있는가 하면 태어남이 있고, 이별이 있는가 하면 재회도 있지요. 모든 것을 기억하는 것이 아니라 다 잊었을 때 어느 진귀한 순간에 시구의 첫마디가 떠오른다고 릴케는 말합니다. 경험이 체화되어 피 속에 녹아들어 있다가 어느 순간 하나의 시구로 피어남을 뜻하지요. 베토벤은 "시를 읽는 것은 다른 사람의 기도를 듣는 경험이다"라고 말합니다. 서정시는 주술이며 기도입니다. 그러나 막연한 기도가 아니라 세계와의 정서적 만남을 기도로 읊조리는 것이지요. 경험을 주관적으로 노래하지 않고 경험의 내용이 개인적인 것을 떠나 보편적인 것을 지향할 때

한 편의 시가 완성됩니다. 릴케의 말로 하자면 그것은 "이름이 없어 졌을 때"입니다. 『신시집』의 시 「장미의 화반」은 한 송이의 장미가 어 떻게 해서 자기 고유의 빛깔과 모양을 갖게 되는지 잘 보여 줍니다.

　　만약에 담는다는 것이: 저 바깥의 세계를,

　　바람과 비와 봄의 인내와

　　죄와 불안과 복면을 한 운명과

　　저녁 대지의 어둠과

　　구름의 변화와 도주와 떠감과

　　먼 별들의 영향까지를

　　한 줌의 내면적인 것으로 바꾸는 것을 뜻한다면.

　장미는 피는 곳이 어디냐에 따라 그 모양새와 색깔이 달라집니다. 그것은 장미뿐만이 아니라 모든 동식물의 공통 사항입니다. 외부의 모든 것을 내면으로 받아들여 그 빛을 안으로 품어 다시 밖으로 내보 이는 과정이 위 시에서 잘 드러납니다. 릴케는 다양한 경험의 내용을 "죄와 불안과 복면을 한 운명"이라고 말합니다. 장미는 궁극적으로 시인의 상징이지요.

2

체험과 삶을 담는
고백의 공간

● **시를 어떻게 읽을 것인가**

　　시를 읽는 일이 즐겁지가 않고 난감할 때가 있습니다. 시 자체에 어느 곳으로 들어가야 할지 전혀 입구 표시가 되어 있지 않을 때입니다. 어떤 시 발표 모임에서 난해한 요즘 시 한 편을 두고 청중 중 한 사람이 물었습니다. 만약 시를 쓴 시인이 살아 있으면 시인에게 시의 의미를 물어보면 될 것 아니냐고요. 일면 맞는 말입니다. 하지만 우리에게는 독자로서 시에 몸소 참여하는 직접적 경험이 중요합니다. 시인이 만든 작품을 추수追隨하는 것이 아니라 그것을 자기만의 것으로 만드는 일이 중요하다는 말이지요. 시는 빈자리, 불확정적인 부분을 독자의 마음으로 채워 읽는 것입니다. 도서관이나 자기 서재에 수만 권의 책이 있어도 자기 것으로 만들지 못하면 자기 것이 아니듯 독자는 시를 자기만의 눈으로 읽어 내야 하고, 이를 위해 천천히 시간을 갖고 시를 읽으며 자기만의 사유를 전개해야 합니다. 이것이 궁극적인 시의 완성인 것입니다. 여기서 독일의 현대 시인 로베르트 게르하르트(1937~2006)의 시 한 편을 보며 채워 읽기를 해 보겠습니다. 시 제목은 「스페르롱가 해변에서의 이중적 조우」입니다.

태양은 이미 낮게 떠 있었다.
해안은 넓고 텅 비어 있었다.
나의 그림자는 내 앞에서 비스듬히 걸어갔다,
너의 그림자가 뛰어오는 사이.

너는 내게 미지의 인물이었다.
너희는 빠르게 다가왔다.
네 그림자는 어두웠고 너는 환했다,
그렇게 너희는 모래사장 위로 왔다.

너는 벌거벗은 너무도 아름다운 몸으로
내 곁을 뛰어 지나갔다.
그때 그림자는 이제 더 이상 둘이 아니었다,
둘은 정확히 겹쳤다.

우리는 너희를 오래 쳐다보았다.

너희는 뒤돌아보지 않았다.

너희는 달려갔다, 너와 네 그림자는, 말없이,

우리 중 하나가 말했다. 아!

라고.

일상적인 언어로 평범하게 묘사한 것 같지만 그 안에는 많은 뜻이 담겨 있는 작품입니다. "스페르롱가"는 로마에서 가까운 해변 휴양지입니다. 시인은 그때 한순간에 겪었던 경험을 시로 형상화하고 있습니다. 일상의 자잘한 경험을 심화, 확장시켜 거기서 의미를 획득하고 있다는 면에서 좋은 시라고 할 수 있습니다. 무슨 일이 일어났을까요? 한 남자가 해변을 산책 중이고 태양은 빛나 그의 그림자가 그와 함께 걷고 있습니다. 그때 거의 벌거벗은 차림의 아름다운 여인 하나가 다가옵니다. 그녀의 그림자도 함께 말이지요. 그때 그 남자는 백일몽에 취한 채 그녀의 그림자가 그의 그림자와 잠시 겹쳐지는 것을 관찰합니다. 이것은 무엇을 의미할까요? 그녀 자신은 그것을 전혀 눈치채지 못하고 그냥 지나갈 뿐입니다. 그때 그는 한숨을 크게 내쉽니다. 겹쳐진 것은 그림자뿐이었으니…. 그 겹쳐짐 안에 숨겨진 은밀한 욕망이 이 작품의 요체입니다. 여기서 그림자 현상과 상징성에 대해서 독자로서 각자 연상이 가는 대로 생각해 보는 것이 좋습니다. 그림자는 원형, 생명력, 영혼의 지상적 형태 등으로 해석이 가능합니다. 그림자가 오히려 영혼, 생명력을 상징하므로 그녀의 그림자와 시적 화자의 그림자의 겹쳐짐은 영혼이 정확히 한 몸이 된다는 것을 뜻하지요. 몸과 마음이 겹치는 것을 본 시인은 그래서 이 시에 "이중적조우"라는 제목을 붙여 주었습니다. "너희"라는 표현도 같은 관점입니다. 둘 중 하나는 실체이고 하나는 허상입니다. 이것이 의미하는 바는 무엇일까요? 허상이 실체인가요, 실체가 꿈인가요. 호접몽을 떠올리게도 합니다. 이런 시적 발상의 근원을 샤를 보들레르(1821~1867)의 시 「지나가는 여인에게」(손주경 옮김)에서 찾아볼 수 있습니다.

귀를 찢는 듯한 거리가 내 주위에서 아우성치고 있었다.
키 크고 날씬한 상복을 차려입고 장엄한 고통에 빠져 있는
한 여인이 지나갔다. 사치스런 한 손으로
꽃무늬 장식된 치맛단을 치켜 흔들며.

매끈한 다리, 민첩하고 고상하다.
나, 마시노라, 넋 빠진 자인 양 경련 일으키며,
폭풍우 싹 피우는 납빛 하늘 같은 그녀의 눈 속에서
매혹적인 감미로움과 목숨 앗아가는 쾌락을.

한 줄기 번갯불… 그리고 어둠!—순식간에 사라지는 미인이여,
그대 시선은 나를 한순간 되살렸는데,

이제 영원 속이 아니라면 그대 다시 보지 못할 것인가?

여기서 멀리 떨어진 다른 곳에서! 너무 늦다! 분명코 "결코" 다시는!
나 그대 사라지는 곳 모르고, 내 가는 곳 그대 모르기에
오 그대 내 사랑했을 텐데, 오 그대 그것을 알고 있었는데!

첫 연에서 어느 미지의 여인과의 우연한 조우와 이별이 번개처럼 일어납니다. 착상은 보들레르와 게르하르트가 동일합니다. 다만 무대가 하나는 휴양지 해안이고 다른 하나는 도회지 파리의 시끄러운 거리로 다를 뿐입니다. 여인이 아름답다는 점도 같습니다. 그리고 여인의 아름다움과 마주친 것도 일순一瞬이고 어떻게 대화를 나눠 보지 못하고 떠나보낸 것도 같습니다. 보들레르가 거리에 섰을 때 일어난 일이 독일 시인 게르하르트가 해변을 산책하던 중에도 일어난 것입니다. 이 시를 배경으로 게르하르트의 시를 읽는다면 사유의 깊이는 더욱 깊어질 것입니다. 한 편의 시는 이렇듯 독자에게 많은 해석의 여지를 남깁니다. 시를 많이 읽어 본 경험이 또 다른 깊이를 만들어 낼 수 있습니다.

● **좋은 서정시란 무엇인가**

독일의 화가이자 조각가인 볼데마어 빙클러(1902~2004)는 "더 많은 것을 보고 싶으면, 눈을 감으라!"라고 말합니다. 하지만 지금까

지 수천, 수만 부가 팔린 시학 책이라 해도 거기에 서정시의 미적 기준이 금과옥조처럼 또는 헌법의 확고한 조문처럼 들어 있는 것은 아닙니다. 사실 예술적 기준이랄까, 그런 것들은 미학적 도그마이므로 새로운 예술을 위해서는 파괴하여 마땅한 것들입니다. 그래야 새로운 영역을 향해 도발할 수 있기 때문이지요. 그러나 우리는 스스로의 미적 능력을 의심합니다. 앙드레 지드는 이에 대해 이렇게 말합니다.

> 우리(그와 그의 어머니)는 그림 전시회를 방문할 때면 늘 그 전시회를 소개하는 신문을 가지고 가서 그 자리에서 해당 전시회 관련 평문을 다시 한번 읽어 보곤 합니다. 혹시라도 그릇되게 경탄하거나 작품을 제대로 읽어 내지 못하면 어쩌나 하는 두려움 때문이죠.

우리가 시집을 사면 시집 뒤에 실려 있는 평문을 읽고 거기에 따라 시를 읽어 가려는 습성도 이와 무관하지 않습니다. 서정시의 미적 기준은 한마디로 없습니다. 기존의 미적인 것에 대한 도전과 도발이 미적 기준이라면 기준일 것입니다. 그래도 '좋은 서정시란 무엇인지' 몇 가지 기본적인 사항을 말해 보기로 하지요.

산문과 달리 시란 무엇보다 나름의 음악성을 지니고 있어야 합니다. 이것은 아무리 현대 서정시라 해도 갖추어야 할 덕목입니다. 산문은 이야기하는 투로 해도 되지만 서정시는 보다 음악에 가까워야 합니다. 독일의 민요 같은 형태가 여기에 해당합니다. 이 음악성은 서정시의 고전적 특성이라고 할 것입니다. 독일 낭만주의 시대의 사포라고 불렸던 카롤리네 폰 귄더로데(1780~1806)의 시 「한 가지 비탄」의 제1연을 원문으로 읽어 봅시다.

Wer die tiefste aller Wunden

Hat in Geist und Sinn empfunden

Bittrer Trennung Schmerz;

Wer geliebt was er verloren,

Lassen muß was er erkoren,

Das geliebte Herz,

압운 연결 방식을 보면 제1행의 "Wunden"은 제2행의 "empfunden"과, 제3행의 "Schmerz"는 제6행의 "Herz"와, 제4행의 "verloren"은 제5행의 "erkoren"과 각각 운을 이루고 있습니다. 이를 우리말로 풀어 보면, "아픔"은 "겪은" 것과, "고통"은 "마음"과, "잃은" 것은 "선택한" 것과 각각 의미상으로 결합되어 형식과 내용이 긴밀한 관계를 형성합니다. 중요한 말, 서로 관련이 있는 말끼리 대구를 조성합니다. 위 연을 우리말로 옮겨 보면 다음과 같습니다.

모든 상처 중 가장 깊은 상처를
정신과 마음에 느낀 사람은,

쓰린 이별의 고통을 겪은 사람은,

자신이 잃은 것을 사랑한 사람은,

자신이 선택한 것을 버려야 하는 사람은,

사랑했던 마음을 버려야 하는 사람은

귄더로데의 애절한 사랑을 그대로 느낄 수 있는 시입니다. 그녀는 어느 날 산책길에서 문헌학자이자 신화연구가 프리드리히 크로이처 (1771~1853)를 우연히 만나 사랑에 빠집니다. 그에게는 이미 부인이 있었음에도 둘은 죽을 때까지 서로 사랑하기로 맹세합니다. 그러던 중 크로이처는 큰 병에 걸립니다. 그래도 귄더로데를 향한 그의 사랑은 변함이 없었지요. 하지만 13살 연상의 아내가 자신을 극진히 보살펴주자 거기에 감동하여 귄더로데에게 절교를 선언합니다. 결별 통보를 받은 귄더로데는 자신의 심장에 칼을 꽂습니다. 그녀의 나이 26살 때의 일입니다.

1806년 7월 26일이 바로 그 운명의 날입니다. 「한 가지 비탄」은 1806년 자신의 죽음을 앞두고 쓴 것으로 보입니다. 그녀는 시의 마지막 연에서 '그와 사랑했던 마음은 신도 돌려주지 못할 것'이라

작가 미상, 〈카롤리네 폰 귄더로데〉, 1800년경

고 결론을 맺습니다. 우리말로 번역했을 때는 이 모든 음악이 사라져 아쉽지만 그 분위기를 살리려고 노력하는 것이 번역가가 할 일입니다. 서정시는 시인의 경험을 그냥 늘어놓지 않습니다. 독일어로 시를 "Gebundene Rede"라고 하지요. 이것은 즉 "묶인 말"을 뜻하며, 시가 특유의 시행과 운, 시연 등으로 묶여서 운행함을 말합니다. 이처럼 "묶인 말"은 음악성을 만들어 감동을 주고 기억을 돕습니다. '서정시' 즉 'Lyrik'이라는 말이 고대 그리스의 악기 "lyra"에서 유래했음을 보면 서정시에 깃들어 있는 음악성은 당연한 것입니다. 시적 환기와 음악성은 그 기원이 과거의 주술적 문화에 있음을 다시 한번 상기할 필요가 있습니다.

다음으로 서정시에서 중요한 것은 불확정성입니다. 모든 것을 다 말해 주는 것이 아니라 독자가 채워서 읽을 부분을 비워 두는 것이 좋다는 것이지요. 이것은 사물 간의 새로운 결합, 즉 사물들을 새롭게 보는 데에서 생겨납니다. 이 불확정성은 다른 말로 하면 시적 모호성입니다. 모호성과 함께 또한 언어적으로 풀어져 있지 않고 응축미를 갖추고 있어야 합니다. 세숫대야에 잉크를 한 방울 뿌리면 그것이 온갖 무늬를 그리며 번지듯이 한 편의 시, 그 한 구절이 독자의 영혼 속에서 잉크방울처럼 아름답게 번진다면 성공한 시라 할 수 있습니다. 파울 첼란의 「양귀비」는 그런 느낌을 주는 시입니다.

별들 속에 깃들어 있는 것을 일으켜 세워

이 밤을 낯선 불꽃으로 밝히기 위해서라면

나의 그리움은 너의 둥근 항아리를

아홉 바퀴 휘돌아 나오는 불길이 되어도 좋으리.

너는 뜨거운 양귀비의 찬란함을 믿어야 하리,

양귀비는 여름이 내놓은 것을 거침없이 써 버리고

이젠 너의 둥근 눈썹을 보고 혹시 네 영혼이

붉은빛으로 꿈을 꾸는지 알아보려 살고 있네.

양귀비는 정원에 부는 바람을 끔찍스러워하며,

혹시 그 바람결에 자신의 불꽃이 스러질까 봐,

이 세상의 가장 사랑스런 눈동자 속에서

우울함에 까맣게 탄 제 가슴을 볼까 봐 두렵다네.

양귀비와 너, 불꽃, 그리움 그리고 사랑의 키워드로 나름대로 읽어 보면 응축미가 돋보이는 시입니다. 모호성까지도 가미되어 빨간 양귀비 한 송이가 독자의 가슴에 불꽃을 퍼뜨리는 느낌이지요. 양귀비 속에 사랑의 불꽃과 바람이 하나 가득 들어 있습니다.

그렇다고 시가 아주 어렵기만 해서도 안 됩니다. 독자로서 어느 정도 감흥이 오면서도 자신만의 생각을 가미할 수 있으면 좋습니다. 에리히 프리트(1921~1988)는 늘 쉬운 시로 독자에게 감명을 줍니다. 그의

삶을 위한 예술, **독일 서정시**

시 「사소한 생각」이 그렇습니다.

사랑이 무엇인지 잘 모르겠지만
어쩌면
이런 게 아닐까.

그녀가
외국에 나갔다가 집에 와서는
내 앞에서 우쭐대며 "내가
물쥐를 봤다고요"라고 말하면,
나는 밤에 잠에서 깨거나
이튿날 일터에 나가 있거나
그 말이 생각나,
그녀가 그 말을
다시 한번 하는 목소리가
자꾸 듣고 싶어지고,
그녀가 그 말을 했을 때
보였던 그 모습까지도
그대로 다시 보고 싶어지는 것.

어쩌면 이런 게 사랑 아닐까,

아니면 이와 아주 유사한 그 무엇.

    '성숙한 사랑'을 노래하는 프리트의 방식은 종래의 전통적 사랑시와 다릅니다. 이것이 시적 새로움이지요. 사랑의 애틋함이 프리트가 표현하고 싶어 하는 궁극점입니다. 서정시는 습관을 노래하는 것이 아니라 누구나 생각할 수 있지만 잘 표현하기 힘든 그 순간을 포착합니다. 또 그 순간을 위해 새로운 표현을 창출하는 것입니다. 무조건 난해한 시가 훌륭하고 현대적인 것은 아닙니다. 독자가 무릎을 치게 하고 생각할 계기를 마련해 주는 시가 좋은 시입니다. 그리고 사물 간의 새로운 결합으로 독특하면서도 탁월한 이미지를 선물한다면 시로서 성공한 것이라 할 수 있습니다.

    독일 문학은 괴테로 대변되는 체험과 삶의 문학입니다. 프랑스 문학이 스타일 중시의 예술을 위한 예술이라면 독일 문학은 삶을 위한 예술이라고 할 수 있습니다. 그렇기 때문에 삶의 진정성에 바탕을 둔 순수한 어법이 독일 서정시의 특징이라 볼 수 있지요. 주인공의 발전적 완성과정을 따라가는 독일 문학 특유의 '교양소설'이 있는 것도 같은 관점입니다. 그리고 이 시들의 내용은 삶의 고백이자 기도입니다. 괴테, 횔덜린, 귄더로데, 릴케, 첼란, 프리트, 게르하르트 등, 이들은 자신의 고유한 경험을 기도로 고백했습니다. 이들의 고백의 공간에는 여백이 있어 그곳에서 독자는 숨을 쉬고 나름의 인식을 할 수 있습니다. 애당초 감각으로 이루어진 시의 공간이 독자의 정신이 깃들 수

삶을 위한 예술, **독일 서정시**

있는 집입니다. 독일 서정시를 읽는 일은 바로 그 미지의 공간을 찾아 방문하여 내밀한 이야기를 나누는 것과 같습니다.

진정한 마음의 교류를 위하여,

충의

소설은 인간의 진솔한 삶의 모습을 드러내는 문학 장르이다. 중국소설의 네 가지 유형을 대표하는 작품을 아울러서 사대기서라고 하는데 중국문화의 정수를 모두 담고 있다. 이들 작품에서 공통적인 핵심 키워드로 찾아낸 것이 바로 충의와 인정세태이다. 관우의 의리와 제갈량의 충성은 『삼국지』에서 그려 내고자 하는 가장 중요한 덕목이었다. 『수호전』에서 양산박 호걸들의 결의사건을 담아낸 작가는 역적과 충신의 사이에서 고민하면서 강호의 의리와 황실에 대한 충성을 나름대로 보여 주었다. 이처럼 충의의 사상은 『삼국지』와 『수호전』에 깊이 영향을 끼치고 있다. 한편 『서유기』는 서천취경의 험난한 길을 헤쳐 가는 요마가 주인공으로, 요괴는 요괴의 본성만이 아니라 더욱 인간적인 감성과 행태를 지니며 인간세상의 모습을 그대로 담고 있다. 인간의 욕망을 노골적으로 그려 내는 『금병매』의 세계는 그 자체의 묘사를 보여 주기 위한 것이라기보다 세상을 살아가는 사람들에게 반면교사로서 드러내는 경계의 의미가 더욱 크다고 할 수 있을 것이다.

사람과 사람의 관계 속에서 가장 값지고 중요한 것은 마음을 가득 채우는 신의의 정상이나, 세상의 인정세태를 각박하기 그지없지만 고단한 삶의 현장에 언제나 힘과 용기를 북돋아 주는 것은 따뜻한 인정과 변치 않는 충의라고 할 수 있다. 마음을 가득 담은 정성이야말로 원만하고 순탄한 인간관계를 맺을 수 있는 가장 소중한 자산이며 올바른 일에 몸과 마음을 바치는 태도는 세상을 살아가는 인생의 지표가 된다. 사대기서를 통해서 고금을 관통하는 인생의 지표를 다시 한번 살펴보는 것은 의미 있는 일이 될 것이다.

최용철

고려대학교 중문과를 졸업하고 국립타이완대학에서 석사와 박사 학위를 받았다. 중국소설을 전공하고 박사논문으로 「청대 홍루몽학의 연구」를 냈다. 고려대학교 중국학연구소 소장과 민족문화연구원 원장을 지냈고 중국소설학회, 중국어문연구회, 동방문학비교연구회 회장을 역임했다. 고려대학교 중문과 명예교수로 있으며, 한국홍루몽연구회 회장으로 한국의 홍학 연구를 이끌고 있다. 저서로 『중국소설의 이해』(공저), 『전등삼종역주』, 『홍루몽의 전파와 번역』 등이 있고, 역서로 『홍루몽』(공역) 등이 있다.

1
진실한 마음을
전하는 조건

● **중국 전통의 충의와 인정세태**

사대기서四大奇書는 중국 명나라 때 나온 뛰어난 장편소설 네 가지를 아울러서 일컫는 말입니다. 세상에 나온 기이한 책들 중에서 굳이 네 가지를 선정한 것은 사서四書 출현 이후의 전통을 따른 것이지요. 당나라 때 문언소설인 전기傳奇가 흥성하였고 송나라 때 백화단편의 화본話本이 나와서 이를 기초로 차츰 장편소설이 형성되었습니다. 그리고 명나라 때에 비로소 그 꽃을 피우게 된 것입니다. 수많은 장편 중에서 네 작품이 유형별 대표작으로 선정되었으니, 바로 국가 창업을 위해 지략을 겨루는 『삼국지三國志』, 정의의 이름으로 사회악을 물리치려는 『수호전水滸傳』, 수많은 난관을 헤치며 불경을 구하러 가는

『서유기西遊記』, 그리고 끝없는 욕망으로 질주하나 패가망신하는 『금병매金瓶梅』입니다. 사대기서의 이름으로 명예의 전당에 오른 작품들은 묘사대상은 물론 시간과 공간도 다르며, 드러내고자 하는 주제가 같지 않음에도 긴밀한 상호 관련성을 갖고 있습니다. 사대기서는 청대의 『홍루몽紅樓夢』과 더불어 중국소설 최고의 명작으로 자리매김하여, 우리나라는 물론이고 동아시아 여러 나라에 일찍부터 전해져 오늘날까지 널리 읽히고 있으므로 이제는 우리 모두의 고전이 된 셈입니다.

사대기서에서 다루는 내용은 서로 다르지만 공통점 하나를 뽑아보라면 '충의忠義'가 아닐까 합니다. 충의는 중국 전통문화를 드러내는 중요한 키워드입니다. 충의는 춘추전국 시대로부터 국가 창업의 역사에서나 사회 혁신의 소용돌이에서 늘 사람들의 화두가 되어 왔습니다. 『삼국지』나 『수호전』에서 이러한 기조를 유지하게 된 것도 오랜 역사적 맥락과 궤를 같이 하지요. 전혀 다른 형태의 이야기인 『서유기』와 『금병매』의 경우에도 변형된 형태의 충의가 담겨져 있으면서 독자에게 반면교사가 되는 것은, 개인의 삶과 사회공동체의 활동에서 충의의 이상을 완전히 벗어나기 어렵기 때문일 것입니다. 한편 인정세태의 모습은 신불과 요마의 세계에서 현실감 있게 그려지고 있는데, 비록 환상적 세계이긴 하지만, 요마들은 의형제를 맺고 신불은 노골적인 뇌물을 요구하며 신불의 곁가지로 파생된 요마들도 숱하다는 점에서 불공평하고 복잡한 인간세계와 다를 바 없음을 확인할 수 있습니다. 또 주색재기를 추구하는 상인계층의 가정생활에서는 더더욱 구체적이고 현실감 있게 드러납니다. 주색재기의 인간적 욕망을 핍진하게 그리는 『금병매』는 그 자체가 인간의 가장 저열하고 사악한 본성을 보여 주는 반면교사로서의 경고라고 할 수 있겠습니다.

● **고금을 아우르는 인생의 지표**

중국 전통시기에 충의는 참된 인생의 지표로 사용되었습니다. 사람의 됨됨이를 평가하는 중요한 바로미터였지요. 그래서 사람들은 역사 속에서 충의의 인물을 찾아내어 모델로 삼는 동시에, 구체적이고 감동적으로 충의의 모습을 묘사한 장편소설에서 관우와 송강의 이미지를 점점 신격화했습니다.

소설 『삼국지』는 국가창업의 과정을 그린 대하드라마입니다. 등장하는 영웅호걸 중에 임금에게 충성하고 동료에게 의리를 지키는 인물은 필수불가결한 요소였습니다. 한나라의 부흥과 계승이라는 촉한 정통사상의 기조 위에서 만들어진 소설 『삼국지』는 무게 중심을 필히 촉한에 두어야 했고, 이야기는 유비와 관우, 장비의 도원결의로 시작하여야 했으며, 이들 사이의 충의는 소실의 조섬이 되지 않을 수 없었습니다. 관우는 의리를 굳건하게 지키는 형제로서 천고의 명장이 되었고, 제갈량은 충직하게 나라를 보필하는 신하로서 천고의 명재상이 되었습니다. 이들에 대한 성공적인 묘사는 곧 소설의 성공으로 이어졌고 훗날 이들에 대한 민중의 추앙과 신격화가 이루어지는 계기가 됩니다.

『수호전』은 사회정의를 실현하기 위한 재야 영웅들의 봉기를 그린 소설입니다. 얼핏 보면 불공평한 사회에 불평과 불만을 품은 반역자들이 세상을 뒤집고 나라를 전복하려는 상황을 그린 것으로 보입니다. 물론 그러한 인물이 없는 것은 아닙니다. 여러 가지 사정으로 억울하게 누명을 쓰고 죄인이 되어 선량한 민초에서 어쩔 수 없이 노상강도로 변신한 인물들이 각각의 경로를 통해 양산박으로 몰려듭니다. 아무런 편견 없이 다 함께 형제처럼 살아갈 수 있는 의로운 땅, 양산박에는 취의청聚義廳이 있었고요. 이곳에서는 강호의 의리를 최고의 가치로 삼고 백팔 명의 영웅들이 모두 호형호제하면서 자신들의 지상낙원을 구축하려고 힘썼습니다. 그들의 세력이 점점 커지고 영향력이 점점 확대되자, 외부의 압력 또한 강하게 부딪쳐 왔고 마침내 조정의 토벌군이 들이닥쳤습니다. 양산의 주인이 된 송강은 호걸들의 미래를 걱정하면서 자신들의 주적을 조정의 간신배로 분명히 제한하고 송나라 황실에 대한 충성을 노골적으로 드러냈습니다. 이 책이 국가창업의 소설이 아닌 사회개혁의 소설로 자리매김한 이유가 드러납니다. 취의청의 현판을 충의당忠義堂으로 고쳐 달면서 강호 영웅들의 의리에 앞서 나라에 대한 충성을 드높이 내세운 것은 송강이 이끄는 양산박 집단의 또 다른 생존전략이었습니다. 조정에 귀순한 양산군은 관군으로 편입되었고, 나라의 안위를 위해 외적을 물리치고 진짜 반군의 토벌을 위해 목숨을 바치며 끝내 최종 해체의 과정을 거칩니다. 슬픈 결말이지만 충의의 실현이라는 점에서 주인공 송강은 담담하게 받아들입니다.

　오늘날의 삶에서 충의란 무슨 의미가 있는 것일까요. 현대 사회에서 국가에 대한 무조건적인 충성과 조폭 집단의 저급한 의리를 다시 논할 필요는 없겠습니다. 그러나 충과 의를 소중한 덕목으로 재조명할 필요는 있습니다. 충이란 마음을 가득 채우는 정성이고 의란 올바른 일에 대한 결연한 태도입니다. 스스로의 삶에도 정성이 필요하거니와 사회적 대인관계에서는 더더욱 진실한 마음이 중요하겠지요. 겉으로만 대하여 속마음을 숨기고 사는 형식적인 태도로는 국제관계에서나 개인적인 교류에서 성공할 수 없습니다. 진정한 마음의 교류만이 건전하고 튼튼한 관계를 이어 가게 합니다. 다만 용어의 쓰임새가 다를 뿐 충의의 마음은 고금이 다르지 않을 것으로 생각합니다.

진정한 마음의 교류를 위하여, **충의**

2

사대기서의
충의와 인정세태

● 　삼국지의 관우와 제갈량

　　이제부터는 사대기서를 하나하나 살펴보면서 작품 속의 충의
와 인정세태를 이야기해 보고자 합니다. 먼저 『삼국지』를 보실까요?

　　『삼국지』에서 유비집단의 핵심은 도원결의桃園結義를 통해 의형제를
맺은 유비, 관우, 장비입니다. 중국소설에는 다양한 결의 장면이 나
오지만 그 원조는 단연 유비 삼형제의 도원결의지요. 결의형제로서
의 굳건한 유대관계는 난관을 제치고 촉한을 형성하는 자양분이 되
었습니다. 하지만 유비가 촉한의 황제로 등극한 이후에는 형제의 관
계에서 군신의 관계로 변했음에도 불구하고 여전히 의리만 고집스럽
게 강조하다가 국가발전의 대세를 잃게 됩니다. 관우의 죽음으로 출

동준비를 하던 장비가 뜻밖의 죽음을 당하게 되고, 두 아우의 죽음 앞에서 유비는 국가의 장래나 외교적 전략은 물론이요, 군사참모인 제갈량의 권고까지 무시한 채 무리하게 동오와 전쟁을 벌입니다. 이때의 유비는 한 나라의 중심이 되는 제왕으로서 냉철한 평정심을 가진 현명한 지도자가 아니었습니다. 도원결의에서 맺었던, '동시에 태어나지 않았지만 동시에 함께 죽기를 바란다'고 했던 그 말에 얽매여 있었다고 볼 수 있겠습니다. 유비는 두 아우와의 의를 지키기 위해 자신의 직책을 남용하여 군사를 동원하고 전쟁을 일으켰으니, 다분히 감정적인 대응이었지요. 다만 결의형제들에게는 그야말로 의리를 지키는 사나이의 인상을 남겼습니다.

제갈량은 유비의 삼고초려로 맺어진 군신관계로서 순수한 충성을 대변하는 인물입니다. 유비는 백제성에서 죽음을 앞두고 제갈량에게 아들 유선을 부탁하면서도, 만약 그가 제왕의 그릇이 되지 못할 것 같으면 직접 나라를 맡아 달라고 했습니다. 어렵사리 세운 나라를 온전하게 지키려는 뜻에서 한 말이었겠지요. 제갈량은 변치 않는 충성심으로 후주 유선을 끝까지 곁에서 지키며 재상으로서 북벌을 위해 평생을 바쳤습니다. 하기야 애초부터 유비는 제갈량이 나라를 찬탈할 줄 모르는 위인임을 알고 있었을 것입니다. 오로지 충성으로 똘똘 뭉친 인물임을 확연히 알았으니 그런 부탁을 하지 않았을까요?

도원결의는 이상적 인간상을 그려 내기 위한 기초적 장치였습니다. 작가는 도원결의라는 기제를 통해 전쟁과 고난의 과정에서 의형제라는 깊은 유대관계가 얼마나 인간의 용기를 북돋우며 절망을 딛고 일어서는 강인한 힘을 주는지 보여 주고자 했습니다.

> 유비, 관우, 장비가 비록 성은 다르오나 이미 의를 맺어 형제가 되었으니 마음과 힘을 합하여 어려운 사람을 도와서 위로는 나라에 보답하고 아래로 백성을 평안케 하려고 하는바, 비록 같은 해 같은 달 같은 날에 태어나지는 못했지만 같은 해 같은 달 같은 날에 죽기가 소원이오니 천지신명이 굽어 살펴 주시기를 바라옵니다.

같은 성씨가 아니니 당연히 친형제가 될 수 없으나 형제처럼 지내자고 하는 것이 바로 의형제입니다. 실제 친형제 간에도 얼마나 많은 사람들이 반목하고 갈등하며 생사를 갈라 다투고 있는지는 누구나 압니다. 멀리 갈 것도 없이 원소와 원술이 그러했고, 원소가 죽은 후에는 아들 삼형제가 갈라져 다투다가 가업을 모두 망치고 말았지요. 조조의 아들 중에도 조비와 조식이 서로 갈등하여 「칠보시七步詩」를 남긴 것은 유명한 일화입니다. 그러한 마당에 유비와 관우, 장비의 끈끈한 의형제 이야기는 실로 만고의 미담이 될 수밖에 없겠지요. 더구나 대업을 일으키고 나서 불과 얼마 후에 각각 불행하게 서둘러 생을 마무리하는 과정도 실로 극적이라 할 수 있으니 넉넉히 소설의 핵심 주제가 될 만합니다.

『삼국지』에서 의로움의 화신은 관우입니다. 그래서 관우를 의절義

모두의 인문학

絶로 꼽습니다. 관우의 의로움은 우선 유비와의 관계에서 드러납니다. 관우가 조조에게 사로잡혔을 때 내세운 조건은 유비의 행방을 알게 되면 곧바로 그곳으로 달려가겠다는 것이었습니다. 조조가 온갖 선물을 보내면서 환심을 사려고 해도 끄떡도 않던 관우는 하루에 천리를 달릴 수 있는 적토마를 주자 기뻐하는 기색이 역력하였는데, 조조가 까닭이 궁금하여 물었더니 대답이 걸작이었습니다.

유비 형님이 계시는 곳을 알기만 하면 곧바로 이 천리마를 타고 서둘러 달려갈 수 있기 때문입니다.

관우가 놀라운 선물에 감동하여 자기편에 서 주기를 은근히 기대하면서, 동탁에게서 여포로 전해졌다가 자신의 손에 들어온 적토마를 선뜻 내준 조조는 그 말을 듣고 크게 실망하여 쓴웃음을 짓고 말았습니다. 관우는 머지않아 조조를 위해 전장에 나서서 원소 수하의 장수를 죽이고 또 유비가 그곳에 머물고 있다는 소식을 접하고는 두말 없이 조조를 떠납니다. 단기필마로 오관을 넘는 동안 여섯 장수를 베는 동시에 유비의 두 부인을 호위하여 천리 길을 달려가는 의로운 관우의 눈물겨운 노력은 『삼국지』의 가장 인상적인 장면으로 남습니다.

의형제 셋은 뭉쳐 있을 때 빛이 납니다. 그러나 그들은 조조의 계산된 공략으로 서로의 소식을 전할 겨를도 없이 흩어졌습니다. 유비는 원소의 진영으로 달아나고 장비는 작은 성 하나를 빼앗아 차지하고 있었습니다. 유비의 두 부인을 모시는 막중한 임무를 띠고 하비성을 지키던 관우는 끝내 조조군에 항복할 수밖에 없는 마지막 단계에 이르렀지요. 하지만 관우는 그냥 호락호락 항복할 인물이 아니었습니다. 장료가 중간에서 다리를 놓고 조조를 설득해 관우의 조건을 받아들였습니다. 이때 항복을 권유하자, 자결을 하겠다고 으름장을 놓는 관우를 설득하는 장료의 말에도 도원결의의 의리가 들어 있습니다. 장료는 "'살아도 함께 살고 죽어도 함께 죽는다'는 맹세를 저버리고 지금 일시 패전했다고 하여 형님과 아우가 어디에 있는 줄도 모르고 덜컥 죽어 버린다면 그야말로 필부의 만용일 뿐이니, 훗날의 대업을 기약하기 위해 일시 몸을 숙이고 조조의 막하에서 목숨을 부지하다가 형제들의 거처를 알고 나면 그때 만나서 다시 대사를 도모할 수 있지 않겠느냐'라고 설득했습니다. 관우는 바로 그 희망의 말에 수긍하고 항복의 명분과 조건을 내세웠던 것이지요. 항복하면서 무리한 조건을 내걸고 또 그 조건을 선선히 받아 줄 수 있는 사람은 아마도 관우와 조조밖에는 없을 듯합니다. 그만큼 패자인 관우는 당당했고 승자인 조조는 관우의 마음을 사기 위해 최대한 양보했습니다. 심지어 '유비의 행방을 알게 되는 순간 곧바로 떠난다'는 말도 안 되는 조건에 참모들은 모두 반대했지만 조조는 통 큰 양보를 통해 관우의 마음을 살 수 있을 것으로 기대하면서 수락했습니다.

조조와 관우의 인연은 길고 끈질겼지만 끝내 하나의 팀이 되지는 못했습니다. 관우의 용맹과 의리에 매료된 조조의 일방적인 짝사랑일 뿐이었지요. 그들의 첫 대면은 원소가 기치를 내걸고 소집한 동맹군이 동탁군과 싸울 때였습니다. 관우가 화웅을 대적하겠다고 나섰을 때 원술은 아무 지위도 없는 관우를 대뜸 무시했지만 조조는 오히려 그를 격려하며 술잔을 따라 주었습니다. 술잔의 술이 식기도 전에 화웅의 머리를 베어 오자, 조조는 관우 같은 영웅이 유비의 수하에 있는 것을 매우 아쉬워했습니다. 관우가 조조에게 사로잡혔을 때 조조는 최대한 존경의 예를 표하였고 그의 요구를 거의 들어주었는데, 간웅 조조로서는 어느 누구에게도 베풀어 보지 않았던 특별대우였습니다. 그러다 적벽대전에서 대패한 조조가 화용도로 도주하고 있을 때 마지막 진을 치고 있던 관우를 마주칩니다. 관우는 만신창이가 되어 나타난 조조를 충분히 사로잡을 수 있었음에도 불구하고 자신에게 베풀어 주었던 지난 일을 생각하여 그를 슬그머니 놓아줍니다. 관우의 의로움이 최고로 빛을 발하는 순간이었습니다. 비록 적이었지만 의로움에는 의로움으로 대하는 그의 태도에 모든 독자들이 감동하는 것이지요. 소설은 바로 그 대목을 위해서 앞서 조조의 친절과 환대를 열심히 그렸는지 모르겠습니다. 유비와 조조는 처음부터 서로가 영웅임을 알아챈 인물들이었지만 결국 대결 국면으로 가게 되었고, 관우는 바로 그 사이에 의로움으로 연결고리를 끼운 인물이었던 것입니다.

관우의 의로움과 너그러움이 오나라 쪽에도 조금만 더 베풀어졌다면 불행한 결말은 없었을 테지만, 그의 자부심과 경직된 고집은 일순간 자신의 목숨을 잃게 하고 촉한으로서는 더할 나위 없이 소중한 형주 땅을 잃게 만들었습니다. 그뿐만 아니라 먼저 장비, 이어서 유비마저 잃어 촉한을 위기로 끌어들이는 결정적 도화선이 되었습니다. 도원결의를 맺으면서 내뱉은 말이 씨가 되어 화살처럼 되돌아온 것인지도 모릅니다. 그들은 짧은 시간 내에 연이어 목숨을 잃었습니다. 세 사람의 의로움은 성공적으로 마무리되었을지 모르지만, 대업을 달성하고자 했던 원대한 꿈은 더 이상 이어 갈 수 없게 되어 버리고 말았습니다.

삼국인물의 삼절三絶은 의절義絶 관우, 간절奸絶 조조 그리고 지절智絶 제갈량을 말합니다. 제갈량은 신출귀몰한 지혜와 전략으로 촉한의 성립을 가능하게 했고, 유비의 사후에도 후주 유선을 도와 재상으로서 나라를 이끌었습니다. 그의 지혜와 전략은 일반인의 상상을 뛰어넘는 기발함으로 소설의 흥미를 더하고 있지만, 여기서는 충의의 시각에서 살펴보려 합니다. 다들 아시다시피 유비가 제갈량을 만나는 대목이 그 유명한 '삼고초려'입니다. 유비는 형주의 유표에게 의지하여 조조의 침공을 막아 내려고 하는데, 책략가인 서서를 얻어 일시적인 승전의 맛을 보고 나서 비로소 참모의 중요성을 절감하고 인재를 얻고자 발 벗고 나서게 됩니다. 이미 의형제로서 무공이 뛰어난 관우와 장비가 있고 또 원소 진영에 있을 때 합류한 조운 같은 장수가 수하로 있었지만 싸움에는 전략이 필요했던 것이지요. 이제 본격적으로 그룹을 형성하여 조조에 대항하는 전략적 기반을 마련해야 하는 유비로서는 천하대세를 살피고 정보를 분석하며 상황을 판단할 수 있는 뛰어난 참모가 절실히 필요하다고 생각되었습니다. 와룡선생 제갈공명에 대한 소문이 여기저기서 들려왔고 마침내 세 차례 거듭 찾아간 끝에 직접 대면하게 되었습니다. 그리하여 역사상 인재를 간절하게 구하려고 노력하는 지도자의 모습은 아직까지도 늘 삼고초려의 모습으로 정형화되곤 합니다.

제갈량은 이때 27세의 젊은이였고 유비는 47세의 중년으로서 이미 유황숙으로 이름난 영웅의 일원이었지만 아직 제후의 기반을 마련하지 못한 상태였습니다. 제갈량이 자신이 모셔야 할 주군을 기다리고 있었다고는 하지만, 어쨌든 유비의 세 차례 방문은 제갈량을 감동시켰고 평생을 그에게 투신하여 충성을 다할 것을 다짐했습니다. 제갈량은 융중의 첫 만남에서 천하대세를 논의하고 삼분지계를 제의하였고 북방의 조조, 동오의 손권과 더불어 서촉西蜀을 중심으로 하는 삼분정립의 원대한 국가창업 전략을 추진하기 시작했습니다. 유비에 대한 그의 충성은 절대적이었지만 의형제로 맺어진 유관장 삼인의 관계에 대해서는 때로 난감하게 여기고 있었는데, 결국 충과 의의 충돌 상황이 일어나면 커다란 어려움을 겪게 될 것이기 때문이었습니다.

제갈량은 삼국정립의 상황에서 동오의 손권 세력과 연합하여 북방의 조조군을 막아 낸다는 전략을 취했습니다. 동오에서 벼슬을 살고 있는 친형 제갈근과의 관계 때문만은 아니었을 것입니다. 그들 형제는 서로 친밀하게 왕래하고 있었지만 국가대사의 이익을 앞에 두고 사사로운 생각을 하지는 않았지요. 제갈량과 관우가 서로 다른 생각과 행동을 하게 된 것은 그들의 출신과 성격이 다르기 때문이기도 했지만, 문제는 그들의 상하관계가 매우 모호했고 유비의 태도도 어정쩡했다는 데에 있었습니다. 유비는 관우에게는 의형제로서 장형이었지만, 제갈량에게는 충성을 바쳐야 하는 절대적인 주군이었습니다. 제갈량은 전략을 짜고 전쟁을 지휘하는 군사軍師의 지위를 갖고 있었으므로 관우는 마땅히 그 수하에서 지휘를 받아야 했습니다. 관우가 제갈량의 전략에 따라 적벽대전에서 화용도의 마지막 관문을 지키는 역할을 맡았지만 앞서 조운과 장비가 놓친 조조를 잡을 수 있는 절호의 기회를 스스로 내주고 말았습니다. 조조와의 의리 때문이었지요. 적과의 의리 때문에 적을 사로잡아야 하는 순간까지도 국익에 충성하지 않고 사적인 의리를 생각했다는 것 자체가 일종의 직무유기이며 반역적 발상이었습니다. 그의 개인적 명성을 영원히 새기는 계기는 되었겠지만 제갈량의 전략적이고 원대한 포부에 해를 끼치는 결과를 초래하고 말았습니다. 그럼에도 주군의 의형제라는 이유로 군법 처벌을 받지 않은 그는 형주를 지키다가 조조와 손권 두 진영을 모두 적으로 몰아 협공을 당하게 되면서 결정적인 패전의 장수가 됩니다.

제갈량이 그토록 강조하면서 동오와의 화해를 전략으로 내세웠지만 그에게는 마이동풍이었고, 제갈근이 사신으로 왔을 때는 체면치레로도 점잖게 대접하지 않았습니다. 손권은 사로잡힌 관우를 달래며 설득했지만 오로지 고집으로 일관한 그에게 더 이상의 관용은 없었습니다. 앞서 관우를 사로잡았던 조조가 무엇인가를 기대하면서 일방적 호감을 표했지만 관우의 고집을 꺾지 못했던바, 그러한 전력은 손권이 관우에게 아무런 기대를 갖지 못하게 만들었습니다. 처형된 그의 머리는 조조에게 보내지고, 조조는 옛정을 생각하여 성대하게 장례 지내 주었으니 오늘날 낙양의 관림關林이 그곳입니다. 제갈량으로서는 관우야말로 자신의 전략을 망치는 단초가 되고 있음에 안타까움을 금할 수 없었을 것입니다. 하지만 어쩌겠습니까! 관우의 죽음으로 야기된 장비의 죽음, 이어서 유비의 무리한 동오 정벌, 그러다 패전하고 백제성에서 유비의 임종을 지켜보게 된 제갈량은 오로지 마음으로 충성을 다짐할 뿐이었습니다. 나라를 통째로 넘겨받았음에도 불구하고 선주의 유언을 실행하겠노라고 후주에게 「출사표出師表」를 두 번씩 올리면서 수차례의 북벌을 감행한 제갈량은 같은 상황하에서 위나라의 권력을 장악하고 끝내 정권을 탈취한 사마씨와 크게 대비되어 더욱 충신의 사표로 후세에 이름을 전하고 있습니다.

● 양산호걸은 역적인가 충신인가

　　『수호전』은 양산박 108명 전체가 결의형제라고 할 수 있습니다. 조개는 양산박의 왕윤으로부터 산채를 빼앗아 본래 있었던 인물과 자신이 데려간 인물 그리고 차후에 들어오는 인물들로 서서히 규모를 갖추고 있었는데, 그 대청을 취의청聚義廳이라고 명명했습니다. 즉 초기 양산박의 성격을 규명하는 키워드는 바로 강호 영웅들의 의리입니다. 상하의 자리가 안배되고 업무가 분담되었지만 호칭은 언제나 형님과 아우로, 강호의 호걸이 모두 의형제라는 개념이었습니다. 의형제는 배신하지 않고 의리로 서로를 지키는 인물입니다. 『수호전』의 성격을 가장 잘 나타내는 말이 바로 이 형제간의 의리이지요.

그런데 조개가 죽고 송강이 두령이 된 후에는 충을 생각하기 시작합니다. 송강은 급시우及時雨, 호보의呼保義라는 별명을 갖고 있는데, 즉 의로운 사람을 항상 도와주는 의로운 인물임을 드러내는 별명입니다. 그러나 그는 양산박 군단의 지도자가 된 이후에 수많은 형제들의 장래를 걱정하여 좀 더 거대한 명분을 내세우고자 합니다. 이른바 반란의 끝을 생각하고 있었던 것이지요. 그는 자신들이 관군에 대항하고 조정의 명을 듣지 않는 것은 조정에 가득한 간신들과 부패한 탐관오리를 제거하고 백성들을 대신하여 불평과 불만을 드러내기 위해서라고 주장합니다. 따라서 조건이 충족된다면 언제나 황제의 초안招安을 받아서 조정에 귀순하고 나라를 위해 외적을 막아 내며 반란의 주모자를 처단하는 데 나서겠다는 것이었습니다. 송강은 그것만이 자신들의 불명예를 씻을 수 있는 유일한 자구책이라고 생각했습니다. 애초부터 위정자들이나 고관대작의 허위를 부정적으로 보던 흑선풍 이규나 행자 무송 등은 송강의 귀순 방침에 동의하지 않았지만, 그래도 결국은 송강의 설득에 갈등을 해소하고 다 같이 귀순합니다. 그들은 송나라 관군의 자격으로 북으로는 외적인 요나라를 정벌하고 남으로는 반란군 방랍의 토벌에 나섭니다. 그때 많은 인물이 희생되었고 나머지 일부 인물 가운데 개선하여 관직을 받은 사람도 결국 조정의 간신들로부터 해를 당합니다. 노준의와 송강도 그렇게 죽었지요. 나라에 대한 충성으로 반역의 불명예를 씻어 내리던 원대한 꿈은 잠시 이루어지는 듯했지만 결과적으로는 모두 비극으로 끝맺고 말았습니다. 그래서 『수호전』의 인물들은 의에 있었지만 충을 추구하면서 오히려 비극으로 치닫게 되었다고 하는 것입니다. 송강이 취의청을 충의당忠義堂으로 바꾼 것과, 판본의 명칭 중에 『충의수호전』이 있음은 이 책에서 충의가 지닌 결정적 위상을 보여 준다고 할 수 있습니다.

● 　　요마의 본성과 손오공의 인간성

　　『서유기』는 삼장법사가 손오공과 저팔계, 사오정을 데리고 고난의 역정을 지나 서역을 통과하여 불법을 가지러 가는 과정을 그린 모험소설이자, 그 과정에서 진정한 자아를 깨달아 가는 구도소설이기도 합니다. 등장인물은 대부분 신불과 요마입니다. 도교와 불교의 신들이 총망라되어 있고 다양한 요괴와 마귀가 쏟아져 나옵니다. 하늘 궁전에는 옥황상제와 왕모낭랑, 태상노군과 탁탑천왕이 있고 손오공에게 우호적이었던 태백금성도 있습니다. 땅속과 물속에는 염라대왕과 동해용왕이 있으며 서우하주에는 손오공에게 일흔두 가지 술법을 가르친 수보리조사가 있지요. 당초 제자인 금선자를 쫓아내 동토에 환생시켜 삼장법사가 되게 한 여래부처님과, 삼장법사에게 서천취경의 길을 안배한 남해관음도 시종 등장하여 손오공을 제압하고 또 손오공이 해결하지 못하는 난관을 헤쳐 나가도록 도와주기도 합니다. 손오공도 당초 마왕의 일원이었습니다. 천궁소동을 일으킨 후에 천군에 대항하다가 잡혔으나 태상노군의 팔괘로에서 살아남았고, 마침내 여래부처님의 손바닥에 다시 잡혀 오행산 바위 아래 눌려 있었던 것입니다. 그는 오백 년이 지난 후에 삼장법사에게 구출되어 서천취경길의 호위를 맡았고, 우마왕, 육이미후, 황포괴, 백골정 등 숱한 요마들과 치열하게 싸우게 됩니다.

그런데 『서유기』에 과연 충의라는 것이 있기는 할까요? 우선 쉽게 찾아볼 수 있는 것은 결의형제의 이야기입니다. 요마들의 결의형제라니, 특이하고 엉뚱하게 느껴지네요. 손오공이 화과산에서 천지일월의 정기를 타고 돌알에서 태어난 후 널리 무예를 펼치고 영웅호걸을 찾아다니다가 7인의 의형제를 맺은 바 있으니 우마왕, 교마왕, 붕마왕, 사타왕, 미후왕獼猴王, 우융왕 그리고 자신인 미후왕美猴王까지 모두 일곱 마왕이었습니다. 이들이 결의형제를 맹세하는 의식을 보여주는 대목은 없으나 후에 손오공이 천궁을 다녀와서 스스로 제천대성齊天大聖으로 격상했을 때 다른 의형제들도 이에 따라 평천대성, 복해대성, 혼천대성, 이산대성, 통풍대성, 구신대성 등 대성의 돌림자로 고친 것을 보면 이들의 끈끈한 관계가 한동안 이어졌던 것으로 볼 수 있겠습니다. 이 대목은 그냥 단순하게 덧붙인 게 아닙니다. 손오공이 서천취경을 나선 삼장법사를 모시고 가다가 우마왕 가족과 부딪치는 장면이 나오는데, 일찍이 맺은 의형제 관계를 잊지 않고 그의 아내 철선공주를 형수님으로, 그 아들 홍해아를 조카로 부르면서 가능하면 정면으로 대결하지 않기를 바라지요.

손오공이 서천취경길에 맺은 의형제도 있으니 바로 땅의 신선 진원대선입니다. 손오공이 오장원의 인삼과를 따 먹으며 진원대선의 정원을 엉망으로 만들어 놓아 한바탕 싸움이 벌어졌지만, 관음보살의 도움으로 원상복귀를 하고 두 사람이 결의형제를 맺었습니다. 진원대선은 잡아 온 손오공을 끓는 기름 솥에 넣었지만, 손오공이 솥의 바닥을 뚫고 나오자 그 재주를 아깝게 여기고 원상복귀만 한다면 결의형제하겠다고 약속했기 때문입니다. 두 사람의 겉모습으로 본다면 젊은 청년과 할아버지와 같은 차이가 나지만 예로부터 나이 차이를 떠나 망년지교忘年之交를 맺는 오랜 전통이 있었으므로 형제라는 동등한 항렬로 맺어진 것입니다. 하기야 손오공의 나이를 굳이 따져 보자면 오행산에 눌려 지낸 것만도 이미 오백 년이나 되어 결코 어리지 않으니 신선의 나이 따위에 기가 눌릴 리 없었을 테지요. 요마와 신선의 세계에서도 인간세계와 다름없이 의형제 맺기를 좋아했다는 말입니다.

『서유기』에서 충의를 말하려면 삼장법사에 대한 손오공, 저팔계, 사오정의 충성과 그들 상호 간의 의리를 말해야 합니다. 하지만 막상 분석해 보고자 하면 결코 단순치 않습니다. 『삼국지』에서 보여 주는 유비, 관우, 장비 혹은 제갈량 등의 인간관계와는 직접적으로 비교하기 어려운 점이 있기 때문입니다. 삼국의 인물은 인간세계에 통용되고 회자되는 정통 충의사상을 품고 있습니다. 하지만 취경단의 인물 구성 단계에서 드러나는 여러 가지 장치들은 인정세태의 다양한 모습을 풍자적으로 보여 줄 뿐입니다. 손오공을 구출하여 취경단의 가장 든든한 호위무사로 삼은 삼장법사는 관음보살의 지시로 거짓 수단을 써서 손오공의 머리에 긴고아緊箍兒의 테를 씌웁니다. 손오공은 오행산 바위 아래에서 자신을 구출해 준 삼장법사를 진정 생명의 은인이자 고마운 스승으로 여기면서 서천취경의 임무를 완수하려는 굳은 의지와 각오를 갖고 있었지만, 스승은 오히려 제자의 요마 근성을 믿지 못했던 것이지요. 삼장법사뿐만 아니라 여래부처님이나 관음보살도 요마 근성의 근본적인 변화를 믿지 않고 있었기에 처음부터 긴고아를 준비해 주었습니다. 결국 요마의 근성을 두려워한 인간이 요마보다도 더욱 간교한 수단으로 요마를 제압할 궁리를 하고 있던 셈입니다.

손오공은 자신의 운명을 바꿔 준 스승에게 충성을 다하고 앞길을 가로막는 그 어떤 난관도 물불을 가리지 않고 해결하고자 했습니다. 자신의 능력으로 해결이 안 되면 곧바로 신선이나 보살을 찾아가 그들을 동원해서라도 반드시 헤쳐 나갔습니다. 그는 팔괘로 안에 49일 동안 갇혀 있다가 눈이 빨갛게 익었지만 또한 요괴의 본모습을 알아낼 수 있는 혜안으로 변했습니다. 요괴가 불쌍한 할머니로 변신하든 가여운 어린아이로 변신하든 실상을 파악하면 다짜고짜 달려들어 여의봉으로 내리쳐서 때려죽이고야 말았지요. 그러나 스승인 삼장법사는 인간의 여린 마음만 갖고 있어서 요괴가 할머니나 어린아이로 위장한 겉모습에 속곤 합니다. 그리고 그 본색을 미처 드러내기도 전에 손오공의 여의봉에 맞아 죽는 요괴를 보면서 깊은 연민과 동정을 보냅니다. 그러고는 되레 손오공을 야단치다가 그래도 분이 풀리지 않으면 긴고아 주문을 외워서 머리 조임테를 사정없이 조여 버리지요. 손오공으로서는 억울하고 분하여 죽을 맛이지만 단단히 통제되고 있는 조임테를 어쩌지 못합니다. 요마의 근성을 드러내려는 의도도 없었건만 자신을 여전히 요마로만 대하는 스승이 원망스러울 뿐이지요. 독자들은 안타까워하면서 손오공에게 공감하고 어리석은 삼장법사를 함께 원망합니다. 뜻대로 늘어나는 여의봉을 마음껏 휘두르며 자유를 만끽하는 손오공에게도 제 뜻대로 못 하고 통제받는 긴고아의 남모를 고통이 있었던 것입니다. 『서유기』의 작자는 손오공의 성불과정을 이처럼 자신의 요마 근성과 싸워 마침내 이겨 내는 과정으로 본 모양입니다.

살생을 금지하라는 불법에 얽매인 삼장법사는 요마를 때려죽였다고 하는데도 여지없이 손오공을 나무랍니다. 후에 손오공의 무죄가 증명되었지만 삼장법사의 고집과 아집도 만만찮습니다. 일단 생명을 때려죽이는 살생은 안 된다는 것이었고, 반면 손오공은 요마는 즉시 때려죽여야 한다는 원칙을 고수했지요. 이쯤 되니 스승과 제자 사이에 과연 진정한 충성과 의리가 있었는지 조금은 의심이 됩니다. 마음에서 우러나오는 충성과 자비의 관계라기보다 통제와 갈등 관계라고 봐야 하지 않을까요?

스승과 제자의 갈등이 과도하게 치닫고 있을 때 드디어 가짜 손오공이 나타납니다. 이른바 '육이미후'입니다. 어디로 보나 손오공과 닮지 않은 데가 없어, 삼장법사도 저팔계와 사오정도 구분해 내지 못합니다. 긴고아 주문을 외우니 둘이 모두 머리가 아파 죽겠다고 데굴데굴 구르며 야단입니다. 이제 무엇으로 이 진짜와 가짜를 구분한단 말입니까. 정답은 없었습니다. 인간세상에서는 그 구분이 불가능했고, 관음보살마저도 구분을 못하여 마침내 여래부처님의 앞에까지 나아가서 판별을 요청했습니다. 사실 가짜 손오공은 그의 마음속에서 싹튼 또 하나의 다른 마음이 형상화된 것이었지요. 진짜 손오공의 마음속에 의심이 들고 본마음이 미망에 빠지면 언제든 가짜가 생겨난다는 것입니다. 요마를 가려내 없애고 힘겹게 싸워서 이겨 내도 스승으로부터 칭찬도 못 받고 오히려 억울하게 야단맞으며 긴고아의 고통을 당해야 하는 현실에 대한 회의가 생겼습니다. '굳이 이렇게 힘들게 사제지간의 갈등을 겪으면서 일행을 이끌고 서천을 가야 하는가. 차라리 혼자서 서천취경의 위업을 달성하고 혼자서 성불하면 되는 것이 아닌가' 하는 마음이 바로 그것이었습니다. 대승불교의 본질은 다함께 성불하라는 것이었으니 이러한 마음은 당연히 잘못된 마음이며, 육이미후의 본모습이 밝혀지자 진짜 손오공은 역시 그 자리에서 그를 때려죽였습니다. 제 마음속에서 독버섯처럼 자라난 거짓 마음의 싹을 송두리째 잘라 버렸지요. 손오공의 본업은 역시 요마를 때려죽이는 일이라고 하겠습니다. 그가 성불했을 때 호칭은 투전승불鬪戰勝佛이었습니다. 원숭이로서의 요마 본성과 싸워 이겨 낸 진정한 자아의 승리자가 된 것입니다.

제자 상호간의 관계는 어떠한지 보겠습니다. 가만히 보면 생각만큼 의리로 똘똘 뭉쳐 있는 것 같지는 않습니다. 저팔계나 사오정을 처음 만났을 때, 싸우지 않고 곱게 말로 끝낸 적이 없는 것을 보면 그렇습니다. 죽어라 싸우다가 마침내 싸움에 지면 비로소 승복하고 제자로 입단합니다. 기본적으로 서천취경의 취지와 고난의 역경을 함께 넘어 협력하고 이해해야 한다는 점에서는 뜻을 같이 하였으나, 대체로 모든 싸움에서 손오공이 중심이 되었고 저팔계는 식욕과 색욕에 사로잡혀 언제나 불평불만이어서 손오공에게 시비를 걸곤 했습니다. 그나마 사오정은 화해를 가장 중요한 덕목으로 삼아서 사제지간의 갈등이나 두 사형 사이의 다툼을 해소하려고 노력했지만, 그것 역시 대단한 의리로 비치는 것은 아니었습니다.

그들의 위대함은 서천취경의 과정에서 밖으로는 요마의 난관을 하나하나 뛰어넘고, 내부로는 갈등과 불화를 이겨 내며, 자신의 흔들리는 마음까지 온전하게 지켜 내고서 마침내 여래부처님이 계신 영산에 도착하여 불경을 구한 데 있습니다. 또한 용마를 포함하여 취경단 다섯이 모두 오성성진五聖成眞을 하게 되었다는 점이 그러하지요. 한편 81난의 마지막에는 예물을 준비하지 않았다는 이유로 백지경전을 받고 또 겹수가 모자란다고 하여 경전을 물에 빠뜨리는 난관까지 설정되어 있었으니 참으로 취경의 길은 지난한 과정이었다고 하겠습니다. 『서유기』는 신불과 요마의 이야기지만 인간적인 욕망과 환상을 가득 담고 세상의 인정세태를 그대로 반영했다고 할 수 있습니다.

● 금병매는 왜 노골적일까

인간의 가장 저급한 욕망을 노골적으로 드러내는 『금병매』에는 호색하고 질투하고 악의에 가득 찬 남녀의 모습이 줄줄이 나타납니다. 더 이상 찾기도 어려운 저질스러운 음행이 난무하는 데다, 인간의 성악설을 믿을 수밖에 없을 만큼 사악하고 음험한 마음으로 가득한 여인을 주인공으로 그리고 있지요. 이는 분명 인정세태의 적나라한 구현일 뿐만 아니라 이른바 반면교사로서, 세상의 선남선녀들에게 보내는 경고의 메시지라고도 하겠습니다.

주인공 서문경은 사업 경영에는 약간의 재주가 있어서 급격히 재물을 모은 덕분에 조그만 벼슬자리를 차지했고, 나름대로 지방 소도시에서 권력의 참맛을 보며 패거리를 몰고 다닙니다. 그러나 극심한 음행으로 자신의 몸을 지키지 못하고 수년간 짧은 젊음을 불태우다 허망하게 사라집니다. 집안의 처첩과 시녀, 노복들에게는 이제 충직한 의리나 예의염치 따위는 남지 않았고, 집안을 다스려야 하는 막중한 책무를 하루아침에 떠안은 오월랑만이 고군분투하는 사이에 사람들은 뿔뿔이 흩어지고 가문은 급속한 몰락의 길을 걷게 됩니다.

『금병매』에서 충의를 논할 만한 인물은 거의 없다고 하겠습니다. 오히려 충의와는 전혀 반대되는 인물들이 득실대고 있을 뿐입니다. 『금병매』의 작자는 『삼국지』나 『수호전』의 인물에게 아이디어를 얻은 이른바 의형제 코드를 마련했는데, 숭정본 『신각수상금병매新刻繡像金瓶梅』에서 첫 회의 회목을 장식하고 있는 「서문경열결십형제西門慶熱結十兄弟」가 그것입니다. 본래 만력본 『금병매사화金瓶梅詞話』에서는 무송이 호랑이를 때려잡는 이야기로 시작되던 것을 그렇게 바꾼 것은 주인공 서문경을 앞세우려는 수정본 작가의 의도라고 하겠습니다. 제10회에서 서문경이 처첩 다섯과 부용정에서 연회를 열어 즐기고 있을 때 마침 화자허와 이병아의 이야기가 나오는데, 이를 계기로 열 명의 패거리 중 죽은 복지도를 대신하여 화자허를 끼워 넣었다는 대목에서 나머지 패거리들의 이름이 등장합니다. 수정본에서는 결의형제의 정식 수순을 갖추기 위해 『삼국지』의 도원결의를 흉내 내었습니다. 먼저 이 내용을 앞으로 옮기고, 본격적으로 결의의 장면을 연출하여 다 함께 옥황묘를 찾아가 형제의 서열을 정하고 천지신명에게 맹세하는 글을 지어 옥황상제에게 고하는 대목까지 만들었지요. 소설의 후반부를 위해 그야말로 철저하게 풍자적으로 꾸며 낸 것으로 보입니다.

옥황묘의 오도관이 맹세의 글을 준비하면서 "누구부터 쓸까요?" 하니, 사람들이 입을 모아 "당연히 서문대관인이 맨 처음이지요"라고 말합니다. 이때 서문경은 겸손한 척을 하며 자기보다 나이가 많은 응백작에게 양보하려고 합니다. 이에 아양과 비위 맞추기에 능란한 응백작이 노골적으로 입에 발린 소리를 합니다.

요즘 돈 있고 세력 있으면 다 되는 것이지, 어디 나이 따위가 중요한가요?

서문경은 마지못한 척 맏이 노릇을 받아들이고, 나머지는 나이에 따라 이름을 써 내려가니 순서는 서문경과 응백작에 이어 사희대, 축일념, 손과취, 오전은, 운리수, 상시절, 복지도, 백래창이었습니다. 후에 복지도의 자리에 화자허가 들어가고 그 아내 이병아의 이야기가 전개됩니다. 본래 만력본에서 화자허와 이병아의 출현을 위한 조치로 등장하던 이 대목은 숭정본에서 당당하게 결의형제의 장면으로 탈바꿈되었는데, 옥황상제에게 고하는 맹세의 글에서는 유명한 구절을 모두 끌어다 쓰고 있습니다. 훗날 서문경 사망 직후 배신의 아이콘으로 변신하여 뿔뿔이 흩어지는 모습과 대비해 보면 작자의 노골적인 풍자와 비판의 의도가 여실히 드러납니다.

엎드려 빌건대 서문경 등이 태어난 날은 비록 다르지만 죽는 것은 한날한시에 죽기를 바라나이다. 결의하는 맹세가 영원히 견고하고 평안과 행복을 같이하며 어려울 때 서로 돕기를 기원하나이다. … 우정이 언제까지나 이어져 하늘처럼 높고 땅만큼 두터워지기를 바라나이다.

그들은 제단에 여덟 번, 서로 간에도 여덟 번 절하고 다시 신전에 절을 하고 지전을 불사르며 예식을 마칩니다. 이들의 결의형제 의식과 맹세는 훗날 비록 아무 소용없는 종잇조각처럼 되었지만, 당시에는 나름대로 소용이 있는 것이었습니다. 서문경에게는 각 분야의 놀이에 능수능란한 이들 패거리가 수하에 똘마니로 있으면서 언제나 자신의 체면을 세워 주고 세상의 온갖 정보를 얻어다 주며 또 시시때때로 자신을 즐겁게 해 주고 있었기 때문에 아주 요긴하게 쓰이는 인적 자원이었습니다. 이들을 위해 제공된 돈푼 약간은 자신의 재산 규모에 비하면 아무것도 아니었으니, '결의형제'는 이들을 장악하기 위해 충분히 투자할 만한 가치 있는 일이었겠지요. 또한 응백작이나 사희대 등의 입장에서도 돈 많고 권세 있으며 주색을 즐기기 좋아하는 서문경을 자신들 패거리의 우두머리로 삼았으니, 손해 보는 일이 아니었습니다. 그들로서는 그저 평소에 능란한 아부실력을 발휘하여 서문경의 기분을 맞추어 주고 적절하게 주변의 정보를 모아서 알려 주며 주색잡기를 함께해서 즐겁게 놀아 주기만 하면 되는 것이었기 때문입니다. 언제나 경제적 뒷받침을 든든히 하고 외부의 세력이 이들을 깔보지 못하게 하며 필요할 때는 언제나 서문경의 후원과 보호를 받을 수 있다는 점에서 매우 유용하고 반드시 필요한 일이었지요. 이러한 의미에서 『금병매』의 결의형제는 매우 현실적인 타협이며 각자의 실질적 생활에 필요한 조치였다고 하겠습니다. 거창한 의리라든지 영원불변의 이론을 강조할 필요가 없는 것입니다.

인정세태는 현실 생활에서의 현상을 보여 주는 것입니다. 관념적 이론과 선언적인 의지의 구현인 충의사상과는 전혀 다릅니다. 그런 의미에서 『금병매』에서는 인정세태의 하나로서 충의를 바라보아야 합니다. 필요하면 충성과 의리를 내세우지만, 필요 없으면 헌신짝처럼 버려지는 것이 바로 『금병매』의 충의였습니다. 그렇다면 그것조차 인정세태의 한 현상이 되고 맙니다.

이 책의 주인공은 지방 소도시의 장사꾼입니다. 굳이 현대식으로 표현한다면 중소 사업가라 할까요? 돈을 버는 재주는 있으나 건전한 사업가는 아니어서, 돈이 되는 일이라면 수단과 방법을 가리지 않습니다. 그리고 현청의 작은 벼슬까지 꿰찹니다. 권세를 가진 벼슬자리는 다시 돈벌이에도 도움이 되고 또 소소한 풍파를 막는 바람막이도 되어 주지요. 이 책의 서두에서 내세우는 경구가 바로 주색재기酒色財氣였던 만큼 서문경은 이 네 가지를 능수능란하게 다룹니다.

집안에는 본처 진씨가 죽은 이후에 계실繼室로 들어온 오월랑 외에도 여러 명의 첩이 들어와 있습니다. 둘째는 기생 출신 이교아이고, 셋째 탁이저가 죽고 그 자리를 메꾼 것이 맹옥루입니다. 이때 서문경은 반금련과 한창 몸을 섞고 열을 내며 오가고 있을 때였습니다. 그 남편 무대를 처치하고 이제 막 집으로 끌어들이려는 순간, 중매쟁이가 돈 많은 과부 맹옥루를 소개하자 그는 놓칠 수 없는 상대임을 직감

했습니다. 맹옥루는 서문경의 남성미에 한눈에 빠져 누가 뭐래도 흔들리지 않았지요. 서문경은 그 재산이 탐났기에 끝까지 서둘러 추진했습니다. 그러고는 하녀 출신 손설아의 머리를 얹어 주어 넷째를 만들고 나서 다섯째로 반금련을 맞이했습니다. 실질 주인공의 출현 과정은 이렇게 뜸을 들이는 법입니다.

또 하나의 주인공 이병아를 끌어들이는 데도 우여곡절을 덧붙입니다. 화자허를 화병에 죽도록 만들고 나서 이병아를 몸 달게 하고 있을 때, 마침 서울(동경, 개봉)에서 불어온 정치적 풍파 때문에 서문경은 대문을 닫아걸고 납작 엎드려 숨을 죽이고 있었습니다. 아무런 연락 없이 소식이 두절되자 참다못한 이병아는 진맥을 봐 주려고 온 의원 장죽산을 새 남편으로 끌어들입니다. 폭풍이 겨우 비껴간 이후 숨통이 트이자, 서문경은 서서히 마각을 드러내 장죽산을 흠씬 두들겨 주고, 제정신을 차린 이병아도 제 분수를 모르는 장죽산을 쫓아내고 마침내 서문경 집의 여섯째 마님이 됩니다.

여자들은 한번 집안에 들어오면 바깥세상을 나돌아 다닐 수가 없었습니다. 갈등과 질투에 의한 진한 싸움이 이전투구처럼 처첩 사이에 진행됩니다. 남다른 미모와 잠자리 솜씨로 서문경의 몸과 마음을 꽉 잡고 있는 반금련은 가족의 화해 따위는 아랑곳없이 제 이득을 위해서, 때로는 아무 까닭도 없이 싸움닭처럼 좌충우돌하며 싸웁니다. 이병아는 악바리같이 달려드는 반금련을 이겨 내지 못하지요. 결국 어린 아들을 먼저 보내고 자신도 뒤따라 무너져 버립니다. 여전히 제정신을 차리지 못한 서문경이 과도한 음욕으로 하루아침에 쓰러졌을 때, 진정으로 서문경의 안위를 걱정하고 집안의 장래를 생각하는 사람은 책임을 떠맡게 된 오월랑 한 사람뿐이었습니다. 집안에 사위 진경제가 있었으나, 장인인 서문경이 임종 시에 특별히 당부했음에도 반금련과의 불미스러운 일로 오히려 쫓겨나고 말았으니, 집안은 무주공산이나 마찬가지였습니다. 결정적으로 서문경의 죽음을 재촉한 반금련은 일말의 후회나 미안한 생각도 없이 서문경의 장례기간에 후안무치의 행태를 벌이는데, 세상 물정도 모르는 진경제와 사통하고 입막음을 위해 시녀인 춘매까지 끌어들여 방탕하게 지내다가 결국 들통나서 쫓겨나 버립니다. 서문경 생전에 무한한 존경과 끝없는 아부로 그를 모시던 결의형제들은 소식을 듣자마자 곧바로 새로운 패거리의 물주를 찾아 뿔뿔이 흩어졌으니, 정녕 결의형제 맹세의 글을 무색하게 합니다. 이것이야말로 진정한 인정세태라는 것이 아마도 작가의 속뜻이 아니었을까요?

김문경, 『삼국지의 세계』, 사람의무늬, 2011.

유용강, 『서유기, 즐거운 여행』, 차이나하우스, 2008.

진기환, 『금병매평설』, 명문당, 2012.

진기환, 『수호전평설』, 명문당, 2010.

최용철, 『사대기서와 중국문화』, 고려대학교출판부, 2018.

사물 세계와 인간 그리고 픽션,
『모비딕』

우리는 세계 속에서 살아가면서도 가장 인간적인 삶을 자유에서 찾는다. 소설 『모비딕』에서 목수와 대장장이는 자신의 일에 지극히 익숙한 것을 넘어 마치 스스로가 나무와 쇳덩이가 되는 듯한 모습이지만, 그 인간적 차원은 부정되지 않는다. 반면 선장은 무한한 용기와 자유를 겸비한 영웅으로 보이지만, 자신의 목표물에 오히려 이끌리고 끝내는 함몰되고 만다. 물건들과 구별되지 않는 듯 보이는 목수와 대장장이, 고래와 함께 사라지는 선장, 그리고 '빛 없는 얼굴'을 한 작살잡이 모두는 상업적 차원을 넘어서 세계와 접하고 그런 가운데 인간적 자유를 누리고 삶의 의미를 획득하려는 우리의 꿈을 담아낸다. 문학은 이러한 소망을 신화적으로 전하고 있으며, 『모비딕』과 같은 장대한 이야기는 세계 속에서 항해하는 우리의 삶의 지도이자 등대가 될 수 있다.

조규형

고려대학교 영문과를 졸업하고 동 대학원에서 석사 학위를 받았으며, 텍사스 A&M대학교에서 영문학 박사 학위를 받았다. 고려대학교 영문과 교수로 재직하며 문학과 문화 이론, 현대 영소설을 연구, 강의하고 있다. 한국비평이론학회 회장을 역임했다. 저서로 『탈식민 논의와 미학의 목소리』, 『해체론』, 『고슴도치 시대의 여우: 세계와 인문구조, 그 틈과 바깥』(한국영어 영문학회 저술상, 2016), 『선물: 한 일상 행위의 인문학적 이해』, 『영미 문학, 어떻게 읽는가: 감성과 실천』 등이 있고, 역서로 『포』, 『모든 것이 산산이 부서지다』, 『문학이론』 등이 있다.

1
목수와 대장장이,
그리고 선장

● **인간과 사물 세계에 대한 의문**

　　미국의 작가 허먼 멜빌의 소설 『모비딕』(1851)은 한 번쯤은 들어 보았을 이야기입니다. 이 소설은 이슈마엘이라는 젊은이가 팍팍한 뭍의 삶을 더 이상 견디지 못하고 포경선 피쿼드호에 몸을 실은 이후에 겪은 일들을 전하는 형식을 취하고 있습니다. 겉 줄거리는 간단하다고 할 수 있는데, 포경선의 선장인 에이합이 이전 항해에서 거대한 흰 고래 모비 딕에게 한쪽 다리를 잃어 고래 뼈로 의족을 한 채 만사를 제치고 그를 추적하여 복수에 임한다는 내용이지요. 어린이용으로 풀어 쓴 책들의 표지에는 항상 에이합과 흰 고래가 그려지는데, 몇몇 영화 포스터 또한 마찬가지입니다. 에이합은 고래를 잡아 기름을 얻는 가장 기본적 임무마저 저버린 채 자신만이 아니라 선원들까지 끈질기게 압박하고, 모두는 끝내 모비 딕에 의해 수장당하는 파국에 이릅니다. 오직 한 사람, 이슈마엘만이 관으로 만든 구명부표를 타고 살아남아 이야기를 전하게 됩니다.

이 소설이 하나의 전설이 된 이유는, 간단한 줄거리와는 달리 고래에 대해서는 백과사전 수준으로 자세히 설명하고 있다는 점입니다. 이러한 정보가 소설의 진행을 방해하는 것인지, 아니면 그 내용과 주제를 더 풍성하게 하는 것인지는 논쟁거리이지만, 결국 독자가 헤아릴 경험으로 남습니다. 고래에 관한 사실들에 더해 화자인 이슈마엘은 이들에 대한 자기 나름의 해석과 사유를 덧붙이는데, 에이합으로 대표되는 다른 인물들과 달리 이슈마엘이 살아남을 수 있었던 이유를 그의 깊은 사유에서 찾는 경우도 많습니다.

소설에서 우선 주목되는 인물들은 선장과 간부급 항해사들 그리고 작살잡이들입니다. 물론 그 이하 선원들의 모습과 대화 그리고 활동도 그려지고 있는데, 특히 이들이 전 세계 모든 곳을 망라한 다양한 지역 출신들이라는 것이 또 다른 주목거리이지요. 이슈마엘은 비록 하급 선원에 불과하지만 이 모든 것을 관찰하고 의미를 부여하며 이야기를 전하는 존재감을 갖고 있습니다. 이런 가운데 소설의 후반부에서 목수와 대장장이의 면모가 별도의 장chapter으로 자세히 다뤄진 것은 이례적이라고 할 수 있습니다.

이슈마엘은 집단으로서의 인간은 단지 한 사람이 복제된 듯한 군상을 이루지만, 많은 선원들 가운데 이 '미천한' 목수는 그렇지 않아 하나의 개인으로 직접 무대에 등장한 것이라고 설명합니다. 목수가 처리하는 잡다한 일을 접하면, 이 험난한 고래잡이 과정에서 그가 차지하는 역할의 중요성에 고개를 끄덕이지 않을 수 없습니다. 그의 가장 중요한 임무는 항해 중에 본선이나 고래를 쫓는 보트, 돛대와 노, 그리고 이런저런 나무 장비들을 부단히 수리하는 일이지요. 하지만 이에 못지않게 그에게 기대되는 부차적 업무와 그 처리 능력에 대한 묘사는 인용의 지면이 아깝지 않습니다.

밧줄 걸이가 너무 커서 구멍에 잘 들어가지 않으면, 목수는 늘 준비되어 있는 바이스에 그걸 끼운 다음 줄로 갈아서 크기를 다듬는다. 깃털이 독특한 육지의 새가 길을 잃고 배에 내려앉았다가 선원에게 잡히면, 깔끔하게 깎은 참고래 뼈를 막대로 삼고 향유고래의 송곳니를 대들보 삼아 탑 모양으로 새장을 만든다. 노잡이가 손목을 삐면, 통증을 누그러뜨려 줄 물약을 조제한다. 이등 항해사 스텁이 자기 보트의 모든 노에 주홍색 별을 그려 넣고 싶어 하면, 커다란 나무 바이스에 노를 하나씩 끼운 다음 좌우 대칭이 되도록 별을 그려 준다. 선원 중에 누군가가 상어 뼈로 만든 귀고리를 달고 싶어 하면, 귀에 구멍을 뚫어 준다. 또 어떤 선원이 치통을 앓으면, 목수는 펜치를 꺼내 들고 손으로 자신의 작업대를 탁탁 치며 선원을 거기에 앉힌다. 가여운 선원이 미심쩍은 수술에 겁을 집어먹고 몸을 바들바들 떨면, 목수는 나무 바이스 손잡이를 빙빙 돌리며 이를 뽑고 싶다면 턱을 거기 집어넣으라고 무언의 신호를 보낸다. (허먼 멜빌, 『모비딕』, 강수정 역, 열린책들, 2013, 107장. 이하 이 책에서 인용하면서, 등장인물의 우리말 표기와 일부 표현은 영어 원문을 반영하여 수정하였음.)

이슈마엘은 무슨 일이든 다재다능하게 해내는 이 목수에 대한 평가를 이어 갑니다.

이렇게 광범위한 분야에 능숙하고 그렇게 실질적인 기술을 발휘하는 것이 비범한 지성의 소유자라는 증거처럼 보일지도 모른다. 하지만 꼭 그런 건 아니다. 이 사람의 가장 두드러진 특징은 '비인간적인 둔감함'이었기 때문이다. 내가 비인간적이라고 말한 까닭은 주변의 무한한 사물 속으로 녹아들어 급기야 눈에 보이는 세계에서 식별되는 보편적인 둔감함과 하나가 된 것처럼 보였기 때문이다.

목수는 모든 사물에 대한 지식을 갖추고 이를 다루는 기술에 익숙한 수준을 넘어 그 자신이 무한히 변신하는 사물들의 한가운데에 있는 존재로 보입니다. 그러기에 그는 인간적이기보다는 매우 비인간적인 차원에 있다는 인상을 지울 수 없고, 이는 결코 긍정적 평가만을 담고 있지는 않습니다. 이슈마엘은 더욱 조심스럽게 이 모두를 고려하면서 목수에 대한 평가를 다음과 같은 의견으로 마무리합니다.

그러나 앞에서도 얼핏 말했다시피, 이렇게 필요에 따라 여닫을 수 있는 만능 기구 같다고 해서 목수가 자동 기계에 불과한 존재는 결코 아니었다. 평범한 영혼의 소유자는 아닐지언정, 변칙적으로 제 소임을 다하는 미묘한 뭔가가 그에게는 있었다.

이후 이슈마엘은 잠시 다른 이야기를 진행한 다음 여러 가지 의미에서 목수에 버금가는, 다양하고도 궂은 일을 하는 대장장이(112장)를 등장시켜 그의 과거와 현재를 보여 주지요. 그는 좋은 기술로 한 가족을 잘 건사한 가장이었지만 예순이 넘어 술에 중독되는 바람에 모든 것이 무너지자 포경선을 택했습니다. 그의 슬픈 과거와 항상 숯검정을 뒤집어쓴 지금의 삶 역시 생명이기보다는 사물로 전락한 존재로 여겨질 수 있습니다. 하지만 그의 오늘은, 어떻든 죽음의 대안으로 택한 하나의 삶으로 부각됩니다.

이렇듯 이슈마엘은 이 두 인물을 한편으로는 매우 기능적인 비인간이자, 다른 한편으로는 이런 가운데서도 삶과 생명의 의미를 간직한 인간으로 평가하지요. 상반되는 이 두 평가를 하나의 견해로 수렴하기는 쉽지 않습니다. 그것은 이 소설에 대한 그간의 비평을 대변하는 사안이기도 합니다. 이 작품이 하나의 일관된 주장을 담아내고 있는가, 아니면 단지 다양한 의견을 병렬적으로 배치하고 있는가는 수많은 비평의 논쟁거리로 지속되고 있습니다. 특히, 목수와 대장장이 등 일반 선원들에 관한 이야기는 이 작품 자체가 일반 대중의 지위를 인정하는 민주주의적 태도를 갖는가, 아니면 최종적으로는 이와 반대되는 귀족주의적 시선을 드러내는가라는 논쟁으로 이어지기도 합니다.

그러나 지금의 우리가 이러한 평가 가운데 하나에 손을 들어 주어야 하는 것은 아닙니다. 한발 더 나아간 논리적 설명이 필요할 듯하지만, 대립하는 이 두 견해를 모두 받아들이는 것 또한 결국 병렬적 구도에 합류하는 것이기도 하지요. 이런 점에서 이들과 완전히 다르다거나 이들을 아우른다는 차원을 떠나, 오히려 이들이 끊임없이 순환한다고 파악하는 것이 더 현실적인 해석으로 보입니다. 배가 바다 위를 나아가듯이 이야기가 이런 의견과 저런 의견 위를 나아가는 것으로 보이기 때문입니다. 목수의 경우, 그의 작업이 일반적으로는 간과될 수 있지만 분명 얼마나 필수적인가를 보여 줌으로써 그에 대해 재평가하고, 이어서 그의 이러한 모습이 기계적이고 거의 비인격적인 수준에서 작동하고 있는 것이 아닌가 하는 회의가 제기되지만, 이내 그 또한 분명 인격을 부정할 수는 없는 사람임을 확인합니다.

인간이 사물과 이를 다루는 기술 위에 자신이 임하는 대상과 세계에 관해 일정한 사유를 얹을 때 그 삶이 더 바람직하다고 생각하는 것은 당연합니다. 이러한 생각을 또다시 되돌아보면 과연 인간이 참으로 사물이 될 수 있는가, 사물과 사유는 반드시 순차적으로 이어지는가, 사유는 사물에서 온전히 독립적으로 구성될 수 있는가 등등의 의문이 따를 수밖에 없지요. 목수와 대장장이에 대한 이슈마엘의 평가는 인간과 사물 세계에 대한 이러한 의문을 반영한 망설임으로 보입니다.

목수와 대장장이에 이어 또 하나의 장(114장) 전체가 다루는 대상이 있습니다. 바로 도금장이입니다. 이 장의 이름이 '도금장이The Gilder'이기에 또 다른 인물을 기대하지만, 정작 이 도금장이는 '황금빛 바다'를 지칭하지요. 여기에서 이슈마엘은 열 시간이나 스무 시간에 걸쳐 보트로 고래를 쫓다 햇볕이 좀 누그러진 바다 위에서 고래가 떠오르기를 기다리는 잠시 동안의 평온함을 언급합니다.

> 포경 보트에 몸을 실은 방랑자가 바다에 대해 자식이 부모에게 갖는 것 같은 신뢰감을 느끼고 대지와 같은 감정으로 바라보게 되는 건 바로 이럴 때였다. 그럴 때면 바다가 거의 꽃이 만발한 대지처럼 여겨진다. 저 멀리 돛대 끝만 보이는 배도 높은 파도가 아니라 기다란 풀이 물결치는 초원을 헤치고 나가는 것 같다.

이런 가운데 태양은 바다를 도금하고 마치 초원과 하나가 되듯 결합하며, 사실과 환상은 매끈하게 엮입니다. 목수와 대장장이라는 인간 노동자에 이어 자연 세계를 또 하나의 작업자로 파악함으로써 이 셋은 하나의 동일한 차원에서 파악됩니다. 이로써 인간의 노동은 장엄한 자연 현상과 어깨를 나란히 하고, 자연 또한 한층 더 역동적 차원에서 세계를 형성하는 모습을 드러냅니다.

사물 세계와 인간 그리고 픽션, 「모비딕」

● 에이합

소설 『모비딕』에서 가장 주목받는 인물은 그 누구보다도 선장 에이합입니다. 이는 그가 3년여에 걸쳐 망망대해를 항해하는 포경선의 최고 책임자이기 때문만은 아닙니다. 그는 모든 선원을 단지 지휘하는 것이 아니라, 그들의 육체와 마음마저 조정하면서 자신의 목적을 공동의 목표로 격상시켜 강요합니다. 이것이 야기하는 집단적 차원의 문제에도 불구하고 우리가 그에게 어떤 매력을 느끼는 이유는, 그가 세계에 일정한 상징적 의미를 부여하면서 잠시나마 우리의 삶이 단순한 물질적 차원과 팍팍한 노동의 수준을 뛰어넘는 모습을 보여 주고 있기 때문이지요. 이에 덧붙여 단지 일회적이거나 간헐적이 아닌 참으로 집요한, 인간이 행할 수 있는 또는 인간 수준을 넘어서는 의지의 강렬한 지속을 보여 주기 때문이기도 합니다.

그의 목표 의식은 작품의 초반, 항해가 시작된 시점에서부터 변경 불가능한 수준에 있는 것으로 제시됩니다. 그는 자신의 행로가 방향을 바꿀 수 없는 철로나 급류와 같다고 표현합니다.

정해진 목표를 향해 나아가는 내 길에는 철로가 놓여 있고, 내 영혼은 그 철로의 궤도를 달린다. 위태로운 골짜기를 넘고 첩첩산중을 관통하고 급류가 흐르는 강바닥 밑을 지나 나는 확실하게 돌진한다! 철길을 막아설 수 있는 건 아무것도 없으며, 구부러진 모퉁이도 없다. (37장)

이런 까닭에 그의 모습은 거듭 '편집광적'이라고 언급되는데, 그럼에도 앞서 말한 이유에서인지 완전히 부정적으로 느껴지지만은 않습니다. 하지만 점차 이 불굴의 편집광적 의지는 긍정적 매력만큼이나 부정적 거부감을 더해 갑니다. 이윽고 그는 자기 삶의 주인으로 보이면서도 동시에 단지 "살아 있는 도구"로 보입니다. 소설의 마지막이 될 모비 딕과의 만남 바로 직전에 그는 이렇게 자문합니다.

이건 뭐지? 뭐라 형언할 수 없고 측량할 수 없고 섬뜩한 이것, 모습을 숨긴 기만적인 주인, 잔인하고 무자비한 황제가 내게 명령하는 것은? 자연스러운 사랑과 갈망을 모두 거역하며, 나는 항상 스스로를 몰아치고 강요하며 밀어붙인다. 내 본연의 타고난 가슴으로는 차마 하지 못할 짓을 무모하게 하도록 만든다. 에이합은 과연 에이합인가? (132장)

그를 이렇게 몰고 온 것은 무엇일까요? 실질적으로 마지막 장(135장)이라 할 수 있는 모비 딕 추격 3일 차에서 그는 그것이 '바람'이 아니었는지 묻습니다. "물질로서는 몸이 없는 힘의 실체"로서 바람과도 같은 그것은, 어디서 왔는지 모르지만 그를 끝도 없이 몰아친 것이 아니었을까요? 그것은 보이지도 않고 확인할 수도 없이 오로지 어떤 힘으로 작동하여 자신을 이곳에 이르게 한 듯 느껴집니다. 이런 까닭에 그는 "에이합은 과연 에이합인가?"라는 후회 섞인 의문에 도달한 것이지요. "에이합은 과연 에이합인가?"는 한편으로 그의 삶의 출발점

사물 세계와 인간 그리고 픽션, 「모비딕」

과 도착점에서의 모습을 서로 비교하여 도달한 의구심일 수 있습니다. 다른 한편으로 그것은 지금의 자신을 움직이게 하는 동력이 자기 스스로에게서 나온 것이 아닌 어떤 다른 힘이 아닌가 하는 회의이기도 합니다. 우리는 자주 그러한 힘을 인간의 욕망이라 부릅니다.

인간의 욕망을 바람에 비유한 가장 극적 장면은 단테의 『신곡』에서 만날 수 있습니다. 이 서사시에서, 잘못된 사랑에 빠졌던 이들은 지옥의 칠흑 같은 어둠 속에서 끝없는 광풍에 시달려야 하지요(「지옥」편 제5곡). 욕망은 바람처럼 인간을 몰아붙이지만, 그 실체는 눈에 보이기보다는 인간을 움직이게 하는 힘으로만 파악되기 때문일까요? 이러한 욕망의 실체를 깨닫게 하려는 듯 광풍은 멈추지 않습니다. 에이합이 '바람'이라고 말하는 것 역시 그가 품고 있는 욕망이라 할 수 있겠습니다. 그러한 욕망의 직접적 근원은 그의 한쪽 다리를 앗아간 것에 대한 복수심이지만, 이에 더해 모비 딕에게 그가 부여한 추상적 의미에서도 찾을 수 있습니다. 이런 점에서 욕망은 대상을 적시할 수 있는 '욕구'와 구별됩니다. 모비 딕을 포획하고 복수하는 것이 욕구라면, 그에 대한 추상적이고 지속적인 가치 부여는 욕망입니다.

이 작품에서 자신의 의지를 실현하는 가장 능동적인 인물로 보이는 에이합은 종국에 스스로의 자유 의지를 의심합니다. 자기가 적극적 행위인이기보다는 피동적 대상이지 않나 하는 의심인 것이지요. 자신만의 확고부동한 목표를 위해 부단히 행동해 왔지만, 이러한 목표가 항상 그를 이끌고 자기는 오히려 끌려가는 피동인이 되었다는 깨달음인 것입니다. 여기에서는 참으로 적극적 능동인이 수동적 피동인이 되는 논리에 닿습니다. 이러한 피동성의 가장 극적인 표현이 그가 최종적으로 모비 딕과 함께 바다로 빨려 드는 장면입니다. 그는 모비 딕에 달라붙어 필사적으로 창살을 꽂지만, 결국 모비 딕에 이끌려 그야말로 사물의 세계로 함몰되고 말지요.

앞서 살핀 목수와 대장장이의 경우 그들이 사물 세계로 합일하는 모습에도 불구하고 인간적 차원을 인정하고자 하는 망설임이 있었는데, 에이합의 경우 또한 이에 버금가는 여운을 남깁니다. 에이합은 모비 딕에게 자신이 설정한 의미를 부여하고 끝내 이에 함몰되지만, 어떻든 그 모비 딕은 사물과 동물 그리고 인간 에이합이 부여한 의미가 함께하는 대상입니다. 에이합은 망설임을 뒤로 하고 파멸에 이를 정도로 한 대상에 몰두하지만, 그 출발점과 종착점은 사물 세계가 아닌 한 인간이 산출한 의미 세계이기도 하지요. 이런 까닭에 에이합 역시 사물과 인간 세계 사이의 어느 지점에 위치하는 존재라고 하지 않을 수 없습니다.

다시 한번 목수와 대장장이, 선장을 함께 놓고 살펴보겠습니다. 피쿼드호의 목수와 대장장이는 워낙 사물을 자유자재로 변용하는 것에 정통하여 인간이 사물들과 교호하고 합류하는 듯한 모습을 보여 줍니다. 그러나 이들 역시 결코 사물인 것만은 아니며 인간이라는 것은 포기되지 않습니다. 선장 에이합은 행동과 사유 모두에서 생명의 힘과 역동성을 예증하기에 충분합니다. 하지만 역설적이게도 그는 이 과정에서 대상에 주도권을 빼앗긴 인물로 전락해 가지요. 물론 이러한 모습은 일반적으로는 그의 굳은 의지를 표상하는 차원에서 수용되고 영웅적 울림을 남깁니다. 이 두 경우를 단적으로 판단해 보자면 목수와 대장장이가 사물화에 가까운 이들의 삶이 도달한 무감각에서도 어떤 또 다른 인간적 면모를 드러낸다면, 에이합은 그의 적극적 능동성이 피동적 차원으로 변모하지만 여기에서도 사물에 대한 그의 상징적 의미 부여와 굳건한 의지가 긍정적 여운을 전합니다. 이러한 여운은 간명한 구도보다는 불분명함과 주저의 차원에서 산출됩니다. 그 망설임은 한편으로는 인간이 궁극적으로 한층 넓고 냉혹한 현실 세계 원리 속에 합류하는 평온함과, 다른 한편으로는 인간이 그러한 세계 속에서도 자신만의 원리를 갖고자 하는 희원 사이를 오고 가지요.

● **노동자**

마르크스는 노동자의 권익을 고민한 철학자였습니다. 그가 노동자에 주목한 여러 가지 중요한 이유 가운데 하나는, 인간은 세계 내에서 노동을 통해 한층 온전한 지위를 획득할 수 있다는 것이었습니다. 인간의 생각이 세계를 바꾸지만 세계 또한 인간의 생각을 바꿉니다. 노동은 인간이 세계에 임하면서 서로가 서로에게 작동하는 방식이지요. 이런 점에서 마르크스는 자본가보다는 오히려 노동자가 세계 내에서 풍성한 인격체로 살아가는 전형에 더욱 가깝다고 여겼습니다. 노동자에게서 한층 더 총체적인 인격을 본 것입니다. 사실 『모비딕』은 복수나 불굴의 의지 또는 형이상학적 의미 추구에 앞서 고래잡이 노동자들의 이야기입니다. 에이합은 피쿼드호의 가장 높은 위치에 있는 선장이지만, 포경선과 그 작업은 상당한 자본을 투자한 수많은 사람들의 지배하에 있을 수밖에 없습니다. 그래서 이 소설을 매우 마르크스주의적으로 읽어 낸 경우도 있지요. 하지만 이 작품에서 노동에 덧붙여진 수많은 의미 추구와 사유에는 노동자에 대한 존경과 함께 일정한 회의가 교차하는 것도 사실입니다.

항상 최대한 이성적으로 생각하고 행동하고자 하는 스타벅은 에이합에게 피쿼드호의 선주들을 잊지 말아야 한다고 강조합니다. 이제 껏 모아 온 기름이 새는 것을 발견한 스타벅이 항해를 멈추고 문제 되는 통을 찾아야 한다고 하자, 에이합은 "기름이야 새든 말든! 나도 줄줄 샌다. 아무렴! 줄줄 새지!… 선주, 선주라고? 자네는 걸핏하면 그 욕심 사나운 선주들을 들먹이는군"(109장)이라고 호통을 칩니다. 이는 분명 에이합의 도덕적 결함을 드러내는 장면입니다. 특히 피쿼드호의 포경에는 단지 선주만이 아니라 가장을 잃은 가족들과 은퇴한 선원들의 생계를 건 투자가 함께 걸려 있기 때문이지요. 이들의 경제적 기대를 저버린 에이합은 비난의 대상이기에 충분합니다. 하지만 그의 이러한 모습 자체가 일반적으로는 불가능한 의지의 실천으로 보여 우리에게 문학적 대리만족을 주고 있는 것 또한 부정할 수는 없겠습니다.

사물 세계와 인간 그리고 픽션, 『모비딕』

이런 점에서 이 소설이 담아내는 인간의 노동 현실에 대한 제안은 다면적입니다. 직접적으로 포경이라는 험한 노동 현실을 보여 주고, 이와 더불어 이러한 노동이 갖는 의의를 확인하면서 그 이상적 차원 또한 탐문해 나가고자 하는 것입니다. 달리 말하자면 이는 마르크스의 노동관에 근접하는 움직임이라고까지 할 수 있겠지요. 하지만 에이합은 반드시 노동자이지만은 않습니다. 스타벅의 판단처럼 그는 위로는 민주주의자이만 아래로는 군주일 가능성이 높습니다. 그는 자신의 뜻과 의지를 신에게 탄원하기보다는 이를 관철하고자 신에 대항하는 인물입니다. 이를 위해 그는 아랫사람들에게 오로지 자신의 목표만을 강요하면서 마치 신이나 군주처럼 사유하고 행동하지요. 그의 이러한 모습을 전제 군주나 전체주의적 독재자의 모습으로 읽는 것이 가능한 이유가 여기에 있습니다. 이러한 읽기에서 화자인 이슈마엘은 에이합의 이야기를 전하는 가운데 자기 나름의 사유와 비판적 시각을 유지하면서 어떻게든 살아남은 주인공으로 주목받습니다.

그럼에도 일반적 읽기에서 이 작품의 가장 인상적 인물은 에이합이라는 것 또한 부정할 수 없습니다. 이 소설의 수많은 판본들의 표지는 흰 고래에게 작살을 던지는 에이합을 그리고 있습니다. 첫머리에 언급한 바와 같이 그것은 어린이용 각색본에서부터 가장 고급 장정본까지도 동일합니다. 문학에서 악마적 인물은 긍정적 인물 못지않게 부각되는 것이 사실입니다. 따라서 문학을 금해야 한다는 주장은 참으로 오래전부터 제기되어 왔고 지금도 가끔 반복되지요. 이러한 악마적 인물이 일종의 반면교사로 작용하기 때문에 문학에 자주 등장하는 것은 아닙니다. 오히려 평범한 인간 모두의 내면에 이러한 측면이 있다는 것을 방증하기에 우리에게 상당한 호소력을 갖는 것이지요. 에이합의 경우도 매우 극단적으로 그려지고는 있지만 그러한 부정적 성향이 우리 내면에 잠재해 있다는 것을 확인시켜 주는 인물입니다.

우리가 에이합에게 두려움 섞인 매력을 느끼는 또 다른 이유는 그가 세상의 모든 제도를 제치고 스스로 열정의 대상을 설정하면서 이를 위해 나아가는 모습에 있을 것입니다. 그는 이른바 '가성비'를 따지지 않는 인물로, 자가발전된 '열정 페이'의 전형이지요. 이러한 모습은 분명 문학적으로 과장된 것이고 비현실적 차원에서만 가능한 것이기에, 그 함의의 절실함만으로도 호소력을 갖습니다. 특히 대상에 대한 에이합의 몰입은 잠시지만 우리의 부러움을 낳기에 충분합니다. 현대 사회에서는 무엇에 몰입하기가 어렵기 때문에, 이것이 한층 높은 차원으로 격상됩니다.

작가 멜빌은 이 작품을 쓰던 중에 당대의 가장 중요한 작가인 호손에게 보낸 편지에서 돈이 자신을 '저주'한다고 적고 있습니다. 그는 자신이 가장 쓰고 싶은 작품은 금지되고 돈이 되지 않으며, 그렇다고 해서 다른 것을 쓰고 싶지는 않은 진퇴양난의 입장에 있다고 전합니다. 그리고 이러한 상황에서 써 내려간 것은 결국 뒤죽박죽이자 실패작

일 뿐이라고 스스로 혹평하지요. 멜빌은 스타벅이 지적한 듯한 상황 속에서 고심하다가 에이합처럼 실패와 파멸로 귀결된 것을 자책했지만, 결국 이러한 문학적 신화를 남겼고 우리는 이를 읽고 있습니다.

2

신화처럼
숨을 쉬는 흰 고래

- **세계 속의 균형**

    목수와 에이합은 사물 세계에 대한 작업과 사유 측면에서 지극히 다른 과정을 거치지만 사실 상당한 공유점을 갖습니다. 사물 세계와 이들의 관계는 다가감과 헤어짐의 진동 운동이자 위로와 회의의 연속이지요. 그것이 오히려 이 소설의 메시지 가운데 하나임이 분명합니다. 이 소설이 그 어느 저술이나 문학 작품보다도 인간의 삶과 세계의 모습을 포획하는 데 성공하고 있다면, 그것은 이러한 망설임 때문일 것입니다. 어떤 명확한 해결점의 부재와 이에 따른 불만을 거론한다면, 바로 그것이 우리의 삶이자 세계의 방식으로서 이를 더 정확히 제시하고 있는 것이 아닌가 하고 반문할 수 있겠습니다.

인간은 물리적 세계에 노동으로 참여합니다. 이러한 참여의 종착점은 사물의 인간화라고 할 수 있지만, 이는 인간의 사물화를 동반합니다. 이런 까닭에 세계에 대한 인간의 노동과 사물화가 어느 정도의 수준에서 이루어져야 바람직한 것인지는 의문으로 남지요. 그에 대한 대답은 결국 개개인이 처하거나 선택한 수준에서 그 균형이 유지되는 것이라 할 수밖에 없습니다. 한층 도식적으로 정리하자면 그것은 선택이 아닌 끝없는 연계와 그 반복이라고도 할 수 있습니다. 이는 삶 자체가 단절이나 이별이기보다는 사물과의 부단한 연계 과정이고 또한 그 지속적 반복이라는 상식적 깨달음과 다르지 않습니다. 오로지 세계에 합류된 채 무화되고 사물화한 삶, 또는 오로지 나 자신의 순수한 자유와 생명의식, 이 양자에 대한 반성이 여기에 있습니다.

● **빚 없는 삶의 꿈**

지난 겨울, 『모비딕』을 다시 읽어 가는 과정에서 고래와 관련된 여러 장소도 볼 겸 동해를 며칠 여행했습니다. 그러다 우연히 이 작품에 대한 깊은 애정이 묻어나는 한 카페 주인과 잠시 얘기할 기회가 생겼습니다. 한가한 어촌 언저리의 아늑한 카페로, 볶은 커피를 포장하여 이리저리 배달도 해야 유지되는 모양새였지요. 많지 않은 나이에도, 학교에서 강요해서가 아닌 스스로 문학 작품을 읽고 좋아하는 모습이 역력한 주인은 요즘의 팍팍한 현실 속에서 더욱 매력적으로 느껴졌습니다. 그에게 『모비딕』과의 인연을 묻자 돌아온 대답은, 작품을 여러 번 읽었고 또 문학을 가르치고 연구하는 저에게 가히 충격적이었습니다. 그는 이 작품을 좋아한 이유가 '작살잡이 퀴퀘그의 얼굴이 이제껏 빚을 져 본 적이 없는 듯했다'는 대목 때문이라는 것이었습니다. 작품이 담고 있는 수많은 에피소드 가운데 이를 꼽는 그는 범접할 수 없는 수준의 독서인이었습니다. 정작 나 자신은 이 부분을 심각히 생각하지 않은 듯 곧바로 기억해 낼 수가 없었지요. 항해에 앞서 이슈마엘의 친구가 된 퀴퀘그는 남태평양 어떤 섬의 왕자이지만 기독교 세계를 경험하고자 포경선을 타기 시작한 인물입니다. 나의 독서 수준을 절감하면서 여행에서 돌아오자마자 그 부분을 찾아보았습니다. 이 부분에서 이슈마엘은 퀴퀘그의 당당한 모습과 행동을 "그는 단 한 번도 누군가에게 굽신거리거나 빚쟁이를 가진 적이 없는 사람처럼 보였다"(10장)라고 표현하고 있었습니다.

그렇습니다. 빚을 져 보지 않은 사람이 그 때문에 밤낮없이 이어지는 고통을 짐작이나 하겠습니까. 이슈마엘은 첫 장에서 선원 생활의 고단함을 이야기하는 가운데 "이 세상에서 노예 아닌 사람이 누구인가"라고 하며 마음을 달래기도 합니다. 이러한 표현은 작품이 발표된 당대(1851)의 가장 중요한 사안이자 이후 남북전쟁(1861~1865)으로 이어진 노예제 문제를 감안한다면, 도덕적 분별력이 미흡한 것이 아니냐는 의심 또한 일으킵니다. 그럼에도 퀴퀘그에 대한 이러한 표현은 빚을 짊어진 삶의 고단함을 전하기에 충분합니다. 그리고 이는 오직 빚을 겪어 본 사람만이 주목할 수 있는 부분인 것 또한 사실이어서, 세상 물정을 모르는 백면서생의 문학 읽기를 반성하게 합니다. 하지만 더욱 따져 들어가면 지금 이 세상의 거의 모든 이들은 빚을 지고 있지만, 그것은 느끼지 못할 정도로 일상화되어 있다고까지 할 수 있습니다. 물론 무시해서는 안 될 점은 그 수위에 따른 곤혹함과 절박함일 것입니다.

이러한 상황이 남기는 교훈은 '빚 없는 삶'이라는 이상입니다. 퀴퀘그가 이런 모습으로 제시될 수 있는 것은 그가 자라 온 환경과 문화 그리고 개인적 특수성 때문이라고 말할 수밖에 없겠지요. 그렇지만 목수와 대장장이에서 시작하여 에이합을 거쳐 퀴퀘그에서 증폭되는 사안 가운데 하나는, 사물에 대한 노동과 사유에 있어 상업적 차원을 넘어서는 직접성의 가치이고, 그것은 우리가 소망하는 모습의 근간이기도 합니다. 빚이 우리를 괴롭히는 것은 그것을 갚아야 하기 때문이지요. 그래서 그것은 생활인이 현재 당면하고 있는 일에 대해 느끼는 최소한의 즐거움마저 박탈할 가능성이 높습니다. 마르크스가 지적한 바와 같이 화폐가 인간으로 하여금 사물 세계와 직접적으로 관계하는 것을 방해하는 한 매개라면, 여기에서 더 나아가 빚은 그러한 차원을 한층 심화합니다. 하지만 빚을 진 이들은 문학에서 과연 어떤 위로를 받을 수 있을까라는 의문은 피할 수 없지요. 그리고 이에 대해 소설 『모비딕』은 속수무책으로 보입니다. 단지 빚의 질곡을 여기에서도 절감할 수 있다는 정도일지 모릅니다. 그리고 퀴퀘그의 얼굴을 통해 우리에게 이러한 폐해의 극복을 위한 절박한 인식과 희망을 축구한다는 정도일 것입니다. 적어도 그의 모습은 오늘의 우리가 나아갈 길을 가리키는 신화적 이정표이자 깜박이는 등대로 자리하고 있습니다.

● 모비 딕

『모비딕』에서 사물의 세계에 충실하면서도 자신의 생명과 삶을 견지하는 또 다른 예로는 흰 고래 모비 딕을 꼽지 않을 수 없습니다. '모비딕'이라는 제목의 작품 속에서 우리는 에이합이나 이슈마엘, 그리고 목수와 대장장이, 더 나아가 퀴퀘그 등 등장인물에 주목해 왔지요. 이 소설의 제목이 지칭하는 모비 딕은 직접적이라기보다는 항상 에이합과 이슈마엘을 비롯한 모든 선원들이 그를 생각하는 모습으로 묘사됩니다. 그리고 주로 이 거대한 흰 고래가 지닌 파괴적 힘이나, 이를 추적하는 과정에서 다수의 선원들이 행하는 노동, 그리고 그것이 신이나 악마를 상징한다는 추상적 관점에서 관찰되고 제시됩니다.

하지만 모비 딕 그 자체는 이 책의 모든 것을 움직이는 힘이기도 합니다. 마치 지구의 중력과도 같이, 감지되지는 않지만 항해의 시작점에서부터 마지막까지 밤과 낮을 가리지 않고 작동합니다. 모비 딕의 가치와 의미는 단지 그가 얼마나 많은 양의 귀한 기름을 갖고 있는가에 있지 않지요. 그것은 이 모두를 넘어 스스로 존재하는 당당함의 상징이기에 충분하며, 이것이 우리에게 깊은 인상으로 남는 이유일 것입니다. 그것은 포경 선원들의 고단한 노동, 상업적 가치, 인간의 상징적 의미 부여 등에 의해 포획되지 않는 숭고한 이미지로 남아 있습니다. 우리가 이 작품에서, 그리고 이 흰 고래 모비 딕에게서 느끼는 의미는 바로 여기에 있는 것으로 보입니다. 세계와 인간의 삶에 대해 이 작품이 전하는 의미의 무게는, 인간과 사물 세계 사이에서 자신의 항로를 유유히 헤엄쳐 나가는 모비 딕에 의해 더해지지요. 모비 딕은 최소한 상징으로나마 사물 세계와 인간 세계 사이에서 살아 움직이는 장엄한 존재의 표상으로 우리에게 남아 있습니다.

물론 모비 딕, 그리고 이 소설 모두는 실화이기보다는 픽션, 즉 허구입니다. 인간은 현실 세계 속에서 삶을 영위하지만, 그 장구한 역사 속에서 허구는 현실 파악 못지않게 중요한 역할을 담당해 왔습니다. 죽음 이후의 세계는 비록 현실적으로는 파악이 불가능하지만, 그에 대한 허구적 구상은 수많은 종교적 사유의 기원이 되면서 현세의 삶에 의미를 부여하기도 하였지요. 인간의 상상과 허구는 현실을 움직이는 하나의 동력이기에, 우리는 일정한 허구를 현실로 살아가고 있다고 할 수 있겠습니다. 우리가 일상적으로 말하는 '꿈'이란 허구이자 희망입니다. 하지만 이 허구와 희망이 교직된 꿈은 현실 세계와의 부단한 긴장 관계 속에서 창출되고 존재하며 유지됩니다. 우리의 삶을 뒤돌아 정리한다면 그것은 세계와 꿈을 한데 엮은 하나의 장대한 이야기일 것입니다. 그리고 그것은 꿈을 안고 출항하였지만 성취만큼이나 회한을 남기는 항해일 가능성이 높습니다.

『모비딕』과 같은 고전은 세계 속에서 노동과 사유로 구성된 인간의 삶이 그 폭과 깊이를 확보하는 하나의 장대한 신화적 서사이길 꿈꾸게 합니다. 그것이 우리가 문학을 읽고 꿈을 꾸고 세계와 삶에 창조적으로 임하는 방식일 것입니다. 사물과 허구의 관계는 세계와 인간의 관계와 다르지 않습니다. 사물 세계와 인간 세계는 구별보다는 혼재의 프레임에서 파악되지만, 그럼에도 사물과 달리 인간이라는 어떤 최소 지점을 선정한다면 그것은 꿈과 허구, 그리고 신화일 것입니다. 물론 사물 세계와 인간의 관계만큼 이 현실과 허구의 구도 또한 혼재와 균형 사이의 움직임으로 있어야 할 것입니다.